이슬람주의
와하비즘에서 탈레반까지

끝나지 않은 전쟁, 아프간전쟁 이라크전쟁 시리아내전

양경규 지음

벽너머

이슬람주의 와하비즘에서 탈레반까지

초판 1쇄 인쇄 2021년 12월 27일 **초판 2쇄 발행** 2022년 7월 16일
지은이 양경규 **펴낸이** 최성수
편집 최성수 정종권 최백순

펴낸곳 벽너머 **출판등록** 2021.8.10.(제25100-2021-000065호)
주소 구로구 구로중앙로19길 28, 3층 **전화** (02) 780-1522
이메일 sschoe18@gmail.com

ISBN 979-11-976296-1-7(03910)
값 18,000

이슬람주의
와하비즘에서 탈레반까지

끝나지 않은 전쟁, 아프간전쟁 이라크전쟁 시리아내전

양경규 지음

벽너머

추천사

2001년 9.11 사건 이후 지난 20년간 인류사회는 테러라는 공포를 일상으로 달고 살았다. 그것이 배고픔에 대한 저항이건, 빼앗긴 생존권을 위한 투쟁이건, 영토를 둘러싼 국가 간 분쟁이건 아랑곳없이 서구의 이익과 미국에 위협이 되는 모든 무장투쟁에 테러라는 잣대를 들이댔다. 대테러 전쟁이란 이름으로 이라크, 아프가니스탄, 예멘, 리비아, 시리아, 체첸, 소말리아, 수단 등지에서는 전쟁이 벌어졌고, 팔레스타인의 합법적인 정치 조직인 하마스나 레바논의 실질적 집권 조직인 헤즈볼라, 아프가니스탄의 국정운영 주체인 탈레반이나 이집트 최초의 민선정부였던 무슬림형제단 조차도 알카에다나 ISIL과 같은 테러 조직으로 간주하면서 무슬림 민중들의 원초적 권리를 내동댕이쳤다. 무엇보다 이러한 테러와 과격 투쟁의 배후에는 예외 없이 이슬람 근본주의라는 꼬리표를 붙였다.

   서구는 끔찍한 테러 결과에 집착해 이를 궤멸하는 데 관심을 집중하지만 테러의 근원적 발생 원인과 역사성, 그들의 과오에는 거의 초점을 맞추지 않는다. 한 예로 9·11 테러로 인류사회를 공포로 몰아넣었던 알카에다는 옛 소련의 아프가니스탄 침공과 인도양 진출을 막기 위해 미국과 사우디아라비아가 협력관계를 강화하면서 급성장한 테러조직이었다. 미국의 군사 지원과 사우디 왕정의 든든한 재정 후원으로 소련의 남하를 막아 걸프해 석유라는 미국의 핵심 이익을 지켰지만, 적대관계로 돌아서면서 미국에 부메랑이 된 것이다. ISIL라는 조직도 따지고 보면 조지 W 부시 미국 대통령의 잘못된 이라크 전쟁이 배태한 악의 씨앗이었다. 2003년 미국의 이라크 침공으로 몰락한 사담 후세인 잔당이 알카에다 이라크 지부를 만들었는데 이들이 ISIL의 핵심 세력으로 성장했기 때문이다. 그럼에도 과격한 이슬람주의나 테러의 원인이나 배경에는 무관심한 채 유대계 중심의 주류언론들과 헐리우드가 양산해 내는 이슬람 악마화의 늪에 빠지면서 우리사회도 "무슬림 난민=테러=사회적 위해 세력"이라는 이슬람포비아 담론이 확산되고 있다.

이러한 시기에 단비 같은 책을 만났다. 이 책은 지금까지 관성적으로 논의되어 왔던 무분별한 이슬람 근본주의에 대한 담론을 비판적 시각에서 수정하고, 촘촘하고 논리적인 자료분석과 치우치지 않는 시선으로 이슬람 세계의 끝나지 않는 전쟁들의 실상을 적나라하게 그려내고 있다.

이슬람 과격 운동의 근대적 뿌리가 된 사우디아라비아의 탄생과 극단적 이슬람 보수주의인 와하비즘의 실체, YMCA같은 풀뿌리 시민사회 조직 성격이었던 무슬림형제단이 과격화 되는 시대적 상황과 사상적 스승역할을 한 하산 알 반나와 사이드 쿠틉의 종교투쟁론, 1967년 제3차 중동전쟁의 패배와 1978년 이스라엘과 이집트가 캠프데이비드 협정을 통해 전격적인 외교관계를 수립하면서 촉발된 이슬람 세계의 좌절과 충격이 1979년을 전후해서 세계적인 사건으로 이어지는 배경과 과정을 숨가쁘게 묘사하고 있다.

1979년 2월에 이란에서 팔레비 왕정을 뒤엎는 아래로부터의 위대한 이슬람 혁명이 일어나면서 호메이니 신정정권이 취한 강력한 반미주의는 중동에서의 기존 구도를 송두리째 흔들어버린다. 아프간 주재 미국대사가 이슬람주의자들에게 납치되어 살해되고, 11월 4일에는 이란의 미국대사관을 점거하여 대사와 직원들을 무려 444일간이나 억류하면서 미국에게 견딜 수 없는 충격과 치욕을 안겨주었다. 그해 11월 20일에는 이란 혁명 지지 성향의 이슬람주의자들이 이슬람 최고의 성지인 사우디아라비아의 메카 사원을 점령하고 성지 내에서 총격전이 벌어지면서 이슬람 사회의 분열은 물론 사우디와 이란이 극악한 관계로 돌변하는 계기가 되었다. 이어 파키스탄의 이슬라마바드 주재 미 대사관의 점거와 12월 25일에 시작되는 소련의 아프가니스탄 침공에 이르기까지 1979년을 이슬람주의에 입각한 일련의 사건들이 벌어진 격동의 시작으로 본 저자의 분석도 탁월하다.

이 책은 이슬람주의의 전개과정과 강대국들의 침략전쟁의 이면에 숨겨져 있는 사실들을 담담하면서도 유려한 필체로 흥미롭게 그려내고 있을 뿐만 아니라 이슬람주의의 미래에 대한 전망과 고민을 담아내고 있다는 점에서도 그 가치를 높이 평가하고 싶다. 저자는 정치적으로는 식민지화, 경제적인 착취, 또 그로 인한 도덕적 피폐에 대한 각성으로부터 시작된 이슬람주의의 흐름과 급진화 과정에 서방 제국주의 국가들의 이슬람 세계에 대한 유린을 망각해서는 안 된다고 강조한다. 따라서 미국이 지금까지 행한 것과 같은 일방주의, 패권주의, 제국주의적 행태가 바뀌지 않는 한, 혐오와 적대로 무장한 이슬람 근본주의는 결코 사라지지 않을 것이라는 진단에도 귀를 기울일 필요가 있다.

여전히 중동과 이슬람권 문제는 국제법, 인권, 자유, 평등, 가치 지향의 문제가 아니라 냉엄한 힘의 강약 논리 속에서 강자의 양보란 허울 좋은 명분에 약자가 수긍해야 하는 현실만 남아 있다. 그들의 자존심 손상을 최소화하고 물러날 명분을 만들어 주며, 먹고사는 현실적 어려움에 화답하는 방식이 최적이다. 슬픈 일이지만 피할 수 없는 진행형이다. 역사를 절절히 기억하는 집단과 획득한 현실을 포기하지 못하는 집단과의 대결에서 어떤 길을 택할 것인가. 별로 선택의 여지가 없을 것 같다.

그럼에도 이슬람주의의 급진화를 줄이기 위한 이 책은 결론은 명료하다.

"중동지역 국가들이 제국주의 지배에서 기인한 폐해들을 극복하기 위해 줄기차게 시도했던 세속주의 근대화는 독재와 인권 유린, 경제적 불평등, 서방에 의한 경제적 종속으로 실패했다. 그것이 이슬람주의가 극단적 경향으로 변화되는 토양이 되었다. 결국, 이슬람주의의 근본주의적 흐름의 확산을 막는 것은 종교적 문제가 아닌 비종교적 삶의 문제, 사회경제적 정치적 안정성을 어떻게 확보하느냐의 문제이다. … 다자주의와 선린 우호를 통한 국제사회의 협조와 지원이 절실함과 동시에 이슬람 사회 내부에서의 성찰도 필요할 것이다. … 모든 종교인들이 각각의 종교가 가지는 근본주의적 성향에 대해 냉정하게 성찰해야 한다. 성서든 쿠란이든 그것이 갖는 문자적 의미와 역사적 해석 간의 소통을 게을리해서는 안 된다."

이슬람주의의 등장과 전개과정에 대한 근대사의 역동적인 모습들을 이처럼 고뇌하면서 판에 박힌 관점에서 벗어나 적확하게 그려낸 국내 서적을 만나본 적이 없다. 무엇보다 문제제시에 그치지 않고 미래를 전망하고 인류사회가 가져야 할 해법에도 우리 모두 한번쯤 진지한 성찰을 하게 한다. 이 책을 추천하는 데 주저하지 않는 이유다.

이희수 성공회대 석좌교수, 이슬람문화연구소 소장

차례

추천사
책을 내면서

서장. 탈레반의 귀환이 던진 의문, 이슬람주의
 탈레반의 아프가니스탄 재장악이 던지는 의문
 아프가니스탄에서 생겨난 탈레반과 알카에다
 1979년, 이슬람주의 급진화의 시발점

1장. 아랍 민족주의의 부침과 이슬람주의의 태동
 와하비즘과 사우드 가문
 제국주의, 아랍 분쟁의 씨앗
 사우디아라비아 왕국의 탄생과 이크완
 이슬람판 YMCA, 무슬림형제단과 하산 알 반나
 무슬림형제단의 급진화
 이집트 혁명과 나세르, 그리고 사이드 쿠틉
 아랍 민족주의의 발흥과 쇠퇴
 이집트와 사우디에서의 이슬람주의 부활
 이슬람주의의 부활, 이집트-이스라엘 평화협정과 이란 혁명

2장. 이슬람주의의 확장, 이란 혁명과 아프가니스탄 전쟁
 페르시아인의 나라 이란
 이란의 세속주의 근대화의 실패
 수니파와 시아파
 이란 혁명에 결정적인 영향을 미친 두 사람,
  지미 카터와 루홀라 호메이니
 이란 혁명의 발생과 신정국가의 수립

1979년, 급진적 이슬람주의의 전면화가 시작되다
아프가니스탄이라는 나라
아프가니스탄, 현대 제국주의의 각축장
소련의 아프가니스탄 침공, 제1차 아프가니스탄 전쟁
아프가니스탄 친소정부의 수립과 미국의 반격
무자헤딘의 저항, 소련의 늪이 된 아프가니스탄
아랍국가의 전면적 지원
오사마 빈 라덴의 등장
소련의 아프가니스탄 철수
소련의 철군과 미국의 대 아프가니스탄 전략

3장. **탈레반과 알카에다의 등장**
내전으로 치닫는 아프가니스탄, 제2차 아프가니스탄 전쟁
무자헤딘의 분열와 알카에다의 탄생
친소정부의 붕괴와 또 다른 내전의 시작
탈레반의 등장
내전의 승자로 부상하는 탈레반

4장. **걸프전과 탈레반, 본격화되는 알카에다의 테러**
걸프전, 급진적인 이슬람주의의 새로운 기회
걸프전쟁의 원인이 된 이란-이라크 전쟁, 그리고 사담 후세인
걸프전의 발발, 미국의 중동전략 실패의 시작
수단으로 간 빈 라덴, 그리고 알카에다
지하드 네트워크의 구성과 전 세계로 퍼져가는 테러
탈레반 정부의 수립과 오사마 빈 라덴
미국에 대한 성전을 선포한 빈 라덴
빗나가는 미국의 빈 라덴 체포작전, 아랍세계의 영웅

차례

5장. 9.11 테러와 이라크 전쟁
　KSM과 빈 라덴의 만남과 9.11 테러의 기획
　아마드 샤 마수드의 죽음
　그날, 2001년 9월 11일
　미국, 테러와의 전쟁 선포
　탈레반 정권 붕괴, 빈 라덴 체포 실패
　미국, 다음은 이라크
　이라크 침공을 위한 명분 쌓기
　명분 없는 전쟁, 미국의 이라크 침공

6장. 아프가니스탄과 이라크의 비극, 그리고 빈 라덴의 최후
　미국의 전후 처리와 이라크 내전의 발생
　이라크 내전의 격화, 고전하는 미국
　알카에다 이라크 지부의 탄생
　이라크 신정부의 출범과 미국의 반격
　또 하나의 전선 아프가니스탄
　탈레반의 귀환
　오바마 정부의 등장과 미국의 이라크 철군 결정
　오사마 빈 라덴의 죽음

7장. 아랍의 봄, 시리아 내전, 이슬람 국가
　미군의 이라크 철군
　중동의 민주화 투쟁, 아랍의 봄
　재스민혁명, 튀니지의 시민혁명
　확산되는 아랍의 봄
　시리아라는 나라

시리아의 민주화 투쟁과 내전의 발발
시리아 내전의 첫 번째 변수, 종파 분쟁
두 번째 변수 : 급진화된 이슬람주의의 확산과 이슬람 국가(IS)
이슬람 국가(IS)의 등장과 성장
세 번째 변수 : 쿠르드족의 독립투쟁
네 번째 변수 : 주변 강대국의 개입
터키와 이란, 이스라엘의 개입
시리아 내전의 현재 상황

8장. **IS의 패퇴와 탈레반의 재등장**
이라크 내전의 진행과 현재
아프가니스탄, 탈레반 정부의 재수립
탈레반의 학정
탈레반과 파키스탄, 탈레반과 알카에다, IS
탈레반과 미국의 협상, 탈레반의 카불 장악
탈레반 정부의 현재와 미래

9장. **이슬람주의의 급진화가 미친 영향과 이후 전망**
난민 문제
혐오와 차별의 확산
이슬람주의의 미래와 그 고민

부록. **중동문제를 다룬 문학작품과 영화들**

참고도서

책을 내면서

〈이슬람주의, 와하비즘에서 탈레반까지〉, 이런 제목의 책을 쓴다는 것은 생각도 못 해본 일이었다. 지난해 방송되었던, 이슬람주의를 다룬 팟캐스트 〈붉은 오늘〉을 주변 사람들이 듣고서 그동안 모르고 있던 이슬람 세계에 대해, 특히 이슬람주의라는 이름으로 벌어진 여러 가지 사건들에 대해 이해할 수 있는 기회가 되었으니 이를 보다 많은 사람들과 나누는 것이 어떠냐는 권유가 있었다. 그렇지만 선뜻 내키지 않는 일이었다. 30년 넘게 머물렀던, 노동운동이나 진보정당운동에 대한 책을 낸다면 내용과 무관하게 누구라도 고개를 주억거리겠지만 이슬람에 관한 책을 내는 것은 뜬금없는 일이라서 손사래를 쳤다. 탈레반의 귀환이 없었다면 아마도 그렇게 넘어갔을 것이다.

올해 8월 15일, 아프가니스탄에 탈레반 정부가 들어선 이후 세계인의 관심은 다시 카불로 향했다. 여성인권에 대한 우려, 급진적인 이슬람주의 무장단체 알카에다와 IS지부인 호라산의 이후 행보, 탈레반 정부의 향후 전망 등에 대한 뉴스가 매일 쏟아졌다. 아프가니스탄에 대한 소식들은 곧이어 중동지역 전체 정세에 대한 진단, 미국과 중국의 세계 전략에 대한 분석으로 확대되었다. 한국 또한 아프가니스탄 특별기여자라는 이름으로 난민을 수용하며 아프가니스탄의 정치적 변화와 연결되었고 아프가니스탄에 대한 이런저런 질문들이 꼬리를 물고 뭇사람의 입에 오르내렸다.

2001년 미국에 의해 붕괴되었던 탈레반 정부가 20년을 싸워 승리한 배경이 무엇인지, 다시 탈레반 정부는 이슬람 율법(샤리아)에 의한 통치를 내세우며 끔찍한 인권유린을 반복할 것인지, 이슬람 율법은 정말 폭력적이고 반여성적인 내용으로 가득차 있는지, 서방세계가 이슬람 근본주의라고 칭하면서 테러. 폭력과 동일시하는 이슬람주의는 과연 그 뿌리가 무엇인지에 대한 질문들이 바로 그것이다.

전문가도 아닌 처지에 팟캐스트 방송을 했다는 이유 하나로 이런 저런 질문에 답해야 했고, 그때마다 꽤나 많은 사람들이 이슬람에 대해 적지 않은 오해를 갖고 있음을 확인할 수 있었다. 그래서 든 생각은 더도 말고 덜도 말고 딱 내가 아는 만큼이라도 사람들과 공유하는 것이 필요하다는 생각이 들었다. 나는 많이 부족하지만 이슬람을 오랜 기간 연구하고 공부해 온 사람들의 공들인 작업들이 좀 더 많은 사람들에게 공유될 수 있도록 정리를 해주면 어떨까 싶었다. 무엇보다도 평등하고 평화로운 세상을 꿈꾸며 진보적 가치가 실현되는 사회를 위해 노력해 온 사람들이 이슬람을 올바르게 이해했으면 하는 마음이 들었다.

이슬람 혹은 중동하면 떠오르는 것은 포연 가득한 사막의 전쟁, 반여성과 동일시되는 부르카나 히잡과 같은 이슬람 복장, 2-30년은 기본인 장기독재체제, 테러와 폭력을 일삼는 알카에다, IS 같은 이슬람주의 무장단체, 세계를 헤매며 고통을 지고 사는 난민의 모습이다. 그러나 이것이 이슬람 세계 모습의 전부는 아니다. 서로 사랑을 나누며, 경건하고 순수한 마음으로 종교적 일상을 생활화하고, 좀 더 나은 세상을 위해 고투하는 사람이 그곳에 훨씬 더 많다. 그저 눈에 보이는 현상이나 오랜 기간 이슬람을 지배해 온 서방세계의 이데올로기에 머무르지 말고 이슬람에 대해 한번쯤 들여다보는 것이 필요한 때이다. 그 속에서 평화롭고 조화로운 공동체를 내세웠던 이슬람이 왜 반여성적이고 미개한 전근대적인 종교로 보이게 되었는지, 왜 이슬람의 가치를 전하는 지하드가 참혹한 테러의 모습으로 나타나게 되었는지, 그 이면에 자리 잡은 이슬람 세계의 역사와 이슬람주의의 흐름도 지금 꼭 살펴보아야 할 때이다.

미군 철수가 시작되고 채 열흘이 되지 않아 탈레반 정부가 수립되었다. 탈레반 정부의 수립을 선악의 잣대로 재단할 수는 없다. 이는 한 나라 내부에서 벌어진 세력관계에 따른 정권교체이자 전쟁을 통해 자신의 영토를 사실상 점령한 외부세력인 미국을 몰아내고 수립한 정부이기 때문이다. 과거 탈레반 정부의 잔인한 통치를 들어 현재의 탈레반 정부에 대한 우려를 표할 수는 있지만 이것이 지금의 탈레반 정부를 부정하는 근거가 될 수는 없는 문제이다. 이후 탈레반 정부가 과거를 반복하지 않도록 국제사회가 노력을 기울이는 것이 우선일 것이다.

탈레반 정부의 승리의 원동력은 당연하게 외세에 대한 저항이라는 민족주의가 자리하고 있었지만 그보다 더 강력한 동력을 제공한 것은 이슬람주의에 근거한 신정국가의 건설이라는 이상이었다. 이슬람 세계는 오스만튀르크 제국의 쇠락과 함께 18세기 이후 서구 열강의 제국주의 지배에 들어가기 시작하고 이런 과정에서 이슬람의 문화는 파괴되었고 경제적 착취로 인해 무슬림들의 삶은 피폐해졌다. 자신들의 이익을 위해 이슬람을 유린한 서방의 문화와 문물 그리고 경제적 지배를 벗어나 이슬람 고유의 문화를 살리고 이슬람주의에 입각한 그 옛날의 이슬람 공동체, 신정국가를 건설하자는 각성 운동이 일어나게 된다. 19세기에서 20세기 초에 일어난 운동이었다. 그러한 운동이 하나의 구체적인 흐름으로 형성된 것이 아라비아 반도에서 일어난 와하비즘과 이집트에서 시작된 무슬림 형제단이었다.

그러나 이러한 운동은 제국주의의 강력한 지배와 외세를 등에 업은 정치권력에 의해 좌초하고 말았다. 양차대전을 경과하며 독립한 중동의 나라들은 서구화와 근대화를 추진한다는 명분을 내세웠지만 한편으로는 여전히 중동지배를 통한 이권 유지를 노린 강대국의 간섭으로, 또 한편으로는 이슬람의 고유한 가치를 현대화하기는커녕 민주주의와 인권을 압살하는 지배권력의 독재정치로 인해 근대국가로의 도약은 실패했고 불평등과 빈부격차로 인한 사회적 갈등은 커지기만 했다. 1950년대에서 1960년대에 진행되었던 중동의 아랍민족주의는 이렇게 실패의 역사를 쓰게 된다.

1970년대 들어서면서 독재정치와 외세의 지배로 인한 생존권의 위기로 인해 무슬림들에게 다시 한 번 "무함마드의 가르침으로 돌아가자" "오직 쿠란만이 길이다"라고 주장했던 이슬람주의의 외침이 들리기 시작한다. 그리고 이때부터 이슬람주의는 급진화의 길을 걷기 시작한다. 단순한 각성운동으로는 이슬람 세계를 유린하는 강대국의 폭력에 대항할 수 없음을 길고 긴 시간을 거치며 확인한 무슬림들은 이교도에 대한 성전을 주장하며 지하드를 무슬림의 의무로 내세우기 시작했다. 이처럼 순수한 각성운동으로 출발한 이슬람주의 운동이 이렇게 급진화한 데에는 제국주의를 앞세운 강대국의 욕심이 결정적이었다. 오늘 서방세계가 근본주의라는 잣대를 들이밀며 야만적인 폭력과 테러의 대명사로 알카에다와 IS를 규정하고 있지만 이들의 탄생에는 서방세계의 책임 또한 크다는 점을 간과해서는 안 될 것이다.

부글부글 끓어오르던 급진적인 이슬람주의의 흐름은 1979년 이란 혁명과 이어지는 이슬람주의 무장세력의 연달은 테러, 그리고 소련의 아프가니스탄 침공으로 폭발했다. 1979년 이후 이슬람주의는 더욱 급진화의 길로 달려가며 글로벌 지하드라는 이름으로 세계를 상대로 한 성전에 나서게 된다. 이슬람주의가 이렇게 급진화의 길로 가게 되는 과정에서 아프가니스탄 전쟁은 결정적인 계기로 작동했다. 소련의 침공, 내전, 알카에다와 탈레반의 등장, 9.11 테러, 그리고 다시 미국의 침공으로 이어진 아프가니스탄 전쟁을 경과하면서 이슬람주의는 급진화와 함께 전 아랍세계로 확대되었다. 이러한 흐름은 아무런 명분 없이 오로지 미국의 중동지배를 실현하기 위해 일으킨 이라크 전쟁을 통해 더욱 확대되어 나갔다. 중동에 불었던 아랍의 봄, 시민민주주의 혁명은 중동의 역사에 켜켜이 쌓였던 모순들, 독재정치와 외세의 개입, 그리고 급진화한 이슬람주의로 인해 좌초하고 말았다. 이 연장선에서 터진 시리아 내전은 중동분쟁의 모든 양태가 어우러지며 가장 극단적이고 교조적인 이슬람주의로 무장한 IS를 탄생시킨다.

길게는 한 세기를 넘어서, 짧게는 1979년 이후 40년이 넘는 시간 속에서 이슬람주의는 다양한 형태의 변화를 보이면서 중동분쟁의 중심이 되었고, 세계인을 두려움에 떨게 하는 테러를 일으켰고, 세계를 떠도는 수백만의 난민들을 만들어 냈으며, 그 양태는 다르지만 세계 자본주의체제의 모순과 겹치면서 혐오와 적대라는 흐름을 만들어냈다. 그러나 이 책임을 모두 이슬람에게 물을 수는 없는 일이다. 그 근저에 무엇이 있었는지, 그리고 이슬람주의를 급진화시킨 책임은 어디에 있는지를 함께 성찰하고 그 해법을 찾아야 할 것이다.

이라크와 시리아에서의 내전이 가라앉고 위세를 떨쳤던 IS의 세력이 약화되면서 급진적인 이슬람주의의 흐름도 조금은 주춤하고 있다. 그러나 이러한 현상이 곧 급진적인 양상으로 나타났던 이슬람주의가 후퇴했거나 종언을 고했다고 말할 수는 없다. 그것은 극단적인 이슬람주의의 한 형태의 소멸일 뿐, 그들이 내세웠던 기본적인 원리와 행동이 완전히 소멸되었다고는 할 수 없다. 지금도 소말리아의 알 샤바브, 나이지리아의 보코하람, 아프가니스탄의 호라산-K 같은 극단적인 이슬람주의 무장단체들이 활동하고 있고 세계 곳곳에서 크고 작은 지하디스트 조직과 외로운 늑대들의 테러가 일어나고 있는 것이 현실이다.

이슬람주의는 제국주의의 식민화, 경제적인 착취, 이로 인한 도덕적 피폐에 대한 각성으로 시작되었다. 이슬람주의 급진화는 이런 문제들이 극복되지 않음으로써 나타난 현상이다. 민주주의와 인권이 실종되고 경제적 불평등이 지속되는 한, 무엇보다도 강대국의 제국주의적 간섭이 지속되는 한 혐오와 적대로 무장한 변질된 이슬람주의는 또 다른 형태로 살아날 것이다. 그런 의미에서 아프가니스탄의 탈레반 정부가 다시 들어선 지금 그 어느 때보다도 국제사회의 깊은 고민과 관심이 필요한 시기이다. 이를 위해서는 많은 사람들이 이슬람에 대해 알고 이해하는 것이 필요하다. 부족한 사람이 이 책을 쓴 이유이다.

이 책은 이슬람주의의 역사적 흐름을 살펴보면서 이슬람에 대한 기본적인 이해를 넓혀보자는 취지로 쓴 책이다. 이슬람주의의 어제와 오늘을 들여다보기 위해 중동의 역사, 더 넓혀서 이슬람의 역사를 가급적 개괄적으로라도 다루어보려고 노력했다. 그 과정에서 특히 중동분쟁의 배경과 과정 혹은 그 의미를 담는 데 소홀하지 않으려 했다. 그럼에도 이슬람에 대해 폭넓고 깊은 이야기를 담기에는 필자의 한계가 뚜렷했다. 먼저 고민하며 좋은 책을 내신 많은 분들이 있었기에 가능한 작업이었다. 나로서는 그저 시대를 함께 하는 보통사람들이 이슬람에 대해 편견이나 오해보다는 열린 마음으로 이해했으면 하는 바람이었다.

이 책을 쓰면서 이슬람의 문화, 종교, 역사에 대해서는 성공회대 이희수 교수님이 쓰신 책, 〈이슬람, 이슬람 문명 올바로 이해하기〉〈이슬람 학교〉 등을 많이 참고했고 큰 도움을 받았다. 부족한 글에 추천사까지 써주신 이희수 교수님께 진심으로 감사하다는 말씀을 드린다. 아울러 기꺼이 추천의 말씀을 전해 주신 손호철 서강대 교수님과 40년 친구 변상욱 YTN 앵커에게도 감사를 드린다. 무엇보다도 가장 큰 고마움을 표해야 할 분은 한겨레 신문사의 정의길 기자님이다. 현대 이슬람주의의 흐름을 넓고 깊게 정리한 정의길 기자님의 〈이슬람전사의 탄생〉은 이 책을 쓰는데 정말 큰 도움을 주었다. 이 책을 읽고 더 깊은 내용을 알고 싶고 배우고 싶은 독자라면 꼭 읽어보실 것을 권고해 드린다. 그 외에도 참고가 된 책을 써주신 모든 분들에게도 감사를 드린다.

마지막으로 거의 함께 작업하다시피 하면서 이 책 집필에 시종을 함께 해준 정종권 레디앙 편집장, 그리고 〈벽너머〉 출판사의 첫 번째 책이 되는 영광을 부여해주고 또 처음부터 끝까지 편집책임을 다해 준 최성수 대표에게 감사를 드린다. 좋은 책이 나올 수 있도록 편집과 교열, 조언을 해준 고미숙, 최백순, 나경채님과 이 책의 산실인 팟캐스트 〈붉은 오늘〉 공동진행자 심재옥님, 그리고 레디앙의 이근원 대표께도 감사를 드린다.

2021년 12월
양 경 규

서장
**탈레반의 귀환이 던진 의문,
이슬람주의**

탈레반의 아프가니스탄 재장악이 던지는 의문

2021년 8월 미군 철수가 시작되고 나서 불과 열흘 남짓한 시간 만에 아프가니스탄에 탈레반 정부가 들어섰다. 2020년 2월에 카타르 도하에서 미국과 탈레반 간의 평화협정이 체결되고 미군 철수가 결정된 이후, 많은 이들은 아프가니스탄의 운명은 1975년 미군 철수 후 붕괴한 친미 베트남 정권의 길을 갈 것이라고 예상했다. 그러나 누구도 그 시기가 이렇게 빨리 올 것이라고 예상하지는 못했다.

여기서 우리는 의문을 가질 수밖에 없다. 패배하고 달아났던 탈레반은 어떻게 돌아올 수 있었는가? 그들이 세계 최강의 국가 미국을 쫓아낼 수 있던 원동력은 도대체 무엇인가? 이에 관해 한 문장으로 답하는 것은 불가능하겠지만, 탈레반이 아프가니스탄을 재장악한 배경에 '이슬람주의에 입각한 신정국가 건설' 혹은 이슬람주의의 급진적인 흐름 속에서 배태한 가치와 이념이 내재하고 있다는 점은 분명해 보인다.

아프가니스탄에 탈레반 정권이 들어선 이후, 잠시 잠잠한 듯 했던 이슬람 근본주의에 대한 우려들이 외신을 통해 쏟아지고 있다. 이슬람 세계는 19억 명으로 세계 인구의 4분의 1을 차지하

카불을 재점령한 탈레반 전사들

고 있으며, 전 세계 국가 중 57개국이 이슬람 국가로 분류되는 세계 최대의 단일 문화권을 형성하고 있다. 이슬람 세계에 관한 지식은 세계에 대한 이해에 있어서 필수적인 것이고, 현대의 이슬람 세계를 제대로 알기 위해서는 이슬람주의 혹은 흔히 이슬람 근본주의로 규정되는 급진화된 이슬람주의에 대한 올바른 인식이 필요하다.

흔히 탈레반이나 알카에다[1], 그리고 IS로 알려진 이슬람국가를 이슬람 근본주의라 칭하지만 이렇게 단순화해서 규정할 수 없는 복잡한 이면이 존재한다. 그렇기 때문에 역사를 거슬러 올라가면서 이슬람주의의 태동과 급진화의 과정을 거쳐 근본주의적 경향성을 보이게 된 배경, 이로 인해 서방세계로부터 이슬람 근본주의로 규정되게 된 흐름을 살펴볼 필요가 있다.

이슬람주의, 이슬람 근본주의

일반적으로 종교 이름 뒤에 '주의'를 붙이는 경우, 그런 표현의 의미는 세속적인 것과 일정하게 거리를 두고 각 종교의 전통과 경전의 순수한 수용을 통해 개인의 삶뿐만 아니라 정치·사회 등 모든 공적인 영역에서 종교적 원리가 지배하도록 하고자 하는 이념, 혹은 신앙이라고 할 수 있다.

그런데 모든 종교는 일정하게 이런 근본주의적 가치를 내재하고 있다. 그래서 이슬람 원리에 의한 국가체제 혹은 사회체제의 실현을 바라는 무슬림들과 주기도문을 외우며 하나님의 나라가 이 땅에 임하게 해달라고 기도하는 기독교인은 사실 다르

---

[1] 알카에다는 오사마 빈 라덴이 창시한 극단적인 살라프파(수니파) 무슬림에 의한 국제 무장 세력망을 가르킨다. '알'은 아랍어의 관사이고, '카에다'는 아랍어로 앉다의 의미를 가진 동사 '카아다(qáʕada)'에서 파생된 단어로 '기반, 근본'을 의미한다.

지 않다. 그런 의미에서 기독교주의, 이슬람주의는 있을 수 있지만, 기독교 근본주의, 이슬람 근본주의를 따로 규정하는 것은 특별히 다른 의미를 담지 않는 한 적절한 용어 사용이라고 할 수는 없다. 기독교나 이슬람의 교리를 더 철저하게 지키고 성서나 쿠란의 문자적 수용을 강조하는 것이라면, 조금 더 근본주의적인 신앙을 추구한다고 표현하면 될 일이다.

그렇지만 현실에서는 이런 용어들이 사용되고 있다. 특히 이슬람 근본주의라는 용어는 급진성과 전투성, 나아가 과격함과 잔인함, 테러공격 등의 뉘앙스를 풍기는데, 이것은 이슬람 자체에 대한 부정적인 인식을 확산시키고 있다. 더구나 이 용어를 만들어 낸 것이 서방세계이고, 이는 서방의 이슬람에 대한 적대를 담고 있다. 그래서 이 용어를 사용할 때 좀 더 신중할 필요가 있으며, 사용한다면 그 의미를 좀 더 분명히 규정해야 한다.

그런데 기독교 근본주의는 이슬람 근본주의와 달리 기독교 내부에서 스스로 하나의 신앙체계로서 정립된 개념이다. 기독교 근본주의는 1920년대에 1차 대전 후의 기독교의 폭력성과 타락에 대한 반성으로, 또 한편으로는 자유주의 신학에 대한 반동으로 등장했다. 이것은 성서 무오설, 축자영감설 등을 통해 역사적 성경해석을 철저히 거부했고, 진화론 등 과학적 지식을 부정했다. 기독교 근본주의는 이후 이를 복음주의로 포장하고 정치적으로는 보수주의, 반공주의와 결합하며 기득권을 옹호하고 타 종교를 배격하면서 기독교 원리에 입각한 사회 구현을 목표로 했다. 이를 위해 국내에서는 정치 세력화를 추진하고 대외적으로는 총칼을 앞세운 제국주의와 결합하여 다른 종교공동체에 대한 야만적인 폭력을 가하기도 했다.

반면 이슬람 근본주의라는 개념은 이슬람의 현실 속에서는 존재하지 않는, 아니 존재할 수 없는 용어이다. 왜냐하면 기독교와 달리 이슬람에는 이슬람 자체의 교리에 대한 부정이나 논쟁이 없기 때문이다. 이슬람 세계의 일관된 신앙은 수니파나 시아파라는 종파와 관계없이, 이슬람의 원리에 근거하여 개인의 삶과 사회적 제도가 하나의 신앙적 틀에서 이루어지는 공동체를 지향한다. 그 지향점은 말하자면 이슬람 신정체제이고 이를 꼭 '주의' 라는 단어를 넣어 표현하고자 한다면 이슬람주의라는 말이 훨씬 더 적절할 것이다.

그렇지만 이것을 정·교가 분리된 현대사회와 궤를 달리하는 종교 근본주의적 경향이라고 규정한다면 이슬람 근본주의라는 말이 성립할지도 모른다. 그런데 그렇게 규정한다면 지구상에서 가장 이슬람 근본주의에 충실한 국가는 어디일까? 아마도 이란이나 사우디아라비아일 것이다. 그러나 누구도 이들 국가를 이슬람 근본주의 국가로 표현하지 않는다. 따라서, 이슬람 근본주의라는 표현이 성립하려면 더욱 정확한 의미 규정이 필요하다.

이슬람주의와 이슬람 근본주의라는 용어를 규정하기 전에 또 하나 확인해야 할 점은 이슬람의 역사이다. 무함마드 이후 북아프리카, 스페인을 거쳐 프랑스까지, 그리고 오스만 제국을 통해 발칸반도를 거쳐 비엔나까지 확장되었던 이슬람은 1492년 이사벨라 여왕의 스페인 왕국에게 이베리아 반도를 내주고, 이어 1683년 오스트리아 합스부르크 제국과의 비엔나 전투에서 패배하면서 서방세계 일부에 대한 1000년 지배를 사실상 종료했다.

이후 이슬람 세계는 급격하게 쇠락의 길을 걸으면서 18세기 이후 점차 서구 제국주의의 지배를 받게 되었다. 제국주의 지배로 이슬람의 문화는 파괴되었고, 경제적 착취로 무슬림들의 삶은 나락으로 떨어졌다. 이슬람 세계는 이 모든 원인이 서구 열강, 즉 이교도의 야만적인 침략과 기독교 문화의 유입으로 빚어진 일이라고 보고 이슬람의 원리에 입각한 새로운 이슬람 세계를 건설하는 운동을 전개하였다. 이런 운동 속에서 등장한 것이 이슬람주의였다. 서방 제국주의의 유린으로 근대국가 형성이 지체되고 이로 인해 정교분리의 세속주의 전통이 짧았던 이슬람 세계에서 이슬람주의에 입각한 신정국가 건설을 지향하는 것을 서구적인 시각으로 이슬람 '근본주의'라고 규정하는 것은 또 하나의 편향된 이데올로기일 뿐이다.

하지만 이슬람주의를 이슬람의 원리에 입각한 사회 구현을 바라는 하나의 운동 혹은 사회 원리라고 규정할 때, 왜 이런 운동이 인권 유린과 지하드를 앞세운 폭력과 테러 행위로 변질되고 급진화되었는지의 문제가 남는다. 이는 이슬람주의가 본원적으로 종교 근본주의적 요소들을 지니고 있기 때문이라고 할 수도 있다. 쿠란과 하디스에 대한 순수한 문자적 수용, 옛 이슬람 공동체를 이상화하는 것, 타 종교에 대한 배타성, 시대를 거스른 전통에 대한 고수 등이 그것이다. 그러나 이런 근본주의적 속성은 타 종교에서도 나타나는 공통점이기에 이를 이슬람주의 급진화의 결정적인 요인이라고 할 수는 없다.

오히려, 이런 내재적 가치와 속성이 서방 제국주의의 이슬람 문화 파괴와 경제적 착취와 결합하면서, 이교도의 폭력에 대항하기 위한 칼을 든 이슬람주의라는 극단적 경향으로 나타났다고 하는 것이 좀 더 정확한 서술일 것이다. 거기에 더해 이슬람의 가치, 즉 평화로운 세계, 조화로운 사회라는 가치를 현대적 가치와 연결해야 할 책임을 지녔던 정치적 지배세력이 민주주의를 파괴하고 독재와 탄압을 저지르며 사회적 불평등을 심화시켰던 것도 이슬람주의의 급진화를 불러온 또 하나의 중요한 요인이었다.

지금까지 서술한 바와 같이, 무슬림 일부 세력의 폭력화는 이슬람 세계와 제국주의와의 갈등 속에서 생겨난 것이고, 이슬람 자체의 문제라고 볼 수는 없다. 그런데 서구인 일부가 사용하는 Islamic Fundamentalism을 번역한 이슬람 근본(根本)주의라는 용어는 이슬람의 뿌리로 가면 폭력이 존재한다는 뉘앙스를 가진다.

그래서 이 책에서는 초기 이슬람의 정신으로 혹은 무함마드의 가르침으로 돌아가자는 현대의 이념을 이슬람주의로 표현할 것이다. 일부 서구인이 사용했고 이제는 전 세계로 널리 퍼진, 테러와 폭력의 기반이 되는 극단적 이념이라는 의미의 이슬람 근본주의라는 용어는, 대개 급진화된 이슬람주의나 이슬람주의의 극단적 형태라는 표현으로 서술한다.

아프가니스탄에서 생겨난 탈레반과 알카에다

새로운 밀레니엄이 시작되었다고 떠들썩했던 2000년대 초반부터 이슬람주의를 내세우며 테러와 폭력을 행사하는 무장조직들이 하나둘씩 세상에 등장했다. 그 서막은 알카에다였다. 2001년에 알카에다가 자행한 9.11 테러는 전 세계를, 특히 미국을 경악에 빠뜨렸다. 이후 이라크 전쟁과 시리아 내전이 진행되었고, IS라는 조직이 세상에 자신을 알렸다. IS는 이라크 전쟁의 과정에서 태어난 알카에다의 이라크 지부로부터 시작된 것이었다.

알카에다와 IS 같은 급진화된 이슬람주의 무장단체들이 2000년 이후 본격적으로 모습을 드러냈다고 해서 21세기에 갑자기 등장했다고 할 수는 없다. 이교도에 의한 이슬람 문화의 파괴와 아랍세계를 유린하는 제국주의를 극복하고자 하는 각성운동이 이슬람주의라는 이름으로 등장한 것은 훨씬 더 오랜 역사를 가지고 있다. 이런 흐름이 급진화되고 무장투쟁으로 나서게 되고, 급기야 테러조직화한 데는 19세기 이후 지금까지 계속되고 있는 다양한 형태의 중동분쟁이 그 직접적인 원인이라 할 수 있다.

먼저 알카에다와 탈레반이 어떻게 탄생했는지부터 이야기를 시작해보자. 2021년 오늘 우리는 미군의 아프가니스탄 철수와 탈레반 정부의 수립을 보고 있지만 아프가니스탄 전쟁의 시작은 1979년이었다. 다시 말해, 아프가니스탄은 40년 넘게 전쟁의 소용돌이에 있었던 셈이다. 바로 이 긴 전쟁의 한가운데에서 알카에다와 탈레반이 탄생했다.

1979년 소련의 아프가니스탄 침공으로 시작된 전쟁에서 소련에 맞서 싸운 무슬림들을 지원하기 위해 여러 국가의 아랍인들이 지하드[2]를 위해 그곳으로 몰려갔고, 그들은 아프가니스탄 내부의 조직들과 함께 무자헤딘[3]의 일부가 되었다. 알카에다는 바로 여기에서 탄생하였다.

아프가니스탄 1차 전쟁이 시작된 지 9년 2개월만인 1989년 2월 소련이 물러갔지만, 무자헤딘은 내부 권력투쟁에 빠졌다. 그들은 단일 세력이 아니었기 때문이었다. 이때 학생이라는 뜻을

---

[2] 지하드는 아랍어로 고투 혹은 분투를 뜻한다. 기독교에서 이야기하는 영적 전쟁과 유사한 개념이다. 좁은 의미에서는 이교도의 이슬람 국가 침략에 대한 저항을 나타내지만, 넓은 의미에서는 '신앙을 방해하는 욕망의 절제'라는 뜻도 가진다. 극단적인 무슬림들과 테러리스트들에 의해 부정적인 단어로 변했다.
[3] 무자헤딘은 성전(지하드)에서 싸우는 "전사"를 의미한다. 이슬람 성전 즉 지하드에서 싸우는 전사를 통칭하는 말이지만 주로 아프가니스탄 전쟁에서 싸운 이슬람 전사를 의미하는 말로 쓰인다.

가진 작은 단체 탈레반[4]이 탄생했다. 이들은 파키스탄 정부의 지원을 받으며 세력을 확장하기 시작했고, 1996년에는 수도 카불을 점령하고 아프가니스탄 이슬람 토후국을 세웠다. 그들은 반정부 세력인 북부동맹의 근거지였던 판지시르 계곡을 제외하고 아프가니스탄 지역 대부분을 지배했지만, 2001년 9.11 테러의 주범으로 지목된 오사마 빈 라덴에 대한 미국의 복수극에 휘말리게 되었고, 미국과 영국 등에 의해 결국 패퇴하고 말았다.

탈레반의 패배와 은신 이후에 새로운 국가인 아프가니스탄 이슬람 공화국이 탄생했다. 그러나 여전히 내전은 멈추지 않았다. 탈레반은 파키스탄에 새로운 거점을 둔 채 끝없는 전쟁을 이어갔다. 그들은 마침내 2021년 8월에 다시 수도 카불을 장악했고, 미국을 '탈출' 하게 만들었다. 도대체 탈레반은 어떻게 그런 힘을 가질 수 있었는가? 그 사이 아프가니스탄에선 무슨 일이 벌어지고 있었던 것일까? 그 이유와 내용을 알려면 현재의 아프가니스탄을 넘어 이슬람 세계 전체를 들여다봐야 한다.

1979년, 이슬람주의 급진화의 시발점

중동의 분쟁은 크게 보아 아랍 세력 대 이스라엘을 포함한 서방 국가 간의 분쟁, 세속주의 대 이슬람주의의 분쟁, 다수 민족과 소수 민족 사이의 분쟁, 제국주의 세력 간의 분쟁, 수니파 대 시

---

[4] 탈레반 또는 탈리반은 아프가니스탄 남부를 중심으로 거주하는 파슈툰족에 바탕을 둔 부족 단체에서 출발한 반군 단체다. 이 용어는 이슬람 교리를 가르치는 학교인 마드라사의 학생 또는 탐구자를 가리키는 말에서 생겨났다.

아파의 종파 분쟁, 독재정권에 대한 민주화 투쟁 등 그 갈래가 아주 복잡하다. 이런 분쟁들은 하나의 사건에서 나타나기도 하고 중층적으로 결합하기도 한다.

1979년 이전에는 아랍국가 대 서방, 혹은 팔레스타인 지역을 둘러싸고 벌어진 이스라엘과 아랍국가들의 분쟁과 이에 개입한 서방세력과의 갈등이 주요한 분쟁의 모습이었다. 즉, 미국과 서방이 자신들의 이익을 추구하기 위해 중동지역의 국가들을 지배하고 유린하는 것에 맞서 자주적인 독립과 근대화를 추구한 아랍 민족주의가 중심이 된 분쟁의 성격이 매우 강했다. 2차 대전 이후 중동과 북아프리카에서 일제히 벌어진 아랍세계의 독립전쟁과 이스라엘의 건국 이후 팔레스타인 해방투쟁을 시작으로 4차까지 이어진 중동전쟁은 대체로 모두 이런 성격의 분쟁이었다.

그런데 1979년을 기점으로 중동 분쟁의 성격이 크게 변하게 된다. 바로 급진화된 이슬람주의가 중동 분쟁의 가장 중요한 요인으로 등장하기 시작한 것이다. 아랍의 역사, 특히 중동 분쟁의 역사를 다루기 위해서 1979년은 빼놓을 수 없는 시기다.

1979년 1월에 최초의 이슬람주의 혁명, 즉 호메이니가 주도한 이란 혁명이 일어났다. 2월에는 아프가니스탄 주재 미국대사가 이슬람주의자들에게 납치되어 살해되었다. 11월 4일에는 이란의 미국대사관 점거사건이 발생했고, 11월 20일에는 사우디아라비아의 메카에 있는 이슬람 최대의 성지 카바 대사원을 이크완이라고 불리는 이슬람주의자들의 후예들이 점거하는 사건이 발생했다. 바로 다음 날인 11월 21일에는 파키스탄의 이슬라마바드 주재 미 대사관이 파키스탄의 무슬림들에 의해 점거되었다.

그리고 오늘 전 세계를 무대로 일어나고 있는 급진화된 이슬람주의에 입각한 다양한 사건들의 발화점이 되는 소련의 아프가니스탄 침공, 즉 아프가니스탄 1차 전쟁이 1979년 12월 25일에 시작되었다. 한마디로 1979년은 이슬람주의에 입각한 일련의 사건들이 벌어진 격동의 시간이었고, 아랍뿐만 아니라 세계적으로 확장되는 시발점이 된 해였다.

특히 우리가 주목해야 하는 것은 1차 아프가니스탄 전쟁이다. 이 전쟁에서 이슬람 근본주의의 무장투쟁, 즉 지하드와 이교도와의 성전을 수행하는 무자헤딘이 등장했기 때문이다. 알카에다는 바로 이 무자헤딘을 뿌리로 결성되었던 것이고, 탈레반 또한 그러했다.

하지만 1979년의 일련의 사건이 하늘에서 뚝 떨어진 일은 아니었을 것이다. 이슬람주의의 원리를 극단적으로 밀어붙이며 폭력과 테러를 자행하는 일은 갑자기 생겨난 것이 아니었으며, 더 깊은 뿌리를 가진 것이었다. 이 사건들은 오랜 시간 아랍에서 배태되어 온 일련의 이슬람주의의 흐름이 있었기 때문에 가능한 것이었다. 이를 이해하기 위해서는 1979년에 진행된 이 일련의 사건들이 어떤 흐름 속에서 일어났는지, 그 뿌리는 어디에 있었는지 들여다봐야 한다.

이슬람주의의 기원을 살펴보려면 7세기의 무함마드(마호메트) 이야기부터 시작할 수도 있겠지만, 오늘날의 급진화된 이슬람주의와 직접적 연관성을 갖는 것은 현대 사우디아라비아 왕국의 탄생을 주도했던 와하비즘과 이집트 중심으로 탄생했던 무슬림 형제단이다.

1장
**아랍 민족주의의 부침과
이슬람주의의 태동**

와하비즘과 사우드 가문

와하비즘은 말 그대로 와하브라는 사람이 설파한 이슬람의 교리로, 그 기원은 1700년대로 거슬러 올라간다.

아라비아반도의 중앙 네지드 지역의 베두인 유목 부족 중에 사우드 가문이 있었다. 이 지역은 형식적으로는 아랍 전 지역과 터키, 그리고 유럽의 발칸까지 지배했던 오스만 튀르크 제국(이하 오스만제국)의 영토였지만, 영토가 워낙 넓어서 그 지배력이 강력하게 미치지는 않는 곳이었다.

그저 그런 아라비아반도의 한 가문이었던 사우드 가문은 1744년에 무함마드 이븐 압둘 와하브라는 사람을 만나면서 새로운 이슬람 교리를 받아들였고, 이 일은 이 가문이 아라비아반도의 지배자로 일약 부상하는 계기가 되었다. 이 가문은 아랍 지역의 무슬림들을 묶어낼 수 있는 이념으로 무장하게 되었고, 이를 통해 아라비아반도의 많은 부족을 때로는 규합하고 때로는 정벌하면서 세력을 확장했다. 이 정교 동맹은 지금의 사우디아라비아 왕국의 뿌리가 되었다.

이븐 압둘 와하브는 이슬람 신학자였다. 그는 당시 이슬람을 믿는 사람들이 몽골, 튀르크 등 외세로부터 오랜 기간 박해를 받고, 또 근래에 들어서 서방의 제국주의 세력에게 유린당했던 것은, 무함마드가 처음 세운 이슬람을 배반했기 때문이며 이를 극복하기 위해서는 본래의 모습으로 돌아가야 한다고 주장했다. 즉, 무함마드의 시절로 돌아가 쿠란과 그의 언행을 기록한 하디스[1]에 철저하게 복무함으로써 이교도의 사상, 특히 서방 세계의 사상과 문물을 몰아내야 한다고 주장했다.

그는 특히 지하드를 강조했다. 지하드란 성전을 의미하는 말이다. 무함마드가 메디나로 옮겨간 헤지라 이후 한 손에 쿠란, 한 손에 검을 들고 이교도를 복종시키며 전 아랍 지역을 이슬람 공동체로 만든 것처럼, 이제 무슬림들은 분연히 무슬림 공동체를 확장하기 위해 검을 들어야 한다고 주장했다. 그는 무슬림의 5대 의무[2]를 넘어 지하드 또한 무슬림의 의무라는 점을 강조했다.

이것은 외세의 지배 속에서 박해받으며 곤궁한 삶을 이어오던 무슬림에게 새로운 계시로 다가왔고, 와하브는 이런 이론을 통해 무슬림 종교공동체를 확장해 나갔다. 이 과정에서 와하브는 사우드 가문의 족장 무함마드 빈 사우드를 만났고, 이후 사우드 가문은 일약 아라비아반도의 중심세력으로 부상했다.

사우드 가문은 와하비즘으로 무장했고, 부침은 있었지만 1차 세계대전의 와중에 세력을 키웠다. 그들은 마침내 1924년에 이슬람의 성지인 메카와 메디나까지 점령하여 사실상 아라비아반도를 통일하는 세력이 되었다. 그리고 그들이 주도한 공동체는

---

[1] 하디스는 무함마드가 말하고(Qaul), 행동하고(Fi'ul), 다른 사람의 행위를 묵인한(Taqreer) 내용을 기록한 책이다. 하디스는 꾸란(코란), 이즈마, 끼야쓰와 함께 샤리아(이슬람법)의 4대 원천을 이루며 그 중 꾸란 다음으로 가장 중요한 자료다.
[2] 무슬림의 5대 의무는 신앙 고백의 의무(샤하다), 하루 5번 예배의 의무(살라트), 자선의 의무(자카트), 라마단 금식의 의무(사움), 메카 성지 순례 의무(하지)이다.

기본적인 사회질서를 와하비즘에 기초하여 구축해 나가기 시작했다.

다시 요약하자면, 와하비즘은 이슬람 공동체를 파괴하는 외세를 쳐부수기 위해 초기 이슬람으로 돌아가자는 구호에 입각한, 칼을 든 이슬람주의라고 할 수 있는데, 이러한 논리가 당시의 시대적 조건에서 강력한 영향력을 발휘한 것이다. 이는 오늘날 이슬람주의를 내세우며 폭력과 테러를 벌이는 지하디스트들이 내세우는 논리와 사뭇 비슷하다고 말할 수 있다.

제국주의, 아랍 분쟁의 씨앗

오늘날 중동 분쟁의 씨앗을 만들고 이슬람주의의 급진적 경향을 확장한 것은 제국주의였다. 20세기 초 중동지역의 대부분은 영국과 프랑스에 의해 점령된 상태였다. 이 땅은 오랫동안 오스만제국의 땅이었는데, 1차 세계대전에서 오스만제국은 독일과 한 편이었고, 영국과 프랑스가 다른 한편이었다. 특히 아라비아반도는 영국이 먼저 '찜' 한 지역이었고, 영국은 이곳의 종족들을 부추기고 무기를 지원하면서 오스만제국과의 전쟁에서 승리하면 나라를 만들어 준다고 약속했다. 이 과정에서 사우드 가문은 영국의 전폭적인 지원을 받아 아라비아반도에서 오스만제국과 전쟁을 벌이면서 세력을 키우게 되었고, 결국 아라비아반도의 승자가 된 것이었다.

하지만, 그 과정이 그리 순조로운 것만은 아니었다. 아라비아반도에서 사우드 가문만이 큰 세력은 아니었기 때문이었다. 오스만제국과 아랍인들의 싸움을 부추겨 승리하기 위해 영국은 다른 부족들과도 거래했다. 영국은 아라비아반도의 메카와 메디나 지역 지배가문이었던 하심 가문을 비롯한 다른 부족들에게도 이중 약속을 했다. 약속을 남발한 영국은 비슷한 시기인 1916년에 아랍지역에 진출했던 또 하나의 제국주의 국가 프랑스와 사이크스-피코 협정[3]이라는 비밀협정을 맺었다. 이는 오스만 제국이 물러나면 중동지역 전체를 둘이 나누어 먹자는 약속이었다. 제국주의의 적나라한 모습 바로 그 자체였다.

데이비드 린 감독의 〈아라비아 로렌스〉라는 영화를 보면 그때 이야기가 자세히 펼쳐진다. 아랍인과 유대인 모두에게 예루살렘을 근거로 한 독립 국가를 보장해 준다는 사기를 친 맥마흔 선언, 밸푸어 선언[4]도 마찬가지였다. 팔레스타인 분쟁이 오늘까지 이어지고 있는 근원에는 제국주의 영국과 프랑스가 있었던 것이다.

제국주의 전쟁이었던 1차 세계대전은 1918년에 유럽 쪽에서는 종전되었지만, 거꾸로 중동지역은 아랍 부족들 간의 전쟁터가 되어 버렸다. 아랍국가들이 서방세계에 대한 분노를 가진 데에는 이런 역사적 맥락이 있다. 상황이 복잡해지자 영국과 프랑

---

[3] 공식명칭은 소아시아 협정(Asia Minor Agreement). 1916년 러시아 제국의 동의 속에서 영국, 프랑스 간에 맺어진 비밀 합의로 오스만제국을 격파한 이후 아라비아 반도를 제외하고 아랍 지역을 영국과 프랑스가 서로 나누어 먹자고 맺은 협정이다. 협상을 맡은 프랑스 외교관 프랑수아 조르주 피코와 영국 외교관 마크 사이크스의 이름을 따서 만들어졌다.

[4] 밸푸어 선언은 1917년 11월, 영국 외무장관이었던 아서 밸푸어가 오스만제국이 물러가면 유대인들에게 팔레스타인 지역에 유대인 독립 국가를 만들어 주겠다고 했던 약속을 말한다. 그러나 이에 앞서 1915년, 영국은 이집트 주재 고등 판무관 헨리 맥마흔을 통해 아랍인들에게도 팔레스타인에 독립 국가를 약속했다. 이런 이중의 약속이 바로 오늘까지 이어지는 길고 참혹한 아랍의 최대 분쟁, 팔레스타인 분쟁을 낳았다.

스는 중동 전체 지도를 가져다 놓고 자기들 맘대로 줄을 그어 나라들을 나누었다.

지금 우리가 아는 중동의 나라들은 모두 1차 대전 이후, 혹은 2차 대전 이후 일부 서방국가들이 마음대로 줄을 그어 영토를 확정한 것이다. 시리아나 레바논, 이라크, 요르단 등은 모두 한국처럼 해방 이전부터 나라가 있었던 것이 아니다. 영국과 프랑스가 오스만제국이 패망하자 자기들 마음대로 땅에 금을 긋고 아랍의 유력한 가문에 나누어 줘 나라를 만들게 했던 것이다. 그 후 이 나라는 프랑스가 지배하고, 저 나라는 영국이 통치하는 식으로 지배권을 유지했다.

이렇게 국가의 경계선을 나누는 과정에서 역사적 경험을 함께하지 않았던 민족들이 묶이기도 했고, 종교적 갈등이 첨예한 수니파와 시아파가 하나로 묶이기도 했다. 이런 식으로 오늘의 중동지역 분쟁의 씨앗이 뿌려졌다. 이 과정에서 유독 쿠르드족의 나라는 만들어 주지 않고 5~6개 나라로 흩어 놓았고, 그래서 3,000만이 넘는 민족이 나라가 없어 오늘도 투쟁하고 내일도 투쟁하며 아랍 지역 분쟁의 단골이 되게 만들었던 것이다.

> **쿠르드족과 쿠르드 독립국가**
>
> 인종적으로는 백인계 아리안족에 속하는 쿠르드족은 그 수가 3,300만 명이나 되는 민족이다. 세계에서 이 정도 규모의 민족이 독립국가를 갖고 있지 못한 예는 찾아볼 수 없다. 쿠르드족은 쿠르디스탄이라고 불리는 산악지역에 살고 있는데 이 지역은 여러 나라의 영토로 분할되어 있다. 쿠르디스탄은 아랍 지역 전체와 유럽까지 지배했던 오스만제국 시절에 쿠르드족이 모여

살았던 곳이다. '스탄'이라는 말은 고대 인도어인 산스크리트어로 땅이라는 뜻인데, 그러니까 쿠르디스탄은 바로 쿠르드족의 땅이라는 뜻이 된다.

오스만제국이 패망하고 서방의 제국주의 국가들이 이를 분할한 후, 30만 ㎢의 지역에 여러 나라를 가르는 경계선이 생겨났다. 이 결과 쿠르드족은 여러 나라로 갈라져서 살게 되었다. 쿠르드족은 현재 터키에 약 1,500만 명(터키 전체 인구의 20%), 이란에 800만 명(10%), 이라크 600만 명(17%), 시리아에 200만 명(12%)이 살고 있으며, 일부는 아르메니아 등에서 살고 있다.

그들은 인원이 많지만, 각각의 나라에서는 소수 민족이어서 늘 차별받고 있으며, 이에 맞서 투쟁을 할 때도 민족 전체의 싸움이 아니라 각 나라 내부에 갇힌 투쟁만을 할 수밖에 없다. 더구나 특정한 나라에서 쿠르드족이 독립국가를 갖는다는 것은 다른 나라의 독립투쟁을 부추길 수 있고, 그래서 어느 특정 지역의 쿠르드족이 독립투쟁을 하게 되면 주변국들도 훼방을 놓는다. 또, 적대적 관계인 나라들 사이에서는 해당 국가의 정정을 불안하게 만들기 위해 쿠르드족을 부추겨 반정부 투쟁을 유도하며 이용하기도 한다. 쿠르드족은 이런 이유로 인해 2등 국민으로 살아왔고, 이에 대해 저항하면 무자비한 탄압을 받아야만 했다.

터키는 공화국이 수립되고 난 이후 지금까지 시종 쿠르드족의 저항에 대해 가장 폭력적인 방법으로 통제해 왔다. 오스만제국의 붕괴 직후 쿠르드족은 독립국가인 아라랏 공화국(노아의 방주가 멈추었다는 산이 아라랏산이다)을 건설했지만, 오스만제국을 이은 터키 공화국에 의해 바로 진압되고 말았다. 이후 터키는 독립투쟁 지도자에 대한 처형과 쿠르드족에 대한 강제이주, 집단학살 등을 자행했고 국내의 모든 일상에서도 쿠르드족에 대한 차별과 통제, 쿠르드 문화 금지 등을 엄격하게 시행하고 있다.

터키를 한국전쟁 때 군대를 파견하여 한국을 도와준 나라, '형제의 나라'라고 하지만, 당시 한국전쟁에 파병되었던 터키군 병력의 70~80%는 쿠르드족이었다. 또한, 그 병력의 상당수는 터키 공화국 정부에 의해 강제징집을 당해서 한국전에 왔다. 한국인들에게는 잘 알려지지 않은 이 사실은 쿠르드족이 터키 내에서 어떤 삶을 살고 있는지를 보여주는 예라 할 것이다.

이란에 사는 쿠르드족의 사정은 조금 나은 편이다. 이란인, 즉 페르시아인과 쿠르드족은 언어적으로도 문화적으로도 가까운 관계이다. 그래서 이란인들은 '순수 이란인'으로 쿠르드족을 부르면서 인구통계를 낼 때 쿠르드족에 대해 별도 통계를 내지 않는 등 문화적으로도 쿠르드족 민족문화에 관용적인 편이다. 이란은 폭력적인 진압보다는 동화정책을 구사해 왔다.

쿠르드족은 한때 이란 내에서 쿠르드족 최초의 독립국가를 세운 적도 있었다. 2차대전 후인 1946년 1월, 소련은 이란이 친서방 정책을 펼치자 이를 견제하기 위해 쿠르드족을 부추겨 쿠르드족의 독립국가인 마하바드 공화국을 건설하도록 하였다. 그런데 미국이 강력하게 반발하고 개입을 시작하자 마하바드 공화국의 후견인 역할을 하던 소련군은 철수했고 이내 마하바드 공화국은 이란에 의해 붕괴했다. 이는 강대국의 이해관계에 소수 민족이 이용당하는 전형적인 모습이었다. 이후 쿠르드족은 엄청난 보복을 당했고 이란은 쿠르드족에 대한 관용정책을 철회했다. 이란은 이후 시간이 흐르면서 동화정책으로 방향을 전환했지만 이란 내 쿠르드족의 삶 또한 곤궁하기는 마찬가지이다.

이라크는 쿠르드족에 대해 철저한 탄압으로 일관해 왔다. 1차 대전 후 당시 이라크를 지배하던 영국은 쿠르드족에게 독립을 약속했지만, 쿠르드족 거주지역이었던 키르쿠크에서 대규모 유전이 발견되자 영국은 약속을 번복했다. 이후 영국을 등에 업고 독립한 이라크는 왕정과 공화정을 거치는 동안 내내 쿠르드족에 대한 탄압과 통제를 해왔다. 특히 사담 후세인은 이란이 이라크를 혼란스럽게 할 목적으로 쿠르드족을 지원하고 있다는 것을 빌미로 쿠르드족에 대해 강력한 탄압정책을 펼쳤다. 후세인 정권은 쿠르드족의 저항이 있으면 쿠르드 주민 전체를 소개하여 강제 이주시키고 그곳에 이라크인 정착촌을 세우는 등 쿠르드인을 철저하게 탄압했다. 이런 정책은 이란-이라크 전쟁 이후 더욱 강화된다.

다른 주변국들의 쿠르드족에 대한 정책 또한 큰 차이가 없다. 이런 상황에서 전쟁과 같이 중동질서에 큰 변화를 일으키는 사건이 터지면 쿠르드족은 더 큰 곤경에 처하게 되곤 했다. 전쟁의 과정에서 주변국은 물론 강대국들이 철저하게 자국의 이익을 위해 쿠르드족을 수단으로 사용하기 때문이었다. 이란-이라크 전쟁, 미국의 이라크 침공, 시리아 내전 등에서 쿠르드족은 철저하게 이용당하고 버려졌다.

이쯤 되면 민족의 동질성을 바탕으로 민족 전체가 저항 전선을 구축해야 하는 것 아니냐는 생각이 들 수도 있다. 그러나 이들은 원래 2,000~3,000m 고도의 산악지역에 살며 서로와 떨어져 목축을 주로 하는 유목민족이어서 민족적 유대가 강한 편이 아니었고, 먹고 사는 문제와 국가의 존재가 연결되는 측면도 적었다. 민족적 동질성은커녕 그동안의 역사에서 강대국에 이용당하며 서로에게 총부리를 겨누기도 했고 그 과정에서 적대적 관계가 만들어지기 일쑤였다. 터키의 탄압에 쫓긴 터키의 쿠르드노동자당이 이라크의 쿠르드 지역으로 피신해 왔을 때, 이라크의 쿠르드족은 터키군과 함께 쿠르드노동자당을 공격하기도 했다.

한마디로 제국주의가 바로 아랍의 역사에 나타난 수많은 비극적인 참변의 씨앗이었다고 할 수 있다. 그러고도 모자라 제국주의 세력은 지금도 아랍세계에 끝없이 개입하며 전쟁을 일으키고 있다. 그러면서 이들은 서방과 이슬람 세계의 갈등에 대해 인류를 위협하는 '문명의 충돌'이라는 잣대를 들이밀며 서방 제국주의가 저지른 원죄를 교묘하게 감추려고 한다.[5] 이렇게 아랍세계를 짓밟아왔던 제국주의의 역사를 보면 이슬람 근본주의가 칼을 들고 투쟁한 배경을 어느 정도는 이해할 수도 있다.

사우디아라비아 왕국의 탄생과 이크완

한편 아라비아반도에서 오스만제국을 물리친 사우드 가문은 아라비아반도의 패권을 놓고 하심 가문과 전쟁을 치러야 했다. 오스만 제국과 싸우는 과정에서 영국의 지원을 받아 세를 키운 사우드 가문의 족장 압둘 아지즈 알 사우드(보통은 이븐 사우드로 알려져 있다)는 하심 가문과의 전쟁에서 승리한다. 이때 사우드 가문 승리의 결정적인 힘은 이크완이라는 조직에서 나왔다.

---

[5] 새뮤얼 헌팅턴(Samuel P. Huntington)은 〈문명의 충돌(Clash of Civilizations), 1993〉에서 소련의 붕괴로 이데올로기의 대립은 종결되었고 현대 세계의 분쟁은 문명 간의 충돌 때문에 일어난다고 설명한다. 헌팅턴은 서구 문명의 우월성을 강조하면서, 문명의 충돌을 막기 위해서는 이슬람이나 다른 문화권이 산업화, 기독교화, 식민지 지배를 통한 현대화 등이 선결되어야 한다고 주장한다. 헌팅턴의 이러한 논지는 이슬람을 적대시하고 서구 국가의 공격성을 정당화하는 근거가 되면서 서방과 미국에서 폭넓은 호응을 얻었다. 특히 9.11 테러 이후 헌팅턴은 새롭게 조명되었다. 헨리 키신저는 〈문명의 충돌〉이 냉전 이후 나온 가장 중요한 책이라고 말했는데, 이는 미국의 주류가 이슬람을 바라보는 시각이 어떤지를 그대로 드러낸 말이다.

이크완은 와하비즘으로 무장된 종교군대였다. 강력한 종교적 규율로 무장한 이들은 막강한 전투력을 발휘했고 정복한 곳에서 와하비즘의 원리에 따라 술, 담배. 도박, 마술 등을 금지하며 초기 이슬람의 모습을 실현해 나갔다. 이들은 전화, 라디오, 자동차 등 서방의 문물에 대해서 배타적인 입장을 견지했다. 이크완은 아라비아반도는 물론 전 아랍지역에서 이교도를 몰아내고, 초기 이슬람의 모습을 재현할 때까지 싸워야 한다는 태도를 견지했다. 지금 우리가 보고 있는 근본주의로 무장한 지하디스트들의 모습 그대로였다고 할 수 있다.

사우드 가문은 이 와하비즘이라는 종교적 신념을 기반으로 해서 아라비아반도를 통일했고, 그 결과 사우디아라비아 왕국이 탄생하게 된다. 사우드 가문은 메카와 메디나를 근거지로 한 하심 가문과의 전쟁에서 승리했다.[6] 그들은 1924년 메카를 점령한 뒤 아라비아반도 전체를 묶는 왕국 건설에 착수했다. 그런데 이때 문제가 생겼다. 그동안 잘 나가던 정치 권력과 종교 권력의 협력 관계에 균열이 생긴 것이었다. 즉 사우드 가문의 입장에 이크완이 반발하고 나선 것이다.

이븐 사우드는 이제 자신의 가문이 하나의 정치세력 차원이 아니라 국가의 중심이 되기를 바랐고, 왕국 건설을 본격화하기 위해 각종 현대적 제도와 문물, 기술을 도입하려 했다. 그런데 이크완이 이에 대해 강력하게 제동을 걸었던 것이었다. 또, 이크완은 전체 아라비아반도는 물론 전 아랍세계를 하나로 묶기

---

[6] 한편, 하심 가문이 패배하고 갈 곳을 잃자 영국은 하심 가문의 큰아들에게는 요르단을, 둘째 아들에게는 이라크를 주어 각각 왕국을 세우게 한 후 사실상 그 국가들을 지배했다.

위해서는 지하드를 멈출 수 없다면서 독단적으로 이미 영국과 프랑스가 금을 그어 놓은 나라들인 이라크와 쿠웨이트 등에 대한 공격에 나섰다.

이런 이크완의 태도에 대해 영국과 프랑스는 사우드 가문의 족장 이븐 사우드에게 강력하게 경고했고, 결국 이븐 사우드는 이크완의 지도자를 축출했다. 이크완은 이에 맞서 반란을 일으켰지만 이븐 사우드는 영국의 군사지원을 받으며 이크완을 처절하게 응징했다. 이들이 격돌했던 아라비아반도 북부의 사빌라 전투는, 사빌라 학살이라고 불릴 정도로 끔찍했다. 이런 과정을 거쳐 1932년 이븐 사우드를 왕으로 하는 사우디아라비아 왕국이 정식으로 선포되었다.

이븐 사우드는 왕국 수립 후 와하비즘을 왕국의 사회원리로 정식 채택하면서 여전히 와하비즘의 수호자임을 선언했다. 그러면서 와하브파의 성직자들에게 종교 권력을 위임했다. 이븐 사우드는 이를 통해 극단적이고 과격해질 우려가 있는 와하브파를 체제 내에 수용함으로써, 정치 권력의 현대화, 사회체제의 이슬람화를 병행해 나갔다. 이러한 정치 권력과 종교 권력의 이원화는 오늘날의 사우디아라비아로 그대로 이어진다.

이슬람판 YMCA, 무슬림 형제단과 하산 알 반나

오늘날 급진적인 이슬람주의를 의미하는 근본주의의 또 다른 흐름은 무슬림형제단에서 유래했다. 무슬림형제단은 1928년 이집트에서 하산 알 반나라는 사람에 의해 창설된 단체였다. 처음에는 이슬람에 뿌리를 둔 일종의 청소년 단체, 말하자면 이슬람판 보이스카우트 혹은 이슬람판 YMCA 같은 성격의 단체로 출발했다.

하산 알 반나

당시 이집트는 형식상 독립왕국이었지만, 프랑스와 영국이 수에즈 운하를 지배하면서 이익은 다 챙겨가고 있었다. 이집트는 이렇게 정치적으로는 독립된 왕국이었지만, 제국주의의 착취 때문에 국민의 삶은 매우 피폐한 상황이었고 불평등 또한 극심했다.

본질이 제국주의의 착취로부터 발생한 것이었지만 이집트 민중들은 제국주의에 대한 투쟁보다는 외세와 외세를 등에 업은 왕국의 통제에 갇혀 하루하루의 일상에 아등바등하고 있는 형국이었다. 지배권력이 세워 놓은 서구화의 신기루를 희망의 전부로 알고 살고 있었다. 반나는 이런 모습을 보면서 절망과 분노를 느꼈다. 그래서 그는 청소년들이 이슬람 고유의 문화를 배우면서 자존감을 얻기를 바라는 마음으로 무슬림형제단을 창단했다. 무슬림형제단은 사회개혁과 이슬람주의의 원형 복원을 위해 노력했고, 이내 이 단체는 청소년 단체에서, 성인들도 참여하는 사회운동단체로 성장해 나간다.

무슬림형제단은 창립 후 급속한 성장을 이루며 이집트뿐만 아니라 전 아랍지역에 지부를 세웠다. 마치 YMCA가 세계적인 조직으로 확장되는 것과 같은 양상이었다. 무슬림형제단은 전국적인 조직망을 가지고 봉사활동과 언론 출판 활동, 그리고 자카트(자선) 등을 통해 대중적 기반을 넓혀 갔다. 말하자면 무슬림형제단은 이슬람의 온건한 개혁을 추구하는 무슬림 사회운동 단체였다.

무슬림형제단의 목표는 범이슬람 근대화였다. 이들은 반식민주의, 반서구화를 표방하면서도, 민족주의에 갇히지 않았고, 이슬람의 원리를 지키면서도 현대회에 힘을 실었다. 이런 대중적인 운동은 전 아랍 지역으로 퍼져 나가면서 아랍세계 최대의 이슬람 운동 단체가 되었다. 그런데 이렇게 온건했던 무슬림형제단이 어떻게, 왜 지하드를 주장하는 이슬람 근본주의의 뿌리가 되었을까? 무슬림형제단이 급진화한 계기는 바로 팔레스타인 분쟁이었다.

이집트와 팔레스타인 지역은 시나이반도와 가자지구를 맞댄 채 연결되어 있다. 1930년대부터 서방은 유대인을 지원하면서 팔레스타인에 유대인 국가를 세우는 일을 방조하거나, 혹은 일조하고 있었다. 그곳에서 핍박받는 팔레스타인 사람들을 돕는 운동은 무슬림형제단의 중요한 일 중의 하나가 되었다. 자카트를 중요한 단체의 목표로 삼는 무슬림형제단에 있어 그것은 당연한 일이었다.

하지만, 팔레스타인에서 일어났던 이스라엘의 야만적인 공격에 따른 팔레스타인 사람들의 참상을 보면서, 순수한 자선 운동은 점차로 그 성격이 변하기 시작했다. 더구나 그런 일들의 근원에는 서방 제국주의의 개입이 있음을 확인하면서 외세에 대한 반감도 커질 수밖에 없었다. 그런 상황을 접하면서 같은 아랍인으로서 당연히 분노가 생기기 시작했다.

이런 인식들이 확장되는 과정에서 1948년에 이스라엘이 건국했고, 이어 여기에 맞선 팔레스타인인들을 지원하기 위한 아랍연합국과 이스라엘의 전쟁, 1차 중동전쟁이 시작되었다. 이에 무슬림형제단은 전쟁에 참전할 자원자를 모집하는 일도 하게 되었고, 자연스럽게 무장투쟁이 필요하다는 인식이 확대되기 시작했다. 결국, 미국과 서유럽의 일부 국가 그리고 이스라엘이 온건한 이슬람 사회운동단체를 급진화시킨 것이다. 그래서 오늘의 중동 문제에 관해서 영국과 프랑스, 미국과 같은 제국주의 국가의 책임의 몫이 크다는 것이다.

중동전쟁

흔히 중동전쟁이라는 용어는 이스라엘과 서방을 한편으로 하고 아랍 민족을 또 다른 한편으로 하여 일어났던 전쟁을 의미한다. 이 전쟁은 각각의 다른 배경 속에서 4차례 일어났지만, 본질적으로 아랍 민족주의에 입각한 전쟁이라는 공통점을 갖고 있다.

1차 중동전쟁은 1948년 5월 14일, 이스라엘이 팔레스타인에서 일방적으로 독립국가를 선언하자 이를 저지하고 팔레스타인인들의 건국을 지원하기 위하여 아랍국들이 연합군을 형성하여 이스라엘을 공격하면서 시작된 전쟁이다. 이스라엘이 1차 중동전쟁을 독립전쟁이라 부르고 아랍권은 알 나크바(재앙의 시작)라고 부르는 것에서 알 수 있듯이, 이 전쟁은 미국의 지원을 받은 이스라엘의 승리로 끝이 났다.

팔레스타인에 두 개의 국가를 세우기로 결의하며 유대인과 팔레스타인인에게 영토를 분할했던 UN의 결의는 무위로 돌아갔고, 이스라엘은 원래 UN이 제시한 땅보다 더 넓은 영토를 갖게 되었다. 이 전쟁으로 이스라엘은 독립국가로의 지위를 확보했지만, 팔레스타인인들에게는 땅을 잃고 헤매는 디아스포라의 시작이었다. 그야말로 재앙의 시작이었다. 한편 이 전쟁에 참여한 이집트는 가자지구를, 트랜스요르단은 동예루살렘과 요르단강 서안 지역을 차지하게 된다.

2차 중동전쟁은 아랍 민족주의를 내세운 이집트의 나세르가 영국과 프랑스가 지배하고 있던 수에즈 운하에 대해 1956년 7월 국유화를 선언하자 영국과 프랑스의 요청에 따라 10월 29일 이스라엘이 이집트의 시나이반도에 대하여 기습공격을 감행하면서 시작된 전쟁이다. 이 전쟁에서 영국과 프랑스, 이스라엘의 연합군에 의해 이집트가 수세에 몰리기는 하였지만, UN의 개입과 국제여론의 악화 그리고 아랍세계에 대한 영향력을 확보하고자 했던 미국의 중재로 전쟁은 종료되었다. 이 전쟁에서 이집트는 실질적으로는 전쟁 그 자체에서 패했다고 할 수 있지만, 결과적으로는 수에즈 운하에 대한 소유권을 확보하게 된다. 이에 따라 나세르의 권력 기반은 강화되었고 이를 발판으로 나세르가 주도하는 아랍 민족주의가 중동에 확산하였다.

3차 중동전쟁은 아라파트에 의한 PLO(팔레스타인 해방기구)의 팔레스타인 해방운동이 점차 힘을 더해가고 또 주변 아랍국들의 아랍 민족주의가 점차 확산하는 가운데 위협을 느낀 이스라엘이 1967년 6월 5일, PLO의 테러에 대한 응징과 아랍국가의 공격위험에 대한 자위를 명분으로 내걸면서 이집트, 요르단, 시리아에 대한 전격적인 공습을 감행하면서 시작된 전쟁이다.

개전 4일 만에 이스라엘은 이집트의 영토였던 가자지구와 시나이반도, 요르단의 영토였던 요르단강 서안 지역, 그리고 시리아의 골란고원을 점령하게 된다. 일방적으로 패전의 위기로 몰리던 아랍국들은 UN의 정전권고안을 수락하였고 이로써 전쟁은 6일 만에 종료되었다. 이 전쟁이 흔히 '6일 전쟁'으로 불리는 이유이다. 아랍국가들의 완전한 패배였던 이 전쟁은 아랍인들에게는 가장 치욕스러운 역사로 남았을 뿐만 아니라, 이후 발생하는 모든 팔레스타인 분쟁의 불씨가 된다. 이스라엘은 전쟁에서 점령한 모든 지역에서 철수할 것을 결의한 UN 결의 242호를 철저하게 무시하고, 점령한 가자지구, 시나이반도, 동예루살렘과 요르단강 서안 지역, 그리고 골란고원을 자신들의 영토로 선언한다. 그 이후에도 여러 차례 UN은 결의안 242호를 확인했지만, 이스라엘은 현재까지도 이를 무단으로 점령하고 있다. 이 전쟁으로 인해 가자지구와 요르단강 서안지구에 거주하던 팔레스타인인들은 추방되거나, 거주하고 있다 하더라도 온갖 불이익을 감수하며 고통스러운 삶을 살아가게 된다. 오늘날 팔레스타인 분쟁의 핵심이 되는 가자지구와 요르단강 서안 지역은 이런 역사적 배경을 갖고 있다.

4차 중동전쟁은 1973년 10월 6일, 이집트 사다트 대통령의 주도하에 시리아, 리비아 등과 구성한 연합군이 이스라엘에 대하여 선제공격을 감행하면서 시작된 전쟁이다. 6일 전쟁의 치욕을 씻고 골란고원과 시나이반도의 회복을 목표로 했던 이 전쟁은 초반에는 아랍 연합군이 우세를 보이기도 했지만, 이스라엘의 반격이 시작되면서 전선이 교착된 상태에서 지루한 공방전이 계속되게 된다. 1974년 1월, UN의 중재하에 정전협정이 체결되면서 전쟁은 종료되었지만, 아랍국가들은 영토의 회복을 이루지는 못하였다. 매번 대패했던 전쟁에 비해 이전과는 다른 양상으로 진행되었기 때문에 아랍국들이 어느 정도 위신을 회복하기도 했고 또 아랍권 결속의 계기가 되기도 했지만, 이스라엘의 지위를 공고히 하게 된 전쟁으로 평가받는다.

무슬림형제단의 급진화

이런 상황에서 이집트 정부는 골치가 아파지기 시작했다. 온건했던 이슬람 판 YMCA가 급진화되면 이들은 당연히 이집트 정부에게도 강력한 조치를 요구할 것이고, 요구를 들어주지 않으면 점점 반정부적 성향으로 발전할 수도 있었기 때문이다.

무슬림형제단이 점차 급진화되자 이집트의 세속정부 파루크 왕조는 무슬림형제단을 해체하는 조치를 시행했고, 많은 회원을 투옥했다. 이렇게 되자 무슬림형제단은 더욱 급진화되었고, 반정부 투쟁에 나서게 된다. 비록 미수에 그치기는 하였지만, 이들은 1948년 마흐무드 파흐미 노크라쉬 파샤 이집트 총리 암살을 시도하기도 했다. 창립자인 반나는 이런 급진화는 무슬림형제단의 모습이 아니라고 선언했지만, 이집트 정부와 무슬림형제단의 갈등은 점점 깊어져만 갔다.

그러다가 결정적으로 무슬림형제단이 이집트 정부와 갈라서면서, 본격적으로 급진화하는 계기가 되는 일이 발생했다. 반나가 암살당한 것이다. 이는 1949년의 일이었고, 그의 나이는 당시 43세였다. 범인은 끝까지 밝혀지지 않았지만, 모든 의혹은 이집트 정부로 쏠릴 수밖에 없었다. 이 사건은 이집트 내부의 무슬림형제단에 엄청난 충격이었을 뿐 아니라, 이집트는 물론 아랍세계 전체를 격동시키는 일이었다. 무슬림형제단은 더욱 급진화의 길로 갈 수밖에 없었는데, 지도자를 잃은 무슬림형제단으로서는 이런 새로운 변화를 끌고 갈 조직의 정비도 필요했다. 이때 등장한 사람이 바로 사이드 쿠틉이었다.

사이드 쿠틉은 1906년생으로 하산 알 반나와 동갑이고, 카이로 사범학교의 동문이기도 했다. 생전에 둘 사이의 교분은 없었다. 반나가 행동하는 지식인이었다면, 쿠틉은 반체제 학자였다. 쿠틉은 반나가 암살당하던 때 탄압을 피해 미국에 유학 중이었다. 쿠틉은 유학 생활을 통해 서구 문명에 대해 더욱 비판적으로 변했다. 그는 미국 생활을 하면서 이슬람의 주적은 바로 타락한 서구 문명이고, 그 핵심은 미국이라는 생각을 굳히게 되었다.

그런데 오히려 자신의 조국 이집트가 서구문명에 매달리고 있는 것을 보면서 그는 실망했다. 그는 서방이 자유, 이성, 민주주의 등의 가치를 내세우며 이슬람을 오염시켰고 그것이 바로 이집트의 문제이자 이슬람세계의 문제라고 생각했다. 1950년에 귀국한 그는 무슬림형제단에 가입하였고, 지식인으로서 무슬림형제단이 나아가야 할 방향에 대한 이론적 지도를 시작하게 된다.

무슬림형제단과 이집트 정부의 갈등이 깊어가는 와중에 이집트에서는 반정부 시위가 계속되고 있었다. 민생문제를 둘러싼 생존권 투쟁과 수에즈 운하를 통해 이익을 독점하는 영국에 대한 반외세 투쟁이 그 본질이었다. 결국, 1952년 6월 이집트의 파루크 왕조는 자유장교단의 군사쿠데타로 무너지게 된다. 바로 그 유명한 가말 압델 나세르의 등장이다. 외세에 대한 거부와 근대화를 앞세운 나세르의 혁명 성공으로 무슬림형제단과 정부 간의 오랜 불화도 끝나는 듯 보였다.

이집트 혁명과 나세르, 그리고 사이드 쿠틉

종교는 시간이 흐르면 부패하기도 하고, 초기의 교리를 망각한 채 세속화되기도 한다. 이집트에서 시작된 무슬림형제단은 이런 세속화 흐름에 반대하며 초기 교리를 강조했다. 이들은 서방 세력의 문물들을 수용하며 세속화의 길을 걷던 이집트 정부와 대립하며 '초기의 이슬람' 혹은 무함마드 시절의 이슬람교로 돌아가자는 운동을 전개했다. 그런데 무슬림형제단이나 이슬람주의가 오늘 우리가 흔히 생각하는 과격한 근본주의, 테러와 무장 투쟁으로 이해되는 지하드 등으로 발전하게 된 이유는 무엇일까. 또, 신흥 왕국 사우디아라비아의 국교 격이었던 와하비즘이 왜 이슬람주의 급진화의 뿌리가 되었던 것일까?

이슬람주의를 구호로 표현한다면 "무함마드의 가르침으로 돌아가자", "오직 쿠란만이 길이다", "초기 이슬람으로 돌아가자."라고 말할 수 있다. 이런 운동이 과격한 근본주의, 테러와 지하드로 발전하고 탈레반, 알카에다, 이슬람국가(IS) 등으로 이어졌던 것에는 아주 복잡했던 아랍의 현대사가 배경으로 자리 하고 있다.

초기의 순수한 이슬람주의가 이렇게 발전해 나간 첫 번째 원인은 바로 서방의 자본주의 혹은 현대 제국주의의 야만적인 침탈이다. 두 번째로 와하비즘과 무슬림형제단의 성장에는 아랍 국가 스스로 근대화 개혁에 실패하고 사회적 불평등이라는 민생문제를 해결하지 못했던 아랍 민족주의의 실패라는 요인이 있었다. 이 두 가지 이유를 배경으로 이슬람주의는 1950년대 아랍 전체의 역사와 밀접한 관계를 맺으며 성장하게 된다.

가말 압델 나세르

외세에 의존하며 자신의 기득권을 지키고자 했던 파루크 왕조의 패망은 무슬림형제단에게도 기대를 갖게 하는 일이었다. 그러나 자유장교단과 무슬림형제단 사이에는 이슬람 세계에서는 공존할 수 없는 종교관, 세계관의 차이가 있었다. 나세르가 범아랍 통일국가, 세속화된 현대 국가, 산업화를 통한 경제발전을 생각했다면, 쿠틉과 무슬림형제단은 다시 쿠란으로 돌아가 모든 사회운영을 이슬람적 가치에 기초하여 해나가야 한다고 생각했다. 사우디에서 이븐 사우드 국왕이 와하비즘, 이크완과 갈등을 벌였던 과정과 아주 유사했다.

시간이 흐르면서 나세르와 무슬림형제단은 화해할 수 없는 갈등 속으로 빠져들었다. 결국, 1954년 나세르는 끝없이 걸림돌이 되었던 무슬림형제단의 지도자 쿠틉을 투옥했다. 이후 쿠틉은 투옥과 체포를 반복하게 되었고, 나세르는 쿠틉을 비롯한 무슬림형제단이 정권 전복을 꿈꾸고 있다고 비판하고, 급기야는 공산주의자와 손잡고 혁명을 준비하고 있다며 날조된 사실까지 국민에게 유포하기에 이른다. 대립은 점점 심각해졌다.

1954년 10월, 무슬림형제단에 의한 나세르 암살 기도 사건이 터졌고, 두 세력은 도저히 화해할 수 없는 최악의 상황으로 치닫게 되었다. 국가전복세력으로 낙인이 찍힌 무슬림형제단에 대한 전면적인 탄압이 시작되어, 수천 명이 투옥되었고 여섯 명이 사형당했다. 쿠틉 또한 종신형을 받았다. 이제 이집트에서 무슬림형제단은 지하로 잠적해야만 했다. 쿠틉은 감옥에서 줄기차게 옥중투쟁을 전개하며 자신의 이슬람주의 이론을 벼리면서, 그 내용을 감옥 밖의 이집트 국민에게 전했다.

이때 집필한 책이 바로 이슬람 판 〈무엇을 할 것인가〉라고 하는 〈진리를 향한 이정표〉이다. 이 책은 왜 오늘날 이슬람주의 운동에서 극단적 경향이 나타나고 있는지를 이해하기 위해서는 꼭 읽어야 할 고전이 되었다. 마치 사회주의 혁명가들에게 레닌이 쓴 〈무엇을 할 것인가〉가 필독서가 되었듯이 말이다. 쿠틉은

지하드만이 이슬람의 유일한 희망이라고 이야기했다.[7]

"이성과 합리주의로 대변되는 서구적 가치를 배격하는 것만이 이슬람 세계와 무슬림을 구원하는 유일한 희망이다. 지하드(성전)를 통한 이슬람 정부의 구성이 그 희망을 완성할 수 있다. 지금 이슬람 세계에는 이를 담당할 전위가 필요하다."

이러한 논지는 타락하고 외세 의존적인 정부에 비판적이던 무슬림 청년들에게 강력한 메시지가 되었다. 이 저서를 통해 쿠틉은 지하드에 입각한 이슬람주의를 정립하며 근본주의의 이론적 지주로서 매우 강력한 영향력을 전 아랍에 미치게 되었다.

나세르는 그에게 장관 입각, 해외 망명 등을 제안하며 끝없이 회유했지만 쿠틉은 완강한 저항을 이어갔다. 나세르는 쿠틉이 투옥되고 10년이 지나자 1964년에 그를 가석방한다. 그러나 쿠틉은 운동을 멈추지 않았고 결국 풀려난 지 6개월 만에 다시 투옥되어 재판에서 사형선고를 받았다.

나세르는 사형을 면하게 해주겠다고 또 한 번 회유하지만, 그는 "순교하게 해주신 알라에게 감사한다."라고 말하며 거절했다. 그가 마지막으로 남긴 유언은 "받아 적어라. 그들이 나를 죽인다면 내 말은 더욱 강해질 것이다"였다고 한다. 결국, 그는 1966년 8월 29일 교수형을 당했다. 무슬림들은 분노했지만, 쿠틉의 죽음으로 무슬림형제단의 활동은 위축되기 시작했고, 점차 활동 중단 상태에 이르게 되었다.

---

[7] 〈진리를 향한 이정표〉 사이드 쿠틉/서정민 역, 평사리

쿠틉의 죽음과 무슬림형제단의 활동 침체는 이집트에서 한때 타오르던 이슬람주의 운동의 불꽃을 사그라들게 했다. 큰 정치적 부담으로 다가왔을 쿠틉의 죽음에도 불구하고 나세르는 아랍 민족주의를 내세우며 권력 기반을 더욱 강화하고 아랍세계 전체의 리더로 부상한다. 이슬람주의에 입각한 신정국가 건설이라는 주장은 발을 붙이기 쉽지 않을 정도로 그의 위치는 굳건했다. 그러나 역사는 몇 년 후 다시 이슬람주의를 불러낸다.

나세르는 집권과 함께 아랍인의 단결과 제국주의에 대한 전면적인 투쟁을 선언하면서 이집트의 영웅이자 전 아랍세계의 지도자로 등장한다. 1954년 집권 후 그는 아랍 전 지역의 아랍인들은 하나가 되어야 하고 힘을 합쳐 서구 제국주의에 맞서 자신의 권리를 찾아야 한다고 주장하며 범아랍주의를 표방했다. 이는 이슬람주의가 아니라 아랍 민족주의라는 또 하나의 운동이었다. 이 운동은 전 아랍의 민중들을 흥분시켰다.

실제로 나세르는 1956년 영국이 소유권을 갖고 있어서 이집트 국민의 최대 불만이었던 수에즈 운하[8]를 전격적으로 국유화했다. 또, 이에 대해 이스라엘과 영국 등이 2차 중동전쟁을 일으키자 여기에 맞서 싸웠다. 비록 전쟁에서는 열세였으나, 결국 수에즈 운하를 차지하게 되었고, 그동안 늘 서방세계와 이스라엘에 눌려 지내던 아랍 민중은 이러한 일련의 사태를 지켜보며

---

8 지중해와 홍해를 연결해 북대서양과 인도양을 이으며 중동의 석유를 유럽으로 공급하는 통로가 되는 이집트의 운하이다. 1869년 프랑스에 의해 건설되었고 그 최대 지분은 이집트 정부가 갖고 있었다. 그러나 이내 이집트 정부가 파산위기에 몰리면서 1875년 영국이 이 지분을 매입하면서 운영권을 사실상 갖게 되었다. 이후 영국은 이 운하에 대한 지배권을 가지고 막대한 이익을 챙겼지만 1956년 2차 중동전쟁 이후에는 이집트 정부에 귀속되었다.

환호성과 함께 자긍심을 갖게 되었다.

나세르는 일거에 아랍세계의 영웅이 되었고, 이어 아랍과 제3세계를 묶어 비동맹운동을 추진하면서 아랍 지역 전체의 리더로 부상하기도 했다. 내친김에 나세르는 아랍국가를 묶는 통일 아랍연방공화국을 제창했고, 불과 3년 후 다시 원상태로 돌아갔지만 1958년에는 실제로 시리아와 나라를 통합하여 통일 아랍공화국을 건설하기도 했다.[9]

이렇게 이집트 내부에서는 비록 무슬림형제단과의 갈등이 있었지만, 나세르의 인기는 하늘로 치솟고 있었고, 이런 위상으로 무슬림형제단에 대한 거침없는 탄압, 쿠틉의 사형 등을 밀고 나갈 수 있었고 이집트 국내에서도 리더십을 가질 수 있었다.

아랍 민족주의의 발흥과 쇠퇴

당시 아랍 지역 전체는 바야흐로 아랍 민족주의의 열풍으로 덮여가고 있었다. 이 흐름의 연장선에서 팔레스타인 분쟁에 대한 아랍 각국의 지원이 이어졌고, 1964년에는 팔레스타인 해방기구, 즉 PLO의 결성[10]도 있었다. 이스라엘과 서방국가들에 맞선

---

[9] 통일 아랍공화국은 아랍 민족주의의 최고의 목표였다. 제국주의가 갈라놓은 영토를 넘어 아랍인의 통일된 국가를 만들자는 이상은 나세르의 등장과 함께 현실이 되었다. 1958년 2월 22일 이집트와 시리아가 통합하여 통일 아랍공화국을 수립하였지만, 국가 수립 이후 이집트 중심의 국가운영에 불만을 품은 시리아 군부, 시리아 바트당이 1961년 9월 28일 군사쿠데타를 일으키고 이어 통일 아랍공화국에서의 탈퇴를 선언하면서 아랍인의 통일국가 수립은 무산되고 만다.

[10] 팔레스타인인들은 1950년대 중반 이후 다양한 형태의 저항조직을 구성하게 된다. 대표적인 저항단체는 야세르 아라파트가 1957년 1월에 만든 파타(FATAH, 팔레스타인

아랍 민족주의와 아랍국가들의 근대화 운동은 이슬람주의의 흐름을 차단하며 아랍세계를 지배하는 이념이 되었다. 당시에는 그 어디에도 이슬람주의가 발붙일 틈이 없었다. 역사에 가정은 없다지만 만약 서방 제국주의의 지속적인 공세가 없었다면, 또 경제적 수탈이 중단되고 아랍 민족의 자주적인 성장이 이루어졌다면, 이스라엘의 폭력이 중단되고 팔레스타인 국가를 인정했다면, 이슬람주의의 급진화와 확산은 어려웠을 것이다. 그러나 쿠틉이 죽고 나서 얼마 지나지 않아 일어났던 일련의 사태들은 아랍 민족주의를 역사의 뒤안길로 사라지게 했다. 결정적인 것은 1967년의 3차 중동전쟁이었다.

6일 만에 아랍연합국이 대패한 전쟁, 그래서 요르단강 서안과 가자지구, 골란고원을 이스라엘에 뺏긴 전쟁, 참으로 아랍 사람들에게는 치욕스러웠던 이 전쟁은 아랍 민족주의 열풍에 찬물을 끼얹는 사건이었다.

그리고 이어진 1970년대에 나세르의 사망, 요르단 국왕이 PLO를 무차별로 공격했던 검은 9월 사건, 온갖 아랍의 모순이 중층적으로 결합했던 레바논 내전이 일어났다.

> **검은 9월 사건**
> 1970년 9월 요르단의 후세인 국왕은 요르단에 본부를 두고 있던 팔레스타인 해방기구(PLO)에 대해 전면적인 공격을 감행

민족해방운동)였다. 이스라엘에 대해 공동대응을 위해 설립된 아랍연맹은 팔레스타인 투쟁을 지원하기 위하여 파타를 비롯한 팔레스타인 저항조직을 하나로 묶어 PLO(팔레스타인 해방기구)를 결성하고 이를 아랍연맹의 산하 기구로 두었다. 이후 PLO는 팔레스타인 해방운동의 중심이자 팔레스타인인들의 임시정부의 위상을 갖게 된다.

하였고, 팔레스타인인들의 거주지에 무차별적인 공격을 가해 엄청난 인원을 살상하는 사건을 일으킨다. 같은 아랍 민족이라고 생각했고 PLO의 든든한 후견 역할을 하던 요르단이 팔레스타인인들을 살상 공격한 것은 전 아랍에 충격을 주는 사건이었다. 팔레스타인인들은 이 사건을 검은 9월이라 불렀다.

이 사건의 배경은 매우 복잡하다. 1967년 3차 중동전쟁 이후 요르단의 점령지였던 동예루살렘과 요르단강 서안 지역을 이스라엘이 점령하자 이곳에 거주하던 팔레스타인 사람들은 난민이 되어 요르단으로 이주하게 되었고, PLO의 본부도 요르단으로 옮기게 되었다. 요르단은 이들이 이미 요르단 점령지의 거주자이자 요르단의 국민이었기 때문에 이들을 받아들였지만, 팔레스타인인들은 사실상 요르단의 2등 국민의 처지가 되면서 요르단 정부에 불만을 가지게 되었다.

PLO는 요르단으로 본부를 옮긴 이후에 이스라엘에 대한 무장공격을 포함한 투쟁의 강도를 더욱 높혀갔는데, 이스라엘은 이들을 응징한다는 명분으로 요르단 영토에 대하여 빈번하게 공습을 가했다. 요르단에게 이런 PLO의 활동은 매우 성가신 일이었다. 더구나 요르단의 후세인 국왕은 3차 중동전쟁 이후 미국과의 관계를 개선하면서 점차 친미적 성향을 드러내고 있었고, 그래서 PLO의 활동이 더욱 불편할 수밖에 없었다. 반면 PLO 내부에서는 점차 친미 성향으로 기울어지는 요르단의 후세인 국왕에 대한 반감이 커졌고, 급기야는 국왕 암살을 시도하기에 이르게 된다. PLO는 여기서 한 발 더 나가 요르단 내에서 팔레스타인 정부를 선포하기에 이른다. PLO와 요르단 정부의 긴장과 갈등은 최고조로 올라가게 되는데 이때 또 하나의 사건이 터진다.

1970년 9월, PLO를 구성하는 팔레스타인 저항조직의 하나였던 PFLP(팔레스타인해방인민전선)가 민간여객기 3대를 납치하여 요르단에 착륙시키는 사건이 발생했다. 이에 더는 묵과할 수 없다고 판단한 후세인 국왕은 PLO 본부와 팔레스타인인들의 거주지에 대한 공격을 감행했다. PLO뿐 아니라 아랍세계도 격분했고, 시리아를 필두로 한 아랍국가들은 후세인 국왕을 응징하겠다며 선전포고했다. 이러자 요르단은 미국에 지원을 요청하게 되었고, 이스라엘은 요르단을 지원하기 위해 병력을 출동시켰다. 일촉즉발의 순간 요르단이 팔레스타인인들에 대한 공격 중단과 PLO 인정을 선언하면서 상황은 일단락되었다. 이것이 바로 검은 9월 사건이다.

그러나 전쟁의 위기가 사라졌다고 하는 순간, 1970년 11월에 요르단의 총리였던 탈 총리가 암살되는 사건이 발생했다. 검은 9월단이라고 칭하는 팔레스타인 게릴라 조직의 소행이었다. 분노한 요르단 국왕은 다시 팔레스타인인들에 대한 대규모의 공격을 감행하였고, PLO는 이에 저항하였지만 1년여의 내전 끝에 결국 레바논의 베이루트로 근거지를 옮기게 된다. 한편 요르단은 동예루살렘과 서안지구에 대한 영토 포기를 선언하면서 이스라엘의 점유권을 인정했고, 이 연장선에서 1994년 이스라엘과 평화협정을 체결하였다. 검은 9월 사건은 이렇게 아랍 민족주의의 쇠락을 가져왔다.

검은 9월단은 이후 1972년 뮌헨 올림픽에서 이스라엘 선수촌을 습격하는 사건을 주도하면서 또 한 번 그 이름을 세상에 알리게 된다.

레바논 내전

레바논은 아랍 지역에서 인구 비율상 기독교도(마론파)가 가장 많은 나라이며, 인구 비율에 따라 기독교인들이 무슬림과 권력을 분점하고 있는 나라이다. 구체적으로 실피면 대통령은 기독교계가, 그리고 시아파는 국회의장, 수니파는 총리를 맡고 있다. 이런 권력분점은 인구 비율상 기독교가 가장 많다는 전제에서 설정된 것이었는데, 이는 1932년 레바논을 사실상 지배하고 있던 프랑스가 기독교계를 우대하기 위해 인위적으로 기독교계 인구를 조작함으로써 만들어진 제도였다. 1932년의 인구를 기준으로 설정한 권력분점은 당시에도 정확하지 않았지만 2차 대전 이후 이스라엘의 건국과 팔레스타인인들의 디아스포라가 시작되면서 인접한 레바논으로 무슬림들이 이주하면서 이 인구구성은 사실상 역전되었다. 그렇지만, 기독교계가 권력에 대한 의지를 놓지 않으면서 레바논에서는 종교분쟁이 계속 이어지고 있었다.

이런 상황에서 검은 9월 사건 이후 PLO 본부가 베이루트로 옮겨오게 되고 팔레스타인인들의 대규모 이주가 시작되면서 이슬람이 다수 세력이 되었고, 종교 간의 긴장은 더욱 커질 수밖에 없었다. 한편 PLO는 레바논으로 옮긴 이후에도 이스라엘에 대한 게릴라 공격을 계속 벌여 나갔고, 이스라엘 또한 이에 맞서 레바논에 대한 공격을 수시로 감행했다. 레바논은 한편으로는 종교 간의 분쟁이, 또 한편으로는 PLO와 이스라엘의 대립으로 나타나는 아랍 민족주의 투쟁이 병존하는 지역이 되어가고 있었다.

이런 상황에서 레바논 전체를 끝없는 내전으로 몰아넣는 결정적인 사건이 발생했다. 1975년 4월, PLO가 기독교도들이 예배를 드리고 있던 교회당에 총격을 가하는 사건이 일어났다. 이 사건 이후 레바논은 기독교계 민병대와 이슬람계 민병대의 싸움이 한시도 쉬지 않은 내전 상태로 들어가게 되었다. 이렇게 되자 기독교계가 장악하고 있던 레바논 정부는 시리아에게 지원을 요청했고, 시리아는 PLO와 이슬람계 민병대를 상대로 한 전투병력을 파견하여 레바논 내전에 뛰어들었다. 이슬람국가인 시리아가 기독교계 레바논 정부를 도와 PLO와 이슬람계 민병대를 공격하게 되는 상황이 빚어진 것이다. 이후 레바논 내전은 걷잡을 수 없이 혼란스러운 상황으로 치닫게 된다. 시리아 개입에 이어 이스라엘의 개입, PLO와 이스라엘의 격돌, 이런 과정에서 등장하게 되는 시아파 계열의 무장단체인 헤즈볼라와 수니파의 대립 등이 얽히고설키면서 레바논은 끝없는 내전 상태로 들어갔고, 이 내전은 1990년대 초까지 이어졌다.

레바논 내전은 검은 9월 사건처럼, 종래 단일한 전선으로 형성되었던, 즉 이스라엘과 서방이 한쪽에 서고 아랍 민족주의를 앞세운 아랍국가들이 또 다른 쪽에 섰던 아랍 분쟁의 양상을 전면적으로 바꾸어 놓은 사건이었고, 아랍 민족주의 운동의 한계를 드러낸 전쟁이었다. 이 내전은 이후 다양한 형태로 확장되는 아랍권 분쟁의 씨앗이 되었다.

이런 일련의 과정을 거치며 아랍세계는 아랍 민족끼리 서로 다투고, 수니파와 시아파가 서로 총부리를 겨누고, 이 틈바구니에서 미국과 서방세계가 마음대로 아랍국가들에 개입하며 아랍세계를 짓밟는 상황이 생겨났다. 1960년대 후반부터 일어났던 일련의 사건은 아랍 민족주의의 한계를 드러냈고, 결국 아랍 민족주의는 종언을 고하고 말았다.

여기에다 민족주의와 근대화를 앞세우며 집권한 각국의 세속주의 정부는 점차 독재정권이 되어갔고, 이 과정에서 민중 생존권은 추락했다. 자유와 인권은 처참하게 무너졌다. 한때 전 아랍을 격동시켰던 아랍 민족주의와 근대화 운동은 힘을 잃었고 아랍의 무슬림은 절망과 분노에 빠지고 말았다.

"그 옛날의 이슬람의 황금시대로 돌아가자!" "우리의 패배는 바로 쿠란을 잃었기 때문"이라는 메시지가 다시 무슬림들의 귀에 들리기 시작했다. 그것은 새로운 희망이었다.

이렇게 이슬람주의가 새로운 힘을 얻게 되었다. 그리고 이런 흐름은 나세르의 뒤를 이은 안와르 사다트가 통치하는 이집트와 와하비즘의 나라 사우디아라비아에서 실질적인 힘을 얻게 된다.

이집트와 사우디에서의 이슬람주의 부활

70년 심장마비로 사망한 나세르 이후 집권한 이집트의 사다트는 무슬림형제단과의 화해를 통해 정권의 정통성을 확보하고자 했다. 무슬림형제단을 석방하고 무슬림형제단의 활동을 다시 열어 주면서 체제 내로 끌어들인 것이었다. 무슬림형제단도 이에 기꺼이 협조했다. 이렇게 유화국면이 조성되면서 대학가를 중심으로 더 급진적인 이슬람주의가 확산하기 시작했다. 전두환 시대 때 유화국면에서 학생운동이 활발해졌던 것과 비슷하다.

무슬림형제단이 사다트 정부와 협력 관계로 돌아섰지만, 학생들은 무슬림형제단의 타협에 비판적이었다. 그들은 쿠틉의 이론을 기반으로 삼아 지하드를 통한 이슬람 국가 건설을 목표로 했고, 이 목표 아래 이슬람주의 조직들을 만들어 나갔다. 그리고 그 조직들은 이내 합쳐져서 알 지하드라는 이름의 단체로 탄생한다. 이 단체의 중심적인 인물들은 후에 이슬람주의를 극단으로 밀고 간 조직, 이를테면 알카에다와 같은 조직의 리더로 성장했다. 알카에다의 2대 지도자였던 아이만 알 자와히리 같은 사람이 바로 여기에서 성장했고, 이들은 이후 아랍국가를 돌면서 지하드에 입각한 이슬람주의를 퍼뜨리는 역할을 하게 된다.

또 하나의 흐름은 사우디아라비아에서 만들어졌다. 사실 사우디아라비아 왕국은 아랍에서 가장 친서방 국가라고 할 수 있다. 2차 대전 이후 줄곧 사우디는 친미, 친서방이라는 기본기조를 갖고 있었다. 그런데 친미, 혹은 친서방 정책은 이슬람주의와는 정면충돌하는 것이었다. 와하비즘의 기본교리는 이교도, 즉 서방 문물의 수용이 이슬람의 문화를 파괴하고 이슬람을 타락으로 이끌기 때문에 이를 멀리해야 한다는 것이었다. 심지어는 서구의 과학기술을 사용하는 것 자체를 교리에 저촉되는 것으로 보기 때문에 친서방, 친미를 절대 받아들일 수 없었다.

그래서 사우디아라비아의 국가 정책은 매우 모순적이라 할 수 있었다. 사우디 정부가 친미 친서방이라는 기본적인 정책 기조를 가지면서도 와하비즘을 국가와 사회의 기본이념으로 삼아 이슬람 교리를 가장 보수적으로 지키고 있는 것은 대단히 모순적인 일이다. 아주 최근까지도 사우디아라비아의 여성들에겐 선거권이 없었다. 여성들은 2015년에야 처음으로 선거권을 얻을 수 있었다. 또, 여성에게 운전면허조차 허용되지 않다가 2018년이 되어서야 비로소 허용되었다. 여성들에 대한 성폭행이 벌어져도 이슬람 교리에 의해 면죄부를 받는 일이 일쑤이고, 공공장소에서 히잡을 반드시 착용해야 하는 나라가 바로 사우디아라비아이다. 가장 친서방적인 국가 사우디아라비아의 이런 모습은 언뜻 이해하기 어렵다.

히잡과 이슬람 문화

꾸란에 근거하여 수세기 동안 이슬람 세계에서는 신체를 가리는 복장이 하나의 종교적 규범이자 관습으로 유지되어 왔다. 다만 이 꾸란에 대한 해석의 차이로 일부 지역에서는 여성의 온몸을 덮는 것이 요구되었고, 다른 지역에서는 얼굴이나 머리 등 신체의 일부만을 가리는 것으로 정착되기도 하였다.[11]

우리가 흔히 이슬람 복장을 히잡이라고 부르지만 이슬람 복장은 지역에 따라 다른 이름, 다른 형태를 띠며 유지되어 왔다. 먼저 히잡은 두건 모양으로 얼굴을 내놓고 머리와 가슴을 가리는 형태로 입고 벗기가 쉬우며 주로 아랍권 여성들이 착용하는 복장이다. 차도르는 원래 페르시아어로 이란의 무슬림 여성들이 주로 입는 복장이다. 부르카는 눈 부분만 망사로 열어 놓고 머리부터 발끝까지 신체의 모든 부분을 가리는 복장으로 아프가니스탄과 아라비아 반도 일부, 이집트의 베두인족 등이 주로 입고 있다. 니캅은 부르카와 비슷한 복장으로 눈 부위를 망사 없이 터놓은 것으로 주로 파키스탄과 예멘, 모로코의 여성들이 착용하고 있다. 이런 이슬람의 복장은 그것이 어떤 형태이든 이슬람 최고의 경전인 꾸란이 규정하는 것이라는 점에서 무슬림 여성이라면 당연히 착용해야 하는 것이 이슬람 사회의 규범이었고 이슬람 문화의 하나의 정체성이었다.

이 이슬람 복장들이 갖는 의미는 이슬람 사회의 변화와 역사적 과정 속에서 의미를 달리 해왔다. 당초 꾸란이 여성의 복장을 이렇게 규정한 것은 여성에 대한 보호라는 측면이 있었다. 이슬람교는 종교적인 임무와 일상에 있어서의 남녀 평등을 중요한 교리로 하고 있다. 이슬람교는 혼인이나 상속권, 재산권 문제에

---

11 〈이슬람-이슬람 문명 올바로 이해하기〉 이희수, 이원삼 외 지음, 청아출판사

있어서 일찍부터 여성의 권리를 보장해 왔다.

우리는 이슬람 혼인 문화의 지참금 제도를 남성의 여성에 대한 소유나 여성에 대한 상품화로 이해하고 있지만 이 지참금 제도는 남성의 여성에 대한 책임을 의미하는 것으로 이슬람 세계에서는 돈으로 여성을 산다는 의미로 해석되지 않는다. 더구나 이 지참금은 혼인 후에도 여성의 재산이며 이혼했을 경우에도 여성의 재산으로 귀속된다. 남편은 아내를 온전하게 부양해야 하고 여성의 재산에 대해 일체의 권한이 없는 것도 이슬람 문화의 한 특징이다. 우리나라에서 여성의 상속권이 법적으로 보장된 것은 1998년이었다.

일부다처제의 문제도 과도하게 부풀려진 측면이 있다. 실제 이슬람 세계에서 일부다처제는 아주 극소수에 불과하다. 이 제도는 이슬람교가 발원하던 시기의 역사적 배경, 즉 숱한 전쟁의 과정에서 발생한 고아와 과부의 보호라는 사회적 문제와 종교적 보살핌이 결합되어 나타난 제도였다. 일부다처제는 아내들의 공동거주, 공정부양, 공평상속을 전제로 하고 있으며 이러한 공평성이 없는 일부다처제도를 꾸란은 "공평하게 대해줄 수 없을 것 같은 두려움이 있다면 한 여인이나 너희 오른손에 소유한 것(노비)를 취할 것이다(꾸란 4장 3절)"라는 말로 경계하고 있다.

이슬람에서의 결혼은 가장 신성한 종교적 결합으로 교리상 의무이다. 이러한 교리상의 제도인 결혼을 보호하기 위해서는 여성을 다른 남성으로부터 보호해야 하며, 이를 위해서는 여성의 신체를 통해 다른 남성이 유혹을 느끼지 않도록 신체를 가리는 이슬람 복장이 불가피하다는 것이 이슬람적 사고이다.

19세기 들어서며 이슬람의 세력이 쇠퇴하고 서구 기독교 문명에 바탕을 둔 제국주의 국가들은 이슬람 복장을 미개하고 반

사우디아라비아의 여성들

여성적인 문화로 규정했다. 제국주의 국가들은 이 복장제도를 철폐하여 이슬람의 정체성을 파괴하고 제국주의 지배을 강화하고자 했다. 물론 자발적으로 교육받은 사람들을 중심으로 히잡이 여성의 사회활동을 방해하고 여성의 구속을 조장하는 것이니 이슬람 세계의 현대화와 여성해방을 위해 히잡을 벗어 던져야 한다는 운동들도 일어났다. 또 양차 대전 이후 집권한 세속주의 정부는 근대화를 위해 정치, 경제적인 개혁과 사회제도를 정비하는 과정에서 이슬람이라는 종교적 색채를 탈각시켜 사회개혁을 추진하기 위해 이슬람 복장을 규제하기도 했다. 터키의 케말 파샤나 이란의 팔라비 2세가 그러했다.

팔라비 2세를 축출한 1979년 이란 혁명은 그 이전의 서구 중심의 문화에 대한 부정과 이슬람의 정체성 복원이라는 흐름으로 이어졌다. 무슬림 여성들은 서구문명에 대항하는 이슬람 여성들의 정체성을 살리는 운동으로 히잡 착용 운동을 전개하기도 했다. 이란의 여성들은 히잡 착용을 이슬람 여성의 정체성을 찾아가는 페미니즘 운동이라고 보았다. 여성 억압의 기제로 서방세계에 인식되고 있는 히잡이 페미니즘 운동의 상징일 수 있다는 점은 혼란스러울 수도 있다.[12] 그러나 히잡이 갖고 있는 역사성과 여성을 보호한다는 이슬람의 종교적 가치관, 그리고 서구문명에 대항하는 이슬람의 정체성이라는 측면에서는 이런 측면도 있는 것이다. 전두환 정권 하에서 대학가에 나타난 우리 것을 되살리려는 운동이 독재정권에 저항하는 민주화운동의 일환

---

[12] 이와 같은 이슬람 페미니즘에 대해 비판적인 의견도 있다. 여성내부의 차이와 구조의 문제는 등한시한 채 여성 자체를 상징적 매개물로만 인식한다는 것이다. 전통과 이슬람 여성의 정체성을 이야기함으로써 제3세계 여성을 이해하는 탈식민주의 페미니즘의 틀로써 유용한 장점을 갖고 있지만 여전히 자체적 모순의 한계를 극복하지 못하고 있다는 비판이다. 〈이슬람에서 여성으로 산다는 것〉 오은경, 시대의 창

이었던 점을 상기해 보라. 1954년에서 62년까지 벌어졌던 알제리 독립전쟁에서 프랑스는 알제리인들의 독립의지를 약화시키고 민족적 정체성을 말살하기 위해 히잡의 반여성성과 야만성을 끊임없이 부각시키며 알제리 여성들에게 히잡을 벗어 던질 것을 선동하였다. 이에 대해 알제리 여성들은 히잡 착용 운동으로 맞섰다. 이슬람 복장은 이렇게 복합적이다.

서방세계는 히잡이 갖는 이슬람 세계에서의 역사성과 현재성을 모두 부정하고 억압과 고통의 상징으로만 규정했다. 이를 바탕으로 문화우월주의적 관점을 견지했다. 이런 이데올로기는 서유럽뿐만 아니라 이슬람권이 아닌 지역의 대다수 사람들에게 이슬람과 히잡에 대한 오해를 만들어 왔다. 무슬림 여성들의 히잡 착용은 여성에 대한 속박과 억압만을 의미하는 것은 아니다. 물론 히잡 착용이 이슬람문화의 전근대성과 반여성성을 드러내는 것이라며 거부하는 무슬림 여성들도 있다. 이는 전적으로 이슬람 내부에서 그 긍.부정의 의미가 소통되는 것이 우선이다. 서구적인 시각에서 일방적으로 규정할 수 있는 문제가 아니다. 문화적 상대주의에 입각한 이슬람 바로 보기가 필요하다.

현재 이슬람 국가로 분류되는 57개국 중 히잡을 비롯하여 이슬람 복장 착용이 강제되는 나라는 3개국, 이란, 사우디, 그리고 탈레반의 아프가니스탄뿐이다. 막연하게 이슬람 국가라면 히잡 착용이 의무적이라고 생각하고 이를 여성 억압의 기제로만 연결하는 것은 편견이다.

사우디는 이 모순을 오히려 국가안정의 기반으로 활용하고 있다고 할 수 있다. 사우드 왕가가 정치를 담당하지만, 울라마 즉 이슬람 성직자들이 종교를 통한 사회통제를 담당하고, 사우디 정부는 이를 적극적으로 수용하고 지원하고 있다. 이뿐만 아니라 사우디는 사실상 아랍세계에서 이슬람의 종주국으로서의 위치를 자임하고 있고, 실제로 그렇게 인정받고 있기도 하다.

그래서 사실 가장 온건한 이미지를 갖고 있지만, 실제 사우디는 다양한 형태로 변화되어 온 이슬람주의의 모태이고, 자양분의 공급원이었다. 오늘날 이슬람주의가 급진화되면서 나타난 모든 정파와 그들이 일으킨 일련의 사건들은 사우디아라비아라는 거대한 저수지가 있었기에 가능한 것이었다고 할 수 있다. 세속권력과 종교권력의 협력과 긴장, 이것이 바로 사우디아라비아 왕국의 특징이다.

이미 살펴본 것처럼 이슬람 종주국으로 인정되는 사우디아라비아의 바탕에는 와하비즘이라는 뿌리가 있다. 거기에다 이슬람의 발원지라 할 수 있는 메카와 메디나를 영토 안에 보유하고 있다는 것도 큰 상징성을 가진다. 그런데 이것만으로 사우디아라비아가 이슬람의 종주국의 지위를 부여받는 것은 부족해 보인다. 거기에는 다음의 배경과 이를 이용한 사우디의 전략이 존재하고 있다.

첫 번째 배경은 최대 산유국이라는 사우디의 지위이다. 사우디는 1938년 불모의 사막이었던 아라비아반도에서 최초로 석유를 발견한 이후, 그 자산으로 자국의 근대화를 진행했다. 그와 동시에 1950년대부터 그 부를 적절히 활용하여 아랍 지역 내에 이슬람사원의 건립, 쿠란의 인쇄 배포 등을 통해 이슬람 종주국으로서의 위상을 만들어 갔다. 사우디가 이런 조치들을 했던 배경에는 와하비즘의 확산이라는 종교적 이유도 있었지만, 아랍 민족주의의 광풍 속에서 이슬람 종주국으로서의 위상을 대내외에 과시하여 왕국을 안정화하려는 전략이 깔려 있었다.

두 번째 배경은 사우디아라비아가 망명을 택할 수밖에 없었던 중동의 이슬람주의 운동가들의 피난처가 되면서 이슬람주의 운동의 중심지가 되었다는 사실이다. 사우디로 망명을 택한 이슬람주의 학자들, 지식인들은 급진화된 이슬람주의와 지하드 이론을 자연스럽게 확산시켰다. 특히 킹 압둘 아지즈 대학은 바로 이들의 주요한 무대가 되었다.

사이드 쿠틉의 동생이었던 모하마드 쿠틉, 알 지하드를 만든 의사 출신 아이만 알 자와히리, 그리고 팔레스타인 출신의 압둘라 아잠 등은 이 대학에서 많은 청년을 의식화시켰다. 오사마 빈 라덴도 그 수많은 청년 중 하나였다.

세 번째 배경은 1973년의 4차 중동전쟁과 이로 인한 오일 쇼크이다. 4차 중동전쟁은 이집트의 사다트 정부가 3차 중동전쟁에서 뺏겼던 시나이반도를 되찾기 위해 먼저 이스라엘을 공격한 전쟁이었다. 이 전쟁에 미국이 이스라엘 지원을 선언하고 개입하자 아랍의 산유국들은 OPEC를 통해 석유감산과 서방에 대한 석유 수출금지 등의 조치를 했고, 유가는 급등했다. 서방의 자본주의는 궤멸적인 경제위기에 부딪혔고, 사우디를 비롯한 산유국들은 쏟아지는 '오일 머니'를 주체할 수 없는 지경이 되었다.

아랍 민족의 힘을 보여 준 아랍 민족주의 최고의 실력행사였지만, 사실은 아랍 민족주의의 마지막 몸부림이었다고 보는 것이 맞을지도 모른다. 이후 아랍 민족주의는 오히려 석유를 매개로 각개약진하기 시작하였고, 이로 인해 "아랍은 하나다"라는 단결의 구조 또한 무너지기 시작했기 때문이다. 하지만 어쨌든 오일 머니는 사우디에 명실공히 이슬람 세계의 맹주 지위를 가져다주었다.

사우디는 이 돈으로 아랍권 전체에 이슬람주의, 특히 와하비즘을 확산시키기 위해 사용했다. 전 세계에 이슬람사원 모스크를 건립했고 아랍과 아시아 무슬림의 노동이민을 허용하며 일자리를 마련해 주었다. 나중에 미국의 최대 적수가 되는 오사마 빈 라덴은 바로 이 시기 일어난 건설 붐에 힘입어 사우디 최대의 건설 재벌로 올라선 집안 출신이었고, 바로 그 돈이 오사마 빈 라덴을 이슬람 근본주의의 지도자로 올려놓았다고 할 수 있다. 미국이 적극적으로 개입했던 4차 중동전쟁이 빚어낸 이런 결과는 역설적으로 미국의 목을 치는 역사의 흐름을 만들었던 것이었다. 역사의 무게는 참으로 무겁지 않은가!

이슬람주의의 부활,
이집트-이스라엘 평화협정과 이란 혁명

이렇게 아랍 지역에서는 사우디의 후원 속에서 이슬람주의가 확산하고 있었고, 그 핵심에는 지하드를 앞세운 급진적인 이슬람주의가 자리하고 있었다. 이제 누군가 여기에 불을 붙이기만 하면 이슬람주의는 칼을 들고 나설 기세였는데, 당연히 역사는 그런 사건을 예비하고 있었다.

점차 아랍 민족주의의 숨이 다해가고 이슬람주의가 아랍세계의 새로운 흐름으로 형성되어 가고 있던 1970년대 말에 아랍 민족주의의 숨통을 끊고 이슬람주의를 전면에 등장시키는 계기가 되는 두 개의 결정적 사건이 발생했다.

하나는 이집트-이스라엘 평화협정이었다. 앞에서 말했듯이 사다트는 집권 후 무슬림형제단과 화해하여 이슬람의 반발을 줄이면서 현대화를 추진해 나가고자 하였다. 이로 인해 유화국면이 조성되고 정국은 안정을 찾는 듯했다. 그러나 한편으로는 사다트가 추진한 경제개방과 자유화 정책으로 빈부격차가 커지고 인플레이션이 발생하면서 민중들의 불만이 높아가기 시작했다. 또 한편으로는 대학가를 중심으로 이슬람주의 운동이 퍼져 갔는데, 그중에서도 민중의 불만을 급진적인 이론으로 수렴한 이슬람주의 세력이 반정부 투쟁으로 점차 세를 넓혀 가고 있었다. 이런 상황에서 사다트는 일생일대의 정치적 승부수를 던졌다. 바로 1967년 6일 전쟁에서 패배하고 아직도 회복하지 못한 시나이반도를 이스라엘로부터 반환받고 그 대가로 이스라엘과의 평화조약을 체결하겠다는 승부수였다.

사다트는 1977년 11월에 예루살렘을 방문했다. 이슬람 국가의 지도자가 아랍인들의 '철천지 원수' 이스라엘을 방문한다는 것은 당시에는 상상할 수 없는 일이었다. 아랍의 무슬림들은 충격을 받았고 격렬한 분노를 쏟아냈다. 이미 이슬람주의가 널리 퍼져 있던 이집트 대학가의 학생들과 무슬림형제단을 비롯하여 알 지하드 같은 이슬람주의 단체들은, 이에 대해 강력한 반정부 시위로 맞섰다. 그들의 입장으로는 미국의 꼭두각시인, 아랍 민족의 주적이자 팔레스타인 민중을 학살한 살인마인 이스라엘과의 평화는 있을 수 없는 일이었다.

사다트는 공권력을 동원하여 무자비한 탄압으로 맞섰다. 대학가의 이슬람주의 조직을 전면 해체하고, 그동안 그나마 동거해 왔던 무슬림형제단을 압수수색 했고 선전 활동을 금지했으며, 급진적이고 근본적인 경향을 보이는 이슬람주의 단체들에 대한 전면적인 공격을 감행했다. 이러한 일련의 흐름은 이집트뿐만 아니라 전 아랍 무슬림들의 분노를 샀고, 그들은 그동안 민족을 앞세웠던 아랍 민족주의가 이슬람을 배신했다고 생각했다.

무슬림들은 사다트를 "제국주의와 시오니즘의 밥상 위에서 양육되는 이슬람의 배교자"라고 규정했다.[13] 이제 전 아랍의 무슬림들은 이슬람주의만이 자신들의 희망이라고 생각했다. 물러설 곳이 없었던 사다트는 결국 1년 6개월의 협상 후 1979년 3월, 카터 대통령과 함께 메나헴 베긴 이스라엘 총리와 평화조약을 체결했다. 그러나 이 일로 결국 사다트는 1981년 급진적인 이슬람주의 무장 단체에 의해 암살당하게 된다. 이집트-이스라엘 평화조약은 아랍 민족주의의 종언을 고하는 동시에, 천천히 퍼져가던 이슬람주의의 급진화 흐름을 더욱 빨라지게 했던 결정적 사건이었다.

또 하나의 결정적 계기는 이란 혁명이었다. 최초의 이슬람주의에 입각한 혁명이 일어났고, 신정 일치의 정부가 들어섰으니, 이것이 바로 아야톨라 호메이니의 1979년 이란 혁명이다.

---

13 〈Jihad:The Trail of Political Islam, Gilles Kepel〉〈이슬람 전사의 탄생〉, 정의길, 한겨레 출판에서 재인용

나가는 글

"받아 적어라, 그들이 나를 죽인다면 내 말은 더욱 강해질 것이다."

사이드 쿠틉의 유언은 이제 아랍세계의 모든 무슬림의 가슴에 큰 울림으로 살아났다. 미국과 소련의 중동전략이라고 이름 붙여진 제국주의, 근대화를 이야기하던 아랍 민족주의의 패배와 세속 정부의 부패와 독재가 이슬람 근본주의를 불러왔다. 아랍 민중들은 빈곤한 삶 속에서 이제 쿠틉이 말했던 이슬람으로 돌아가자는 말에서 희망을 보았다. 그리고 그 희망은 사막의 거대한 폭풍이 된다.

2장

**이슬람주의의 확장,
이란 혁명과 아프가니스탄 전쟁**

앞에서 보았듯 이슬람주의는 와하비즘과 무슬림형제단을 뿌리로 하여 아랍의 정치지형에서 꾸준히 그 자양분을 흡수하며 성장한다. 그리고 바로 1979년부터 아랍의 역사를 그 이전과는 전혀 다른 방식으로 써가기 시작한다. 중동의 역사에서 1979년은 1월 이란 혁명으로 시작해서 12월 아프간 전쟁의 발발로 마침표를 찍는 해이다. 중동의 지형은 이 과정에서 급변하게 되고 이슬람주의는 지하드와 신정정치를 주장하며 그 세력을 확장하게 된다. 알카에다라는 이슬람 근본주의 무장단체는 바로 이 연장선에서 나타난 조직이었다. 이슬람 세계를 늘 자신의 이익을 위해 망가뜨리는 강대국의 끝나지 않는 제국주의와 급진화된 이슬람주의의 격돌은 1979년이 그 시작이었다.

1979년은 우리나라에서도, 또 이슬람 세계에서도 격동의 사건들이 벌어진 해였고, 그 사건들은 이후 역사에서 큰 변곡점을 만들게 된다. 부마항쟁과 박정희의 죽음 그리고 12.12 군사반란이 일어났던 한국의 1979년처럼 이란의 이슬람혁명에서 시작하여 아프가니스탄 전쟁의 발발로 마감하는 이슬람 세계의 1979년 또한 역사의 단절이자 또 다른 역사의 출발이 되는 해였다. 이제 그 격동의 1979년의 이슬람 세계로 들어가 보자. 이란에서는 이슬람주의에 근거하여 신정체제를 수립한 이란 혁명이 발생한다. 와하비즘이 태동했던 사우디아라비아나 무슬림형제단이 탄생했던 이집트가 아니라 비교적 안정된 왕정체제를 유지했던 이란에서 이슬람의 신정체제가 먼저 등장한 것은 의외였다. 왜 이란에서 이슬람 혁명이 일어났을까?

페르시아인의 나라 이란

이란 혁명을 설명하는 일은 쉽지 않다. 우선 이란이라는 나라를 알아야 하는데, 그러려면 먼저 민족 혹은 종족에 관해 이야기해야 하고, 이슬람의 종파에 대해서도 언급해야만 하기 때문이다. 게다가 이란은 아라비아 반도의 유목민인 셈족을 뿌리로 하는 아랍인들과는[1] 다른 페르시아인의 나라이며, 지배적 종교는 이슬람 시아파이다. 그러므로 이란의 이슬람 혁명을 이해하기 위해서는 중동지역의 민족과 인종 문제, 그리고 시아파와 수니파로 분류되는 이슬람에 대한 이해가 선행되어야 한다.

> **중동**
> 중동(middle east)이라는 용어는 유럽인들의 시각에서 만들어진 말로, 정확히는 영국인들(동인도회사)이 만든 말이다. 중동이

---

[1] 아라비아 반도의 유목민 셈족을 가리키는 말로 일반적으로 사용되었지만, 아랍어를 사용하는 민족으로 규정하는 것이 더 현실적이다. 이 경우 아랍인의 범위는 중동 대부분 지역과 아프리카의 마그레브 지역과 이집트, 수단 등에 사는 이들로 확장된다. 인종적으로는 지역적 차이로 매우 다른 모습을 보이며, 이슬람이 유럽, 아시아, 아프리카 등으로 전파되면서 혼혈도 많이 생겨났다. 그래서 중동만을 지칭하여 아랍이라고 규정하는 것은 아랍 세계의 현실과 부합하지 않는다.

란 단어는 '동쪽의 중앙'이란 뜻이다. 이 말에는 동쪽을 규정하는 기준점이 있어야 하는데, 그 기준점은 바로 영국이었다. 즉, 중동이란 말은 영국이 '해가 지지 않는 나라'라고 하면서 전 세계에 식민지를 건설하던 당시에 만들어진 제국주의적 발상의 표현이다. 중동이라는 말은 미 해군이 1902년에 공식적으로 사용하면서 널리 퍼지게 되었다. 사실 중동이니 근동이니 극동이니 하는 말들은 다 유럽의 동쪽을 뜻하는 것이니, 모두 서구 중심적인 용어일 것이다.

중동은 통상적인 의미에서는 다음의 나라들로 이루어진 지역을 지칭한다.

통상적인 의미의 '중동' 국가들

중동이라는 용어는 아프리카 대륙에 속한 이집트를 포함하기 때문에, 아시아에만 한정되는 개념은 아니다. 그렇다고 중동 대신 아랍 지역이라는 말을 쓰는 것에도 문제가 있기는 하다. 그럴 경우 중동으로 표현되는 지역을 넘어 아프리카까지 포괄하는 의미가 된다. 여기에다 종교적으로 이질적인 이스라엘이 있고, 터키는 정치, 경제 등 모든 분야에서 유럽에 속하기를 원하며, 다른 나라들과 문화적으로도 매우 다르다. 터키도 이슬람교를 믿는 이들이 다수인 나라이기는 하지만, 종교와 정치가 완전히 분리되어 있다는 점에서 큰 차이를 지니고 있다. 물론 최근 에르도안 정부가 들어선 이후 정치에 대한 이슬람의 영향력이 커지고는 있다. 마지막으로, 이란은 인도 유럽 어족으로 분류되는 언어를 쓰는, 인종적으로도 유럽에 가까운 국가이다.

사실 한국인이 우리가 사는 지역을 극동이라고 부르는 것도 이상한 일이다. 지구는 둥글고, 기준점이 유럽이 될 어떤 이유도 없기 때문이다. 중국이 자신의 나라가 세계의 중심이라고 생각하는 것만큼이나 유럽이 세계의 중심이라는 생각도 우스꽝스러운 것이다. 하지만 통상적으로 쓰는 용어를 배척하고 신조어를 만드는 일도 쉽지 않은 일이니, 이 글에서도 중동이라는 말을 사용하기는 할 것이라는 점을 밝혀 둔다.

이란 사람들은 아리안족 계통이고 이슬람을 믿지만, 아랍인들과 전혀 다른 언어, 다른 문화적 유산과 역사를 갖고 있다. 그런 의미에서 그들을 아랍인이라고 부를 수는 없다. 이란은 고대 페르시아제국을 건설한 페르시아인의 후예들인데, 페르시아인들은 페르시아 제국, 파르티아 제국, 사산조 페르시아 등의 이름으로 고유한 제국을 이어왔다. 언어도 이란어를 쓰고, 종교는 조로아스터교가 오랜 기간 국교로 되어 있었다.

사산조 페르시아를 통해 중동지역의 꽤 큰 지역을 지배했던 페르시아인들은, 사산조 페르시아를 끝으로 셀주크 튀르크, 몽골, 오스만제국의 지배를 받게 되었다. 셀주크 튀르크와 오스만제국을 거치며 이 지역 주민들은 대부분 이슬람으로 개종하게 되었다. 오스만제국의 지배하에서 사파비 부족이 이란지역 전체를 통일하여 1501년에 사파비 왕조를 세운다. 이 부족은 시아파 이슬람을 믿는 부족이었고, 이후 이 왕조는 시아파 이슬람을 국교로 하고 영토 내의 모든 수니파 무슬림을 폭력적으로 시아파로 개종시켰다. 그 결과 이란 권역은 시아파 이슬람 지역으로 바뀌었고, 그래서 오늘의 이란이 시아파가 다수인 나라가 된 것이다.

이후 1794년에 카자르 왕조가 들어서게 되는데, 이 왕조의 땅은 이후 제국주의 열강의 싸움터가 되었다. 특히 러시아와 영국이 격렬하게 충돌한다. 이 과정에서 카자르 왕조는 1906년 입헌군주제를 채택하면서 근대화를 위한 몸부림을 치지만, 제국주의의 간섭에 근대국가로서의 발돋움은 지체되었다. 그러다가 1차 세계대전의 종료 후 러시아혁명으로 러시아가 발을 빼면서 카자르 왕조는 완전히 영국의 지배하에 들어가게 되었다.

이어 다시 군부의 쿠데타가 일어났고 1925년에 왕조가 교체되었다. 이때 세워진 왕조가 우리에게 익숙한 이름, 입헌군주제의 팔라비 왕조이다. 바로 1979년 이란 혁명으로 물러날 때까지 이어졌던 왕조이다.

이란의 세속주의 근대화의 실패

팔라비 왕조에서 근대화 개혁이 본격적으로 추진되었다. 1935년 국호를 이란 제국으로 공식화하고, 서구화를 모델로 한 근대화를 추진했다. 2차 대전 후 개혁을 가속하기는 했지만, 한계가 있었다. 이란의 근대화가 지지부진했던 이유는 영국의 경제지배, 특히 석유 지배가 컸는데, 이로 인해 이란인들은 외세에 대해 적대적인 감정을 갖게 된다.[2]

이러한 분위기에서 1951년 취임한 모하마드 모사데크 총리는 모하마드 레자 팔라비 국왕(팔라비 2세, 한국에서는 팔레비 왕이라는 이름이 익숙하다)과 각을 세우면서 석유 국유화법을 비롯한 일련의 개혁정책과 세속주의적 현대화계획을 밀어붙였다. 이슬람의 성직자들은 매우 비판적이었지만, 국민의 지지를 받았던 개혁이었다.

그러나 영국을 비롯한 서방은 모사데크의 개혁에 강력한 제동을 걸었다. 서방국가들이 이란 석유에 대한 금수 조치로 맞서면서 이란 경제는 휘청하게 된다. 팔라비 2세는 모사데크를 총리 자리에서 해임했지만, 이란인들은 반외세 개혁에 나섰던 모사데크에 대한 지지를 거두지 않았고, 오히려 반정부 시위를 통해 팔라비 2세 국왕을 축출했다. 그러자 미국의 CIA가 개입하여 군사쿠데타를 일으켜 모사데크를 실각시키고, 팔라비 2세를 국왕으로 다시 복귀시켰다. 한 나라의 권력이 미국에 의해 좌지우

---

[2] 영국에 대한 적대적인 감정의 가장 큰 이유는 석유였다. 이란 석유를 독점하고 있던 앵글로-이란 석유회사는 1945년부터 1950년까지 2억 5000만 파운드의 수익을 올렸는데 이란은 로열티로 이 중에서 9000만 파운드의 수익만을 가져갔다. 대략 3배 많은 몫을 영국회사가 가져갔던 것이다. 더구나 같은 시기에 이웃 사우디아라비아 석유를 독점하던 미국회사가 사우디와 50:50으로 석유수입을 나누는 협정을 체결했기에 이란 국민들의 반영감정은 더욱 커졌다. 이런 상황에서 석유 국유화법을 들고 나온 모사데크에 대한 국민적 지지는 당연한 것이었다. 〈석유는 어떻게 세계를 지배하는가〉 최지웅, 부키

지되는 것이 이란의 현실이었다.

복귀 후 팔라비 2세는 입헌군주국임에도 불구하고 의회를 무시하며 왕권을 강화했고, 1962년에 백색혁명을 주창하고 나섰다. 대외적으로는 친미와 친서방의 외교정책을, 대내적으로는 토지개혁, 여성참정권 허용, 문맹 퇴치, 이슬람의 토지 몰수와 농민 분배 등의 정책을 밀고 나갔다. 이 개혁은 이란 경제의 양적 성장을 가져왔다. 그러나 성장의 다른 한 편에서는 그늘이 짙어지는 법이어서, 사회적 불평등과 외국자본의 경제지배가 심화되었다.

이슬람의 성직자들은 종교적인 색채를 완전히 거세하며 진행하는 개혁에 강력하게 반발했다. 그러나 팔라비 2세는 사바크(SAVAK)라는 비밀경찰을 창설하여 반발을 억누르며 독재정치, 공포정치를 펼쳐 나갔다.[3]

1970년대에 들어서자 이란에서는 반정부 시위가 일상적으로 벌어졌다. 한국의 1970년대 중후반과 유사한 상황이었다고 볼 수 있다. 대학생은 물론 노동자와 여러 계층의 시민들이 함께 시위를 벌였고, 다양한 성격을 갖는 반정부 단체들이 속속 조직되기 시작했다. 초반 저항운동의 중심은 좌익 정당인 투데당(민중당. 공산주의)과 좌익 무장단체인 무자헤딘 헐크(Mujahedin Khalq. MEK)와 같이 마르크스주의, 혹은 이슬람주의와 혼합된 마르크스주의에 입각한 조직들이었다.

---

[3] 사바크의 정식 명칭은 국가정보안보기구이다. 1957년 팔라비 2세가 CIA와 이스라엘의 모사드를 모델로 하여 설립했다. 설립과정에서 이들의 지원이 있었다고 한다. 국가안보라는 이름으로 팔라비 왕정에 반대하는 사람들에 대하여 고문하고 처형하여 혁명 이전 시대 민중들에게 증오와 공포의 대상이었다.

반정부 운동은 고조되었지만, 사바크를 동원한 팔라비 2세의 탄압도 엄청나서 왕정의 벽은 견고해 보였다. 시민들의 저항에도 불구하고, 이슬람 성직자들은 이런 시위에 대해 제한적인 비판 이상으로 동조하지 않았다. 이렇게 된 데에는 시아파 이슬람의 기본교리, 즉 세속권력에 대해서는 거리를 두고 신앙에 중심을 두어야 한다는 교리 때문이었다. 이란 혁명을 이해하고 이후 이란 혁명으로부터 시작된 중동질서의 변화를 살피기 위해서는 시아파와 수니파의 역사적 근원과 둘 사이의 차이에 관한 이해가 필요하다.

수니파와 시아파

알라의 예언자, 이슬람교의 창시자 무함마드가 죽은 것은 632년이다. 무함마드는 메카에서 메디나로 이동한 후 움마라고 부르는 이슬람 공동체를 확장해 나갔다. 무함마드가 죽던 때쯤에는 이슬람 세력이 아라비아반도 대부분을 평정했다.

무함마드가 죽음을 맞으면서 문제가 생겨나는데, 그것은 어디에서나 그렇듯 그의 후계자 문제였다. 무함마드는 종교와 정치, 사회 모두를 총괄한 사람이었고 이제 그 역할을 누군가가 해야 했다. 이슬람 공동체는 이후의 이슬람 세계를 통치할 후계자, 즉 칼리파의 선출을 놓고 갈등을 빚었다.

한쪽에서는 후계자는 무함마드의 혈족이어야 한다고 주장하며 무함마드의 사촌 동생이기도 하고 사위이기도 했던 알리 이븐 아비 탈리브를 내세웠고, 또 한쪽에서는 이 거대한 제국을

중동 이슬람국가 종파 분포

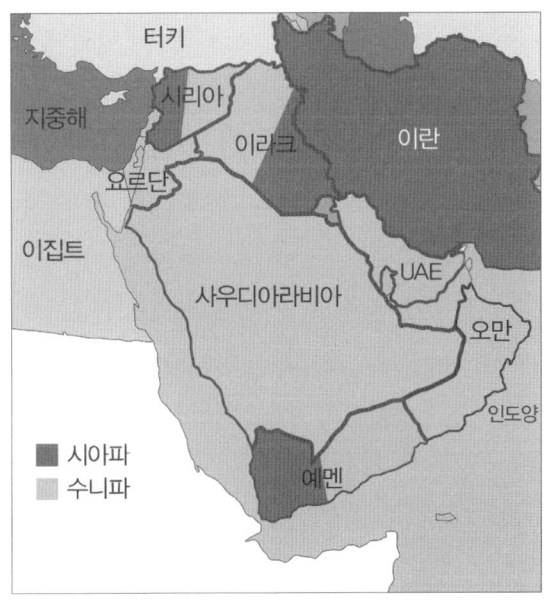

- 이라크 시리아 정부는 시아파, 반군은 수니파
- 예멘 정부는 수니파, 반군은 시아파
- 아프가니스탄은 수니파 다수, 히자라족 등 소수민족은 시아파

더 발전시키기 위해서는 무슬림의 모범이 되는 유능한 사람이 되어야 한다고 하면서 아부 바크르를 밀었다. 팽팽한 대립이 있었지만 초기 무함마드와 함께 이슬람제국, 이슬람 공동체를 만들었던 장로들(이를 사하바라고 한다)은 후계자 결정 회의에서 아부 바크르를 칼리파로 선출한다.

알리를 따르는 사람들은 불만이 있었지만, 이 결정에 승복했고 이후 칼리파는 아부 바크르를 선출했던 원칙에 따라 승계되어 갔다. 그 후 3대 칼리파가 암살당하는 일이 일어났고, 알리가 결국 4대 칼리파로 등극했는데, 이를 계기로 이슬람 내부의 갈등은 커지게 되었다. 그동안 3대를 내려오면서 기득권을 형성하고 이슬람 세계의 지배력을 키워왔던 집단의 반발이 일어났고, 그들은 마침내 독자적으로 무아위야를 칼리파로 세웠다.

결국 내전(피트나라고 한다)이 시작되었고, 내전을 마무리하지 못한 채 알리가 암살당하자 이슬람 세계의 갈등은 더욱 커지게 되었다. 알리 사후 그의 아들, 하산 이븐 알리가 칼리파로 추대되었지만, 칼리파를 자처하며 이미 이슬람 세계의 주도권을 잡고 있던 것은 무아위야였다. 절대적인 힘의 열세를 확인한 알리는 전쟁 대신 스스로 퇴위하고 무아위야를 칼리파로 인정했다. 이 사건 이후 이슬람 세계는 분열하게 되었고, 이슬람 공동체 자체도 둘로 갈라져서 끝없는 갈등을 빚게 되었다.

그 과정에서 알리의 퇴위가 부당하다며 알리를 추종했던 사람들은 무아위야를 비롯한 이슬람 내 다수파를 권력을 찬탈한 집단이라 부르며 일군을 이루게 되었는데, 이를 시아트 알리(알리를 따르는 사람들)라고 부른다. 시아파라는 이름은 여기에서 연유했다. 시아파는 이후 영적인 권위를 가지고 공동체를 이끄는 사람으로 수니파의 칼리파에 대응하여 이맘[4]을 세우게 된다. 한편 선출된 칼리파를 추종하는 사람들은 무함마드의 언행(순나)를 따르는 사람들이라는 의미에서 수니라고 부르게 되었다. 오늘날 아랍세계에서 수니파가 다수인 것은, 승리한 수니파를 중심으로 아랍세계의 지배 권력이 유지되어 왔기 때문이다.

수니파는 이후 이슬람제국을 건설해 가면서 시아파에 적대적인 정책을 펼쳤고 그들을 탄압했다. 수니파는 처음부터 이런 이유로 세속권력과 밀접한 관련을 맺어 왔던 것과 달리 시아파는 자연스럽게 탄압을 피해 정치 권력과 거리를 두고 은둔하면서, 영적인 신앙생활을 중심으로 자신들의 공동체를 운영해 갔다. 그래서 시아파는 무함마드를 신격화하는 것이나 온갖 이슬람의 장식물이나 상징물을 우상화하는 것을 절대적으로 금한다. 이는 세속적인 것들을 금하는 것의 연장선에 있다고 말할 수 있다.

시아파는 이맘을 중심으로 이슬람 공동체를 이어 왔다. 시아파는 초대 이맘으로 4대 칼리파이기도 했던 알리를 추앙하고 이후 혈족 계승을 통해 이맘을 추대해 왔다. 내부의 갈등으로 7대 이맘에서 시아파 또한 분열하여 두 개의 흐름이 이어졌다.[5] 12이맘파로 불리는 한 흐름은 12대 이맘까지 이어져 내려왔는데, 12

---

[4] 이맘은 아랍어로 '지도자', '모범이 되어야 할 것'을 의미하는 말이다. 통상적으로 수니파에서는 이슬람교의 크고 작은 종교 공동체를 지도하는 통솔자를 이맘이라고 부른다. 그러나 시아파에서는 절대적인 영향력을 가진 종교지도자를 일컫는 말이다.

[5] 시아의 또 다른 분파는 7이맘파(이스마일파)로 불리는데 역시 이맘을 승계하며 이슬람 공동체를 유지해 왔다. 이들은 12이맘파와는 달리 은둔생활을 하면서도 세속정치와의 관계를 이어갔다. 그렇게 정치적 영향력을 키워가다가 1대 이맘 알리의 11대손 압둘라 알 마흐디에 이르러, 969년 지금의 아프리카 북부 알제리, 튀니지, 리비아, 이집트, 모로코를 모두 포괄하는 영토를 갖는 파티마 왕국을 건설하게 된다. 이 왕국은 최초의 시아파 왕조로 알려져 있다.

	시아파 무슬림	수니파 무슬림
바레인	70%	30%
이집트	–	90%
이란	90%	9%
이라크	63%	34%
요르단	2%	92%
레바논	36%	2%
카타르	14%	86%
사우디아라비아	5%	95%
시리아	13%	74%
터키	15%	85%

SOURCE: Pew Forum on Religion and Public Life
CIA World Factbook

중동지역 국가 종파(시아파/수니파) 비율

대 이맘인 무함마드 이븐 알 마흐디 때 그가 은둔에 들어가며 이맘의 승계는 끝나게 된다.

마흐디는 "알라의 명에 의해 은둔하지만, 알라가 명령하는 때 시아 무슬림과 함께 하기 위해 다시 올 것이다."라는 약속을 남기고 은둔했다. 그래서 시아파는 다시 올 이맘을 기다리는, 말하자면 기독교의 메시아를 기다리는 것과 같은 신앙을 가지게 되었다. 시아파가 세속권력보다는 영적인 생활을 중요시하는 것은 바로 이런 신앙에 근거하고 있기 때문이다.

여기서 하나 더 알아야 할 것은, 이슬람은 기독교처럼 특별히 성직자를 배출하는 과정을 갖지 않는다는 점이다. 무슬림 중에서 신앙적 지식이 높고 모범이 되는 사람 즉 이슬람 법학자, 신학자를 울라마라고 하는데, 그들은 울라마나 꼭 울라마가 아니더라도 모범적인 무슬림을 뽑아 영적인 지도자로 인정한다. 기독교와 같은 자격증, 안수 제도 등이 없는 것이다.

현재 수니파와 시아파의 분포를 보면, 수니파가 전체 무슬림의 85% 정도를, 시아파가 15% 정도를 차지하고 있다. 대부분의 아랍 나라들에서는 수니파가 다수이고 이란, 이라크, 예멘 정도가 시아파가 다수인 나라이다. 이들은 같은 이슬람교를 믿고 있지만, 서로를 이단시할 정도로 적대적이다.

이란 혁명에 결정적인 영향을 미친 두 사람, 지미 카터와 루홀라 호메이니

타오르고 있었지만 폭발이 일어나지는 않았던 이란의 정세는 두 사람의 등장으로 큰 변화를 맞는다. 놀라울 수 있겠지만, 이란 혁명에 결정적인 영향을 미쳤던 한 사람은 당시 미국의 대통령이었던 지미 카터였다. 1976년 말에 미 대통령에 당선된 카터는 인권외교를 내세웠는데 그 첫 번째 표적이 이란이었다. 카터는 팔라비 2세 체제에서 벌어진 비밀경찰 사바크의 잔혹한 반체제인사 탄압에 대해 경고를 보냈다.

지미 카터와 루홀라 호메이니

인권외교란 민주주의와 인권을 탄압하는 정권에 대해 미국이 할 수 있는 제재를 가하여 변화시키고 인권의 국제 기준을 세우고 확산시키는 역할을 하겠다는 것이었다. 이러한 방침은 긍정적인 측면이 없지는 않았지만, 미국이 자신들의 국익을 넘어 인권문제를 실제 얼마나 강력하게 제기했는가에 관해서는 평가가 필요하다. 한국의 박정희 정권에 일정한 압력을 행사한 측면도 있었지만, 카터 재임기에 발생한 1980년 광주항쟁에서 전두환의 학살과 만행을 사실상 용납했던 미국의 태도는 인권외교라고 하는 것이 얼마나 미국 중심이었는지를 확인해 주는 사례라 할 것이다.

어쨌든 가장 친미적인 국가였던 이란은 카터의 인권외교에 영향을 받지 않을 수 없었다. 그동안의 강력한 탄압이 조금은 느슨해졌고, 일정한 수준의 자유화 조치도 발표되었다. 이로 인해 1970년대부터 시작되었지만 강한 탄압 때문에 그 세력이 미미할 수밖에 없었던 반정부 투쟁이 점차 다시 확대되기 시작했다. 팔라비 2세도 이를 어느 정도 인정할 수밖에 없었다. 이렇게 반정부 시위는 날로 확장되어 나갔지만 이란 국민을 하나로 묶고 그들에게 일관된 방향과 이념을 제시하면서 끌고 나갈 리더십은 빈약한 상태였다.

바로 이때 또 한 사람이 나타난다. 바로 아야톨리 호메이니로 더 많이 알려진 루홀라 호메이니였다. 아야톨라는 이슬람 성직자의 서열을 의미하는 말이다.[6] 시아파에게 있어 세속권력은 "올바른 권력을 찬탈한 정당성 없는 권력" 즉 하산 이븐 알리의 칼리파 지위를 뺏어간 세속적인 권력에 불과하다. 그래서

---

6 시아파의 종교지도자는 어떤 특별한 자격이나 안수와 같은 절차를 통해 옹립되는 것이 아니었다. 무슬림의 모범이 되는, 말하자면 신앙의 모델이 되는 사람이 자연스럽게 종교지도자로 인정되었다. 시아파의 이슬람 신학자나 법학자들 사이에는 서열이 있다. 보통의 신학자나 법학자를 무즈타히드라고 부르고 이보다 권위를 가진 이를 호자톨레슬람(이슬람의 증거)으로 부르고, 이 위에 아야톨라(신의 신호)가 있고, 그 위에 아야톨라 우즈마(대 아야톨라), 혹은 마르자에 타클리드가 있다. 이 칭호들은 가톨릭의 신부, 주교, 대주교, 추기경 같은 서열로 볼 수 있다. 〈중동은 왜 싸우는가〉 박정욱, 지식프레임

시아파의 종교지도자는 세속권력에 대해 전통적으로 저항적이었다.

영적 신앙을 지키며 저항하지만 권력에 대한 지향을 전혀 갖고 있지 않은 시아파의 지도자들은 그런 측면에서 높은 종교적 권위를 인정받게 되었다. 권력의 입장에서도 자신들의 권력을 직접 뺏는 행동은 하지 않지만, 무슬림들에게 높은 권위와 영향력을 인정받고 있던 이러한 종교지도자들은 눈치를 보아야 하고 함부로 거스를 수 없는 존재였다. 호메이니와 같은 종교지도자들은 정치 지향적이 아니었지만, 그래서 오히려 정치적 영향력이 컸던 것이었다.

호메이니는 1902년에 태어났다. 그는 일찍부터 반정부적인 설교를 하면서 투옥과 석방을 거듭하다 결국 1964년 해외로 추방되었다. 이후 터키와 이라크를 거쳐 1978년 프랑스에 갈 때까지 14년 넘게 해외에서 지속적인 반정부 운동 혹은 반정부적인 설교를 거듭했다. 호메이니가 생각하는 반정부 투쟁의 핵심은 민주 대 반민주가 아닌 세속 왕정 대 이슬람 신권정치였다. 이란 내의 반정부 투쟁의 기운이 커지면서, 처음에는 소극적이었던 이슬람 종교지도자들도 점차 팔라비 왕정에 대한 전면적인 반대로 기울기 시작했고, 이때 이미 종교적 권위가 높았던 호메이니가 바로 이 투쟁의 중심으로 떠올랐다.

이란 혁명의 발생과 신정국가의 수립

카터의 인권외교와 팔라비 왕정의 자유화 조치 속에서 점점 세를 넓히고 있던 반정부 진영에게는 투쟁의 대오를 하나로 묶고, 그 힘을 결집하면서 왕정을 무너뜨릴 수 있는 절대적인 힘이 필요했다. 마르크시즘으로 무장한 단체와 중산층의 시민운동 그리고 이슬람을 하나로 묶어 구성한 국민전선은 이 운동 전제를 묶을 구심을 필요로 했다.

1978년 반정부 시위가 최고조에 달하고 있을 때 국민전선은 투쟁의 구심으로 호메이니를 세우기로 하고 직접 프랑스로 건너가 호메이니를 항쟁의 지도자로 추대했다. 여러 조직을 하나로 묶을 수 있는 구심점으로 호메이니라는 카드는 적격이었다. 모든 조직이 호메이니 앞에서 무릎을 꿇은 격이었다.

호메이니를 구심점으로 하여 1978년 가을부터 반정부 투쟁은 들불처럼 일어났고, 특히 반미 투쟁이 더욱 격렬해졌다. 그동안 팔라비 왕정의 독재를 지원하며 이란의 석유로 배를 불린 미국에 대한 분노가 폭발했던 것이었다. 80년대 초반에 광주항쟁을 겪으며 가장 진미석인 국가였지만 역설적으로 반미 투쟁이 타올랐던 한국 사회의 모습과 유사했다고 말할 수 있다.

결국 팔라비 2세는 이란을 떠났고, 팔라비 왕정은 1979년 1월 16일에 무너졌다. 이란 혁명은 성공했다. 혁명으로 혼란해진 이란을 단번에 정리한 것은 호메이니였다. 호메이니가 파리에서 테헤란 공항으로 돌아온 날에는 수백만의 환영인파가 몰렸다. 일부 군중들은 시아파의 신의 대리인을 의미하는 '이맘'이라는 호칭으로 호메이니를 부르기까지 했다.[7] 그의 귀국은 혁명 후 여러 세력의 복잡한 논쟁과 내부투쟁을 단칼에 정리해 버렸다.

---

[7] 이에 대해 호메이니는 반응하지 않았다고 한다. 이맘을 자임하는 것은 종교적으로 매우 민감한 문제였기 때문이다. 〈중동은 왜 싸우는가?〉 박정욱, 지식프레임

이란혁명

호메이니의 권위는 막강했고 이후 호메이니는 그가 주장한 대로 모든 세력을 정리하면서 혁명평의회 의장이 되어 이란을 이슬람 신정국가로 만들었다. 이슬람 법학자들로 구성된 혁명평의회는 혁명 과정에서 함께 했던 사회주의, 자유주의 세력을 모두 제거하고 본격적인 이슬람 신정체제를 구축해 나가기 시작했다.

이를 통해 가장 친미적이었고 친서방적이었던 국가 이란은 급격한 변화를 겪었다. 혁명평의회는 구 왕정의 군 간부를 숙청하고 군대를 대규모로 축소하는 대신에 혁명수비대를 통해 군권을 장악했다. 형식상 공화국의 형태로 정치체제를 만들었지만, 대통령과 국회의원에 출마하기 전 자격심사에 대한 권한을 극소수의 이슬람 법학자를 중심으로 구성된 혁명수호평의회에 주어 다른 세력이 진출할 수 있는 길을 원천적으로 차단했다.

의회를 통과한 법률이라도 혁명수호평의회의 승인이 없으면 폐기되었다. 이는 곧 이슬람 법학자들에 의해 나라가 운영되는 것이며, 그 위에 호메이니가 막강한 최고권력을 갖는다는 것을 의미한다. 이란은 이제 이슬람의 교리(샤리아)에 의해 통치되는 신정국가가 된 것이었다. 신정국가라는 이념에는 필연적으로 반대하는 세력이 발생할 수밖에 없을 것이었으므로, 호메이니는 이를 무력화하기 위해 그들이 그렇게 치를 떨었던 사바크를 사실상 대신하는 정보보안부를 신설했다. 이 정보보안부는 신정국가를 위한 사회적 통제를 전면화했다.

언론 자유에 대한 철저한 통제, 여성들에 대한 히잡 착용 의무화, 세속주의에 입각한 비종교적 지식의 산실 대학 폐쇄 등의 조치가 이어졌다. 이뿐 아니라 서방의 모든 문화, 즉 음악, 영화,

TV 드라마 등에 대한 전면적인 금지도 시행되었다.

신정국가 수립은 아랍권 전체에 큰 충격을 주었다. 아랍권의 이슬람주의 운동 단체들에게 이란에서 일어난 일은 자극과 영감이었고, 이후 각국의 이슬람주의 운동은 더욱 급진적인 방향으로 나아가게 된다. 반면, 왕정국가나 세속주의 국가들은 긴장하면서 이란의 혁명이 파급되지 않도록 대책을 수립해야만 하는 상황이 되었다. 특히 수니파가 다수인 나라의 지배 권력은 시아파의 이슬람 혁명이 자국의 시아파를 자극할 수 있다는 우려 때문에 고민이 더 깊을 수밖에 없었다.

사우디가 특히 그러했다. 왕정국가가 무너진 것도 걱정거리였고, 시아파의 혁명적인 이슬람주의에 관한 우려도 하지 않을 수 없었다. 또 인접한 나라인 이라크는 국민은 시아파가 다수인데 권력은 소수인 수니파가 독점하고 있었으니, 그 우려가 더 컸다. 이라크의 지배세력은 이란 혁명의 차단이 절대적인 과제가 될 수밖에 없었다. 결국, 이로 인해 1980년에 이란-이라크 전쟁이 일어났고, 이 전쟁은 8년간이나 이어졌다. 아랍 지역의 여타 국가들의 지도부는 한마디로 모두 걱정이 태산이었다. 반면에 급진적인 이슬람주의 운동은 날개를 달게 되었다.

1979년, 급진적 이슬람주의의 전면화가 시작되다

1979년에 납치와 테러, 점거사건들이 연이어 발생한 데에는 이러한 배경이 있었다. 1979년이 왜 급진적인 이슬람주의가 본격적으로 발원하는 시기였는지는 이 해에 벌어진 사건들의 경과

테헤란 주재 미 대사관을 점령하는 이란 대학생들

를 살펴보면 분명해진다.

2월, 아프가니스탄 주재 미국대사가 이슬람 근본주의자들에게 납치되어 살해되었다. 11월 4일, 테헤란의 미국 대사관이 점거되었다. 호메이니의 신정정치 독재에 그동안 숨죽이던 세력들이 반대 투쟁의 연대 전선을 구축해 가고 있던 시기에, 다시 말해 호메이니에게 돌파구가 필요하던 시기에 팔라비 2세 국왕이 암 치료를 위해 미국에 입국했다. 그러자 호메이니는 팽배한 반미정서를 이용하여 정국 장악에 나섰다. 호메이니의 이란 정부는 팔라비 2세의 신병 인도를 미국에 요구했고, 미국이 거부하자 500명의 대학생들이 이란 주재 미국대사관에 진입했다. 이 과정에서 이들은 미 대사관 직원 70명 모두를 인질로 잡았다.[8]

호메이니는 이를 통해 모든 국내 문제를 혁명정부와 미국과의 대결로 수렴하여 저항세력을 무력화하려고 했다. 국내 민주화 요구에 툭하면 "북한의 움직임이 수상하다."라고 대응하던 한국 군사독재 정권들의 행동들과 유사했다고 생각할 수 있다. 그는 미국과의 대립 구도를 만드는 과정에서 반대파를 모두 숙청했다. 이 인질 사태는 오래 이어졌다. 이 사태는 미국정치에도 상당한 영향을 미쳤는데, 카터의 재선 실패와 레이건 정부의 '강한 미국' 주장에 힘이 실리는 배경이 되었다. 인질 사태는 결국 444일이 지난 1981년 1월에야 해결되었다.

한편 11월 20일에는 사우디아라비아의 메카에 있는 이슬람 최대의 성지 카바 대사원을 이크완의 후예를 자처하는 극단적

---

[8] 이 인질 사태는 〈아르고〉라는 제목의 영화로도 제작되었다. 벤 애플렉이 감독과 주연을 맡은 이 영화는 2013년 85회 아카데미 작품상을 받았다. 이란 정부는 아카데미상 시상식에서 〈아르고〉가 작품상을 받자 공식적으로 비난 성명을 발표했다.

인 이슬람주의자들이 점거하는 사건이 발생했다. 이슬람 최고의 성소인 카바 대사원을 점거한다는 것은 매우 상징적인 사건이 될 수밖에 없었다. 이들은 신정국가 건설을 주장하며 미국에 대한 석유 수출 금지, 아라비안 반도의 모든 비무슬림 외국인과 군인 추방을 요구했고, 사우디 정부는 프랑스 외인부대의 도움까지 받아가며 가까스로 2주 만에 이를 진압했다.

이 사건으로 사우디 정부는 큰 충격을 받았다. 그들은 이런 일이 이란 혁명의 영향 때문에 발생한 것으로 판단했고, 이를 차단하기 위한 전략 수립을 고심할 수밖에 없었다. 특히 시아파의 혁명이 수니파가 다수인 사우디에서 수니파 급진 세력에게 자극이 될 것을 우려했다. 사우디는 이를 막으려면 서구 문명에 대한 통제와 와하비즘에 입각한 사회통제를 강화해야 한다는 생각을 하게 되었다. 이후 사우디는 더욱더 이슬람주의 운동에 나섰고, 결과적으로 중동지역에서 이슬람주의를 급진화시키는 저수지 역할을 톡톡히 하게 되었다.

사우디 카바 대사원 점거 다음 날인 11월 21일에는 파키스탄의 이슬라마바드 주재 미 대사관이 파키스탄의 이슬람교도들에 의해 점거되었다.[9] 이란 혁명에서 분 바람은 파키스탄의 무슬림

---

9 파키스탄 무슬림의 근본주의적 성향에는 뿌리가 있다. 이를 데오반디즘이라고 하는데, 19세기 중반 영국 식민지배 상황에서 지금의 파키스탄 지역을 포함하는 인도 서북부에서 영국이라는 이교도에 대한 저항을 기반으로 발원했다. 데오반디즘은 영국의 지배는 곧 이슬람의 타락에서 연유하며 이를 극복하기 위해서는 무함마드 시대의 생활과 신앙으로, 그리고 쿠란으로 돌아가야 한다고 주장했다. 또한 지하드를 통한 이슬람 공동체의 건설을 강조했다. 영국이 물러간 후에는 힌두교가 다수종교인 인도와 대립하며 독립하는 과정에서 더욱 그 세력을 확장해 나갔다. 데오반디즘은 이후 아프간의 파슈툰족과 결합했고, 이러한 흐름이 무자헤딘, 탈레반 등의 탄생에 일정하게 영향을 주었다고 할 수 있다.

들에게까지 불어온 것이다. 이 사건은 왜 파키스탄이 아프가니스탄 전쟁에서 무자헤딘의 지원기지가 되었고, 또 탈레반 정부를 탄생시킨 숨은 역할을 하게 되는지를 보여주는 사건이었다고 할 수 있다. 이 사건을 경험한 파키스탄의 세속정부는 이후 아프가니스탄의 이슬람 세력과의 관계에서 늘 파키스탄 내의 무슬림 사회의 여론을 의식하게 된다.

그리고 마침내 1979년 12월 25일에 이슬람주의가 급진화되고 폭력적으로 변하게 되는 계기가 되었고 오늘날 서방이 규정한 이슬람 근본주의라는 이름으로 저질러지는 온갖 사건들의 발화점이 되었던 소련의 아프가니스탄 침공, 즉 아프가니스탄 1차 전쟁이 일어났다.

아프가니스탄이라는 나라

아프가니스탄 1차 전쟁, 즉 아프가니스탄을 침공한 소련과 아프가니스탄 무장 반군 간의 전쟁은 알카에다 등 급진적인 이슬람주의 세력의 등장과 9.11 테러를 비롯한 모든 이슬람 무장투쟁의 뿌리가 되었다고 말할 수 있다.

아프가니스탄은 유럽과 아시아를 잇는, 지금의 러시아와 중동을 잇는 지정학적으로 매우 중요한 위치에 있는 나라이다. 서쪽으로는 이란, 동쪽으로는 파키스탄과 접해 있는 아프가니스탄은 중동으로 진출하려는 동아시아 세력이나 유럽과 중동 쪽에서 인도나 동아시아 쪽으로 진출하고자 했던 민족과 나라들 사이의 분쟁이 끝없이 일어났던 곳이다.

알렉산더 대왕의 동방원정으로부터 세계사에 등장하는 이 지역은 이후 그 전략적 중요성 때문에 끝없는 전쟁터가 되었다. 석굴암의 건축양식에 영향을 주었다고 해서 우리 귀에 익은 간다라 양식은 알렉산더의 동방원정으로 헬레니즘 문화와 오리엔트 문화가 결합하면서 나타난 미술 양식을 의미하는데, 간다라는 알렉산더가 정복했던 지금의 아프가니스탄 북부와 파키스탄의 페샤와르 지역을 일컫는 말이다. 숱한 민족이 거쳐 가고, 이런저런 왕조가 세워지고, 지배적인 종교 또한 교체를 거듭했지만 그래도 큰 틀에서는 7세기 중엽 이슬람이 전파된 이후 오랜 기간 이슬람의 영향권에 있었다. 그래서 국민의 대부분이 무슬림이다.

아프가니스탄이라는 말은 파슈툰족을 가리키는 말이고, 뒤에 땅을 의미하는 스탄이 붙어 있으니 이 나라의 이름은 '파슈툰족의 땅' 정도가 될 것이다. 아프가니스탄은 파슈툰족이 절반쯤 되고 타지크족, 하자라족, 우즈베크족 등으로 구성된 다민족 국가이다. 이런 다민족 구성은 이후 아프가니스탄 전쟁에서 종족 간 전쟁의 원인이 되기도 한다.

아프가니스탄 지역에 근대적인 국가가 들어선 것은 1747년의 두라니 왕조 때이다. 이 왕조는 여느 왕조와 마찬가지로 19세기 제국주의 시대에 지정학적 중요성 때문에 제국주의의 전쟁터가 되었고, 특히 러시아와 영국의 격전장이 되었다. 남하하려는 러시아 제국과 인도를 발판으로 북상하려는 영국의 싸움이었다. 이 전쟁은 영국이 지배권을 갖는 것으로 종결되었지만 그 과정은 유라시아 쟁탈의 '그레이트 게임'이라고 불릴 정도로 치열한 싸움이었다.

이후 두라니 왕조는 명맥을 유지하면서 근대국가로 성장했다. 다른 나라들이 매우 어려운 혼란을 겪었던 것에 비하면 20세기 들어 비교적 안정된 기반 위에서 근대적인 개혁을 시행했다. 여성 교육 의무화, 노예제 폐지, 부르카 착용 금지 등의 조치를 통해 다른 이슬람 국가들과는 다른 모습으로 성장해 왔다. 아프가니스탄 하면 저개발국가를 떠올리는 이들이 많지만, 사실 1979년의 아프가니스탄 전쟁 전까지 아프가니스탄의 도시는 매우 현대적인 모습을 갖추고 있었다. 수도인 카불은 어느 현대식 도시 못지않았다.

물론 이 때문에 농촌을 중심으로 한 전통적인 이슬람 공동체나 무슬림들의 반발도 적지 않았고, 그 어느 나라보다도 도농 간의 경제적 격차가 크고 종교적 이질감이 상존하는 나라이기는 했다. 오늘날 대다수 한국인의 머릿속에 연상되는 가난한 나라 아프가니스탄의 이미지는 1979년의 아프가니스탄 전쟁 때문에 생겨난 것이다.

아프가니스탄, 현대 제국주의의 각축장

1979년에 시작된 아프가니스탄 전쟁을 보통 1차 아프가니스탄 전쟁이라고 한다. 대체로 아프가니스탄 전쟁을 부를 때, 소련의 침공에 의한 전쟁을 1차 전쟁, 소련군 철수 후의 내전과 탈레반의 승리로 끝나는 싸움을 2차 전쟁, 미국과 탈레반 정부와의 전쟁을 3차 전쟁이라고 부른다. 결과적으로 40년 이상 전쟁을 겪은 셈이다.

▲1979년 12월 25일, 크리스마스 새벽에 소련군은 아프가니스탄 국경을 넘어 전면공격을 감행했다.

우선 1차 전쟁, 소련의 아프가니스탄 침공에 대해 알아보자. '헤지라'라는 용어가 있다. 서기 622년 이슬람의 선지자 무함마드가 메카에서의 박해를 피해 메디나로 간 것을 의미하는 말인데, 이슬람 달력은 헤지라를 원년으로 삼고 있다. 서구의 달력이 예수의 탄생 연도(비록 잘못 계산하기는 했지만)를 원년으로 삼는 것과 마찬가지라고 볼 수 있다. 메디나에서 비로소 무슬림들이 이슬람 공동체, 즉 움마를 형성하고 이슬람 교리를 사회 운영 원리로 삼았기 때문이다.

이후 이슬람은 한 손에 칼, 다른 한 손에 쿠란을 들고 이교도들에 대한 무장투쟁을 통해 북아프리카에서 인도, 아시아 대륙의 북단까지 거대한 이슬람 세계를 건설했다. 여기서 헤지라를 언급한 것은 현대 이슬람주의가 칼을 들게 되는 계기가 1979년의 아프가니스탄 전쟁이었기 때문이다. 그래서 아프가니스탄 1차 전쟁은 이슬람주의자들이 무장투쟁을 본격화하고 이슬람주의를 확산시켰다는 측면에서 '현대의 헤지라'라고 불리기도 한다.

세상의 전쟁에는 모두 이유가 있다. 그런데 소련의 아프가니스탄 침공은 그 이유가 좀 복잡했다. 소련이 아프가니스탄을 침공한 데에는 마치 러시아와 영국이 아프가니스탄을 놓고 이전에 벌였던 제국주의 전쟁이 그랬듯이 현대판 제국주의인 미·소 양국의 대립이라는 한 측면이 있었고, 이슬람 공동체와 세속주의 정권과의 갈등이라는 또 다른 측면도 있었다.

두라니 왕조는 다우드 칸의 1973년 군사쿠데타로 무너졌다. 그 후 여러 세력이 권력투쟁을 벌이다가 친소 정부가 들어서게 되었다. 그러나 이 정부도 다시 1978년에 군사쿠데타로 무너졌고, 그 이후 군부가 권력을 이양한 사회주의 정당 인민민주당에 의해 소비에트 사회주의 정권이 들어서게 된다.

　인민민주당 정부는 누르 모하마드 타라키가 대통령으로 정부를 이끌었는데, 사회주의 이행방식을 놓고 내부에서 투쟁이 발생하면서 안정적인 권력 기반을 갖추지 못했다. 타라키 정부는 소련의 지도를 받으며 여성의 문맹 타파와 학교 교육, 현대식 징병제, 부족 원로와 이슬람 성직자들의 토지 몰수, 이슬람식 교리에서 유래하는 신부 지참금과 강제혼인의 폐지, 대학에서의 마르크스주의 의무 교육 등 근대적이고, 사회주의적인 개혁을 시행했다.

　이런 근대적인 개혁에 여러 부족과 무슬림 세력은 강하게 반발했다. 그러자 타라키 정부는 반대세력을 투옥하거나 처형했고, 특히 종교지도자들을 체포하고 투옥하는 등 공포정치로 대응했다. 이에 본격적으로 반군이 형성되었고, 무슬림들은 정부의 이슬람 탄압에 저항하여 정부군에서 조직적으로 탈영하였다. 여기에다 1979년 초의 이란 혁명이 일으킨 이슬람주의의 영향은 아프가니스탄에도 여지없이 불어왔고, 이 과정에서 1979년 2월에 카불 주재 미국대사가 이슬람 무장세력에 납치되어 살해되기까지 했다.

　1979년 3월부터 이란과 접경지대였던 헤라트라는 도시에서 본격적인 반정부 시위와 무장투쟁이 벌어지기 시작했다. 본격적인 무자헤딘 반군의 활동이 시작된 것이었다. 이를 진압하는 과정에서 수많은 시민이 학살된 참변이 일어났다. 이에 더욱 확산한 무슬림들의 반정부 시위에 타라키 정부의 통제력은 한계에 다다랐고, 소련은 정권교체가 아니고는 친소 정권을 유지하기 어렵다는 판단을 하게 되었다.

이런 분위기 속에서 그동안 정권 내부 갈등의 한 축이었던 외무장관 하피줄라 아민은 타라키를 축출하고 정권을 잡았다. 아민은 즉각 반대파를 숙청했는데, 이로 인해 정국은 더 혼란스러워졌다. 반정부 투쟁 또한 더욱 확대되어 나갔다.

결국, 소련은 계속되는 종족들의 반란과 이슬람주의로 무장한 반군의 형성을 두고 볼 수 없다고 판단했다. 다시 말해, 소련은 이슬람주의의 확산을 저지하지 못하면 아프가니스탄 정부를 잃게 될 것이라는 판단을 한 것이다. 이슬람주의 급진화의 위험성에 대해 가장 먼저 인지한 것은 아마도 소련일 것이다. 이런 상황판단 아래 소련은 무능한 아민 정부의 축출과 안정적인 친소 정부의 구성 그리고 중동 및 아시아에 대한 교두보를 잃지 않겠다는 목적으로 아프가니스탄을 침공했다.

이런 국내 상황과 함께 미.소의 대결구도 또한 전쟁의 중요한 배경이었다. 아프가니스탄은 중동과 아시아의 중요한 교두보가 되는 지정학적 요충지이다. 당연히 미국과 소련은 아프가니스탄에 대한 전략적인 관심을 가질 수밖에 없었다. 이런 상황에서 친소 성향의 아프가니스탄 정부는 미국의 큰 우려 요인일 수밖에 없었다.

그런데 아프가니스탄의 정정이 불안해지기 시작하면서 미국은 이 지역에서의 주도권을 갖기 위해 어떤 전략을 취해야 할지 고민했고, 소련 또한 미국이 이 사태에 어떻게 개입할지 촉각을 곤두세울 수밖에 없었다.

미국은 친미 정권이었던 이란이 이슬람 혁명으로 무너지면서 대소 군사기지의 역할을 했던 이란을 상실하여 그 대안을 고민하고 있었다. 이런 상황에서 미국은 아프가니스탄의 혼란은 새로운 기회라고 생각했다. 한편 이웃 나라 파키스탄도 친소 아프가니스탄 정부의 등장을 우려하고 있었다. 늘 대립 관계에 있던 인도가 소련에 기울고 있는 상황에서 아프가니스탄에 친소 정부가 들어서는 것은 위협이었고, 혹시라도 아프간의 정정 불안을 이유로 소련의 군사행동이 아프간에서 벌어진다면, 파키스탄도 안전할 수 없다고 판단했다.

일찍부터 미국과 일정하게 군사협력을 하고 있던 파키스탄에 미국의 개입은 필요한 일이었다. 미국은 파키스탄의 협조를 받는 경우 소련의 코앞에 군사정보기지를 둘 수 있다는 장점을 인지했다. 둘은 그야말로 '쿵짝'이 잘 맞았다. 문제는 섣불리 부족 반군과 이슬람 반군을 지원하다가 소련을 자극하면, 더욱 큰 전쟁이 일어날 수도 있다는 점이었다. 미국은 이를 우려하며 묘수를 찾는 것에 골몰하고 있었다.

여러 가지 상황을 종합하면서 미국은 1979년 여름경부터 파키스탄과 아프가니스탄의 접경지역 페샤와르를 군사 보급기지로 삼아 아프가니스탄 반군, 즉 부족 반군과 이슬람 무장세력인 무자헤딘을 지원하기 시작했다. 미국이 이렇게 아프가니스탄에 개입하게 된 배경에는, 소련이 엄청난 부담을 지면서 전면적인 군사침공을 하지는 않을 것이라는 CIA의 판단이 있었기 때문이었다.

소련도 고민이 많았다. 만약 친소 사회주의 정부가 무너진다면 당연히 차기 정부는 반소 정부가 될 것이고, 이 정부는 미국의 영향력 아래 들어가면서 소련에 치명적인 위협이 될 수 있다고 보았다. 친미 정부가 들어서면 소련의 코앞에 미국의 중거리 미사일이 배치될 것이고, 나아가 파키스탄을 핵무장 국가로 만들 것이라 우려했다.

당시 소련 공산당 서기장 레오니드 브레즈네프에게, 지리적으로 미국에 근접한 군사기지를 하나도 확보하지 못한 상황에서(쿠바 미사일 위기는 바로 이를 극복하기 위한 것이었다) 소련 남쪽 인근에 미군기지가 생기는 것은 생각만 해도 끔찍한 일이었다. 이미 KGB는 미국이 1979년 여름부터 은밀하게 아프가니스탄 반군을 지원하고 있다는 정보를 확인하고 있었고, 파키스탄과의 군사협조도 심상치 않다고 보면서 대책을 마련해야 한다고 생각했다.

이런 판단 속에서 소련은 아프가니스탄에 대한 무력 개입을 더는 미룰 수 없다고 보았다. 물론 아프가니스탄이 있어야 미국과 겨룰 수 있는 중동 발판을 마련할 수 있다는 점도 고려되었다. 여기에다 설사 전쟁을 일으킨다 해도 그까짓 아프가니스탄쯤이야 몇 주 내로, 최악의 경우라도 몇 달이면 정리할 수 있을 것이라는 믿음이 추가되었다. 몇 주나 몇 달 안에 전격적인 작전이 이루어진다면 미국도 쉽게 개입하지는 못할 것이라고 소련은 생각했던 것이었다.

소련의 아프가니스탄 침공, 제1차 아프가니스탄 전쟁

아프가니스탄에 관한 치열한 모색을 끝내고, 마침내 소련은 1979년 12월 25일, 크리스마스에 아프가니스탄을 침공했다. 이렇게 세계사에서 소련의 베트남 전쟁으로 일컬어지는 아프가니스탄 전쟁이 시작되었다. 아마 소련은 이 전쟁에서 얼마나 참혹한 늪에 빠지게 될지를 전혀 예상하지 못했을 것이다. 불과 몇 주를 생각했던 전쟁이 9년간 이어지고, 종국에는 소련 붕괴의 한 원인이 될 것이라곤 상상도 하지 못했을 것이다. 미국 또한 몰랐을 것이다. 자신들이 지원했던 이슬람 반군이 나중에 자신들의 목줄을 세게 쥘 것을.

아프가니스탄 전쟁은 당시에는 강대국이 자신의 이익만을 보고 벌인 전쟁이었는지 모르지만, 돌이켜 보면 이 전쟁은 한편으로는 미·소 중심 냉전 시대의 종말을 고하는 출발이었고, 또 한편으로는 지하드에 입각한 이슬람주의를 전 세계로 확장하는 계기가 되었다.

소련의 아프가니스탄 침공 과정은 한마디로 질풍노도였다. 소련군 제105 친위공정사단이 침공 당일 카불에 도착했을 정도였다. 이틀 후인 27일에는, 소련군 5만 명이 아프가니스탄 땅을 밟았다. 침공이라기보다는 군사행진이라는 표현이 더 어울리는 형국이었다.

이 사태를 맞은 아프가니스탄의 아민 정부는 태연했다. 아민은 소련군이 반군을 토벌하고 자신의 사회주의 정부를 지키기 위해 지원을 왔다고 생각했다. 소련군은 대통령궁에 대한 전면 공격을 감행했다. 그런데 아민은 공격을 받는 그 순간에도 그럴리 없다는 말만 되풀이했다고 하니 참으로 서글프고도 우스운 장면이 아닌가! 결국, 아민은 총상을 입고 사망했다.

소련군의 아프가니스탄 침공은 이것으로 끝난 것이 아니었다. 길고 긴 전쟁이 이어졌고, 소련은 헤어날 수 없는 늪에 빠지게 된다. 소련은 카불 점령 이후 충직한 친소 인사인 바브라크 카르말을 내세워 친소 정부를 세웠다. 이렇게 새 정부를 세우면서 소련은 전쟁의 목적을 달성했지만, 전쟁은 이후 9년간이나 계속되었고 결국 아무 소득 없이 1989년에 철군했다. 그 9년은 소련에 악몽의 시간이었다.

아프가니스탄 친소 정부의 수립과 미국의 반격

사실 1차 아프가니스탄 전쟁은 참 이상한 전쟁이었다. 분명 새로운 정부를 세웠으니 이제 그 정부를 지원하고 소련의 이익을 한껏 취하면 될 일이었지만, 그게 그렇게 마음대로 되지 않았다. 근대화를 도입하려던 사회주의 정부를 대상으로 싸웠던 종족 기반 무장세력들은 소련의 침공으로 외세에 대한 저항이라는 '반외세 민족주의' 의 새로운 이념적 무기를 얻었고, 그들의 반정부·반소 투쟁은 더욱 격렬해졌다.

반군들의 강력한 저항이 이어지면서, 이교도의 침입을 묵과할 수 없다는 이슬람주의로 무장한 무자헤딘들의 무장투쟁이 더욱 격렬하게 벌어졌다. 끝없는 장기전, 정규전이 아닌 게릴라전이 아프가니스탄 곳곳에서 벌어졌다. 아프가니스탄에는 산악지대가 많고, 곳곳에 요새로 사용할 수 있는 토굴이 산재해 있다. 이러한 지형을 근거로 끈질긴 대소, 대정부 투쟁이 전개된 것이다. 아프가니스탄이 '소련의 베트남' 이라고 불리는 이유는 미국이 베트남에서 겪었던 끝없는 밀림을 근거로 한 베트콩의 게릴라전과 유사한 싸움에 소련이 부딪힐 수밖에 없었기 때문이다.

친소 정부는 늘 불안한 상태였다. 여기에 아프가니스탄의 지

아프가니스탄의 반군 게릴라, 무자헤딘

정학적 중요성을 간파한 미국의 개입이 있었고, 아랍 각 나라가 동상이몽 속에서 반군들을 지원했다. 그래서 전쟁의 양상은 매우 복잡하게 진행되었다.

소련의 전면 침공은 없을 것이라고 여겼던 미국은 막상 소련군이 침공하자 당황했다. 그렇다고 소련과 전쟁을 할 수도 없는 상황에서, 아프가니스탄에서의 반군 지원 정책을 앞으로 어떻게 할 것인지도 결정해야 했고, 소련의 아프가니스탄 전면지배로 인해 발생할 중동질서의 변화에 대해서도 대책을 마련해야 했다. 미국이 생각해 낸 것은 '아프가니스탄을 소련의 베트남으로 만들자'라는 것이었다.

이런 고민 속에서 당시 백악관 안보보좌관이었던 즈비그뉴 브레진스키는 소련 침공 다음 날 카터 대통령에게 보고서를 제출했다.

"아프가니스탄에서의 저항을 지속시키는 것이 필수적이다. 반군에 대한 무기 공급과 기술적 지원뿐만 아니라, 더 많은 자금을 지원해야 한다. 파키스탄을 설득해서 반군을 지원하도록 하고 우리의 안보정책이 핵 비확산정책에 의해 좌우되지 않을 것을 파키스탄에 확신시켜야 한다. (중략) 반군을 지원하는 선전활동과 비밀공작에 이슬람 국가들과 협력해야 한다. (중략) 우리의 궁극적 목적은 아프가니스탄에서 소련의 철수다. 설사 이것이 달성 불가능할지라도, 우리는 소련의 개입에 최대한 비용을 치르게 해야 한다." [10]

---

[10] 〈Cold War, Intrenationa History Project, 즈비그뉴 브레진스키〉 "이슬람 전사의 탄생, 정의길, 한겨레 출판"에서 재인용

이 보고서대로 미국은 1980년대 내내 반군과 파키스탄에 엄청난 재정적 군사적 지원을 퍼부으며 소련을 곤경에 빠트렸고, 최종적으로 소련을 철수하게 만드는 데 성공했다. 특히 미국은 반군을 지원하기 위해 스팅어 미사일까지 지원했는데 초기 대소 항전에 군사적인 어려움을 겪던 무자헤딘 반군들은 스팅어 미사일을 통해 전세를 역전시켰다. 나중에 미국은 자신들이 제공했던 이 미사일로 인해 큰 고전을 하게 된다. 작전은 성공했지만, 지하드로 무장한 이슬람주의 무장단체에 대한 전폭적인 지원 때문에 당시에는 간과했던 엄청난 후폭풍을 미국은 경험하게 되었다. 그것은 지하디스트들의 확장을 초래했고, 9.11 테러, 이라크 전쟁, 시리아 내전에서 미국은 혹독한 대가를 치렀다.

또한 미국은 소련 견제를 위해 파키스탄의 핵개발의 여지를 열어 놓았고 이는 결국 파키스탄의 핵무장으로 이어지게 되었다. 파키스탄의 핵 개발 허용은 선례가 되어 다른 국가들의 핵개발 의지를 자극했다. 따지고 보면 이란과 북한의 핵 개발 문제도 여기서 시작되었다고 볼 수 있다. 나중에 확인되는 일이지만 파키스탄의 핵무장은 이후 북한 핵 개발 기술의 저수지가 된다.

소련이 세웠던 바브라크 카르말 정부는 집권 후 권력 안정과 정통성 강화를 위해 노력했다. 그들에게는 소련이 세운 위성 정부라는 취약성을 극복하고, 그동안 사회주의 정부가 추진한 개혁에 반대해왔던 무슬림과의 관계를 회복하는 것이 가장 시급한 과제였다.

카르말 정부는 이슬람에 대한 충성을 선언하였고, 전임 정부의 공포정치를 전면 철회하고 집회 및 시위의 자유 등 국민의 인권을 보장하겠다는 약속을 했다. 그러나 이런 조치들이 외세와 이교도에 기대어 세워진 위성 정부라는 점을 잊도록 만들 수는 없었다. 게다가 소련군의 주둔은 이슬람과 각 부족 반군에게 '민족해방투쟁'이라는 명분도 주었으므로, 저항을 누그러뜨리는 것은 불가능했다.

무자헤딘의 저항, 소련의 늪이 된 아프가니스탄 전쟁

소련 침공 이후 그동안 산발적인 반란을 일으켰던 부족 반군과 이슬람 반군세력은 훨씬 더 조직적인 무장투쟁을 벌이기 시작했다. 사실 소련과 카르말 정부가 장악한 영토는 큰 도로를 따라 형성된 도시들에 불과했고, 국토의 80%에 달하는 농촌 지역은 통제 밖의 영역이었다. 침공 이듬해인 1980년 2월에 수도 카불에서 전면적인 봉기가 일어났고, 이 봉기 이후 도시의 지식인과 노동자들은 대거 반군에 결합하기 시작했다. 아프가니스탄 정부군의 탈영도 잇달았다.

반군의 기본적인 정서에는 외세에 맞선 민족해방투쟁과 이교도에 맞선 이슬람국가 건설이라는 두 축이 존재하고 있었다. 대중적으로는 민족주의적 정서가 일차적이었지만, 이미 1979년 아랍세계를 흔들었던 이란 혁명과 이어진 일련의 급진적 이슬람주의 확산에 따른 이슬람 국가 건설이라는 정서 또한 강력했다. 이렇게 외세와 이교도에 맞서 성전을 벌이는 사람들이 바로 무자헤딘이었다.

각 부족에서 무자헤딘 반군이 형성되고 있었다. 타지크족은 아마드 샤 마수드에 의해, 파슈툰족은 굴부딘 헤크마티아르에 의해 종족별로 세력을 갖춘 반군의 모습을 띠게 되었다. 이것이 나중에 2차 아프가니스탄 전쟁, 혹은 아프가니스탄 내전의 원인이 된다. 그렇다고는 해도 이들의 기본적인 기조는 모두 이슬람주의라는 공통의 이념과 정서를 지니고 있다는 점에서는 비슷했다.

소련과 소련이 세운 위성 정부에 대한 내전은 끝을 모르고 계속되었다. 소련 정도의 군사력을 갖고 있으면서 이 저항세력을 왜 진압하지 못했을까? 침공 전, 몇 주, 길어도 몇 달이면 끝날 것이라고 생각했던 소련은 점점 곤혹스러운 상황으로 빠져들고 있었다.

소련의 생각처럼 이들을 진압하는 것은 쉽지 않았다. 정규전이 아닌 게릴라전이라는 조건 때문에 끝도 없는 싸움이 이어졌다. 그리고 그 과정에서 무자헤딘은 더욱 세력이 확대되고 있었다. 소련의 세력 확장을 우려하는 강대국들은 앞다투어 반군에 대한 무기 판매에 열을 올렸다. 이 무기들은 반군을 강화했고, 파키스탄을 거점으로 한 군사훈련 기지를 통해 아프가니스탄의 무슬림들이 모두 무자헤딘으로 결합하기 시작하며 반군의 병력도 점점 늘어났다.

반군세력이 커지는 데에는 아프가니스탄 내 무슬림들의 참여와 미국 및 파키스탄의 지원도 중요했지만, 무자헤딘 세력 확장의 결정적인 힘은 아랍 세계로부터 왔다. 소련의 아프가니스탄 침공은 아랍 세계, 이슬람 세계를 격동시켰다. 1979년 이후 아랍 세계를 격동시키고 있던 이슬람주의는 이교도인 소련이 무슬림 국가를 침공했다는 사실 때문에, 지하드(성전)라는 자신들의 성

아프가니스탄 산악 지역의 무자헤딘

스러운 의무를 시험할 중요한 무대를 갖게 되었다. 동시에 자국 내의 급진화되는 이슬람주의에 대해 우려하던 아랍의 국가들은 이러한 흐름을 아프가니스탄으로 돌릴 기회라고 생각했다.

아랍 국가의 전면적 지원

아랍 국가들은 무슬림을 지원한다는 명분을 걸고 아프가니스탄 반군에 대한 전면적인 지원에 나섰다. 국가적으로 아프가니스탄 무슬림들의 참상을 적극적으로 선전하여(난민 캠프 등) 자국민들의 분노를 자극하면서 이를 국가적 일체감으로 만들어 갔다. 당연히 각국의 청년 무슬림들은 이교도를 몰아내고 이슬람을 지키자는 명분으로 지하드를 위해 아프가니스탄의 무자헤딘으로 결합하기 시작했다. 말하자면 스페인 내전에서 자유를 지키기 위해 달려갔던 국제여단 소속 서방 청년들의 모습, 바로 그것이었다.[11]

선봉에 선 나라는 사우디아라비아였다. 사우디는 이미 언급했듯이 와하비즘을 통해 이슬람주의를 사회통치의 기본이념으로 삼는 국가이고, 여기에다 무슬림형제단 활동을 하다가 추방당한 지식인과 무슬림들을 받아들이며 이슬람주의의 종주국을 자임하던 나라였다. 이란 혁명과 카바 대사원 점거사건의 충격

---

11 스페인 내전 당시(1936~39) 자유와 민주주의를 기치로 인민전선정부(공화파)를 지키기 위해 프랑코 장군이 이끄는 왕당파와 맞서 싸웠던 국제의용군이다. 프랑스 폴란드, 이탈리아, 독일, 미국 등 50여개 국가에서 대략 40,000여명이 참여했다. 각국의 공산주의, 사회주의 청년과 노동자들이 다수를 이루었으며 1936년 11월, 마드리드 방어전투를 시작으로 2년간 숱한 전투를 수행했다. 1938년 11월 공식적으로 해산된다.

도 있었다. 대학에서는 지하드의 열풍이 몰아치고 있었다. 사우디는 미국, 파키스탄과 협력하면서 모든 물적 지원을 아끼지 않았다.

이런 국가적인 지원과 별도로 사우디의 와하브 성직자들도 무슬림들에게 5대 의무 중 하나인 자카트(자선, 기부)를 강조하면서 적극 지원에 나섰고, 부유한 무슬림들은 앞다투어 천문학적인 금액을 기부하며 지원에 나섰다. 이 돈은 아프가니스탄의 무자헤딘에게 집중적으로 전달되었다.

아프가니스탄과의 접경지역인 페샤와르에는 수십만 명의 아프가니스탄 난민과 전투에서 부상당한 무자헤딘이 몰려 왔다. 이들은 미국, 파키스탄, 사우디의 지원에 힘입어 이곳에서 생활의 안정을 찾고 부상을 치료했다. 여기에 아랍 각국에서 온 무슬림 청년들이 가세했다. 마드라사[12]라고 하는 이슬람의 학교들이 설립되었고, 청년들은 이곳에서 이슬람주의를 배우고 군사훈련을 받은 후 아프가니스탄의 무자헤딘으로 속속 결합했다. 이렇게 소련에 맞서는 병력은 끝없이 수혈되고 있었다.

페샤와르는 이후 전 세계적으로 확대되는 이슬람주의, 그것도 지하드의 저수지가 되었다. 나중에 급진적인 이슬람주의의 주역들이 되는 이집트 출신의 의사 아이만 알 자와히리(알카에다의 2대 지도자), 팔레스타인 출신의 압둘라 아잠 등이 이곳을 통해 글로벌 지하드의 지도자로 태어났다. 그리고 바로 여기에 그 유명한 오사마 빈 라덴이 등장한다.

---

[12] 마드라사(madrasah)는 아랍지역에서 모든 종류의 학교를 의미하는 아랍어이다. 서방에서 이 단어는 대체로 이슬람교 신학교 또는 대학을 가리키지만, 우리가 보통명사로 사용하는 아주 포괄적인 의미의 '학교'에 더 가까운 개념이다.

오사마 빈 라덴의 등장

알카에다와 9.11 테러의 오사마 빈 라덴은 바로 이 아프가니스탄 전쟁을 통해 글로벌 지하드의 대표적인 인물이 되었다. 사우디 아라비아에서 손꼽히던 건설 재벌의 아들로서 가업을 이을 준비를 하던 그는 대학 시절, 킹 압둘 아지즈 대학에서 마침 그곳에 와 있던 사이드 쿠틉의 동생 모하마드 쿠틉과 압둘라 아잠에게 깊은 영향을 받고 이슬람주의로 무장하게 되었다.

그러나 그는 졸업 후에는 아버지 회사의 일을 하게 되었고, 그래서 처음에는 아프가니스탄에서 일어나고 있던 일들에 깊은 관심을 가지지는 않았다고 주변 사람들이 증언하고 있다. 돈이 많았고 이슬람주의에 경도되어 있었기 때문에, 일정한 정도의 재정적인 기부를 하는 정도 수준이었다고 한다.

그러다가 26세 정도였던 1984년에 아프가니스탄 접경지역에서 건설사업을 하던 중 스승인 아잠이 그에게 파키스탄의 무자헤딘 기지를 방문해 보지 않겠냐는 제안을 했고, 그 기지에 갔다가 지하디스트로 재탄생하게 되었다. 그는 나중에 무자헤딘 기지를 방문했던 경험이 얼마나 강렬했는지를 이렇게 회고한다.

"나는 무기, 도로, 참호 등 장비나 다른 모든 것들의 열악한 상태를 보고 충격을 받았다. 이곳에 오지 말라고 충고한 이들의 말을 들은 것은 죄악이라고 느껴서, 알라에게 용서를 구했다. 만약 내가 순교자가 되지 않는다면, 4년이나 늦은 이 지각은 용서받을 수 없을 것이라고 느꼈다."[13]

 기지 방문 직후 빈 라덴은 직접 아프가니스탄에 들어가 전투 현장을 보고 더 큰 충격과 분노 그리고 무자헤딘에 대한 강력한 인상을 받게 된다. 이후 빈 라덴의 인생은 완전히 바뀌게 되는데, 그는 사우디로 돌아오자마자 1000만 불에 가까운 돈을 모금하여 아잠에게 보냈고, 이후 아랍국가에서 자원하는 모든 지하디스트들을 자신이 책임지겠다는 결심을 하게 되었다.

 그는 모금 운동, 아프가니스탄 참전 지원자 모집 단체 결성, 모든 아랍 자원자에 대한 급여 지급 등의 활동을 하기 시작했고, 이내 그는 아프가니스탄의 지하드를 지원하는 가장 영향력 있는 인물이 되었다. 사우디 왕가를 포함한 부유층들도 점차 빈 라덴을 아랍의 지하디스트를 총괄하는 인물로 인정하게 되었다. 부유층들은 그를 통해 기부금을 보냈고, 아랍지역뿐만 아니라 전 세계의 무슬림들도 오사마 빈 라덴을 아프가니스탄 지원의 창구로 삼았다. 사우디 정부 또한 아프가니스탄 지원과 관련하여 오사마와 긴밀한 협력 관계를 맺고 정부 차원에서도 그에 대해 편의를 제공하면서 그만한 지위를 가진 인물로 대우하기 시작했다. 이렇게 오사마 빈 라덴은 아프가니스탄 전쟁을 통해 글로벌 지하디스트의 지도자로서의 위상을 갖기 시작했다.

소련의 아프가니스탄 철수

---

[13] 〈The Looming Tower, Lawrence Wright〉 "이슬람 전사의 탄생, 정의길, 한겨레 출판"에서 재인용

오사마 빈 라덴

아프가니스탄 전쟁이 끝없이 이어지면서 소련은 퇴로를 모색할 수밖에 없었다. 소련이 아프가니스탄 철수를 준비하기 시작한 것은 개전 6년 차였던 1985년 10월경이었다.

1986년에 카르말에 이어 대통령이 된 나지불라는 사태가 심각함을 확인하면서 무자헤딘과의 공동정부를 제안하는 등 유화책을 제시했지만, 이는 무위로 끝났고 소련의 고심은 깊어져만 갔다. 철군 계획은 세웠지만, 그것이 그렇게 간단한 문제일 리 없었다.

페레스트로이카와 글라스노스트 정책으로[14] 전면적인 소련 개혁을 시도하고 있던 고르바초프에게 아프가니스탄은 참으로 아픈 이였다.

---

14 1985년 소련 공산당 서기장으로 선출된 미하일 고르바초프가 추진한 소련의 개혁정책을 말한다. 정치경제 개혁 정책인 페레스트로이카를 통해 시장경제가 도입되고, 당내 민주화 및 비밀투표, 복수정당제, 대통령제 도입 등 민주적 방식의 선거제도가 마련되었으며 정보 언론 개방정책인 글라스노스트를 통해 정부가 가진 정보의 일부를 공개하고 언론 통제를 완화하는 조치가 취해졌다.

개방화의 분위기로 조금은 의사 표현이 자유로워진 소련인들은 아프가니스탄 철수에 대해 강력한 반대 의사를 표출하기 시작했다. 하지만 초강국 소련의 체면도 유지해야 했고, 또 철수 이후 미국이 이 지역을 차지할 수 있다는 우려 속에서 소련의 고민은 깊어갔다. 그러나 이러한 우려도 당면한 어려움에 비하면 별것 아닐 정도로 아프가니스탄 전쟁은 소련을 점점 더욱 깊은 늪으로 빨아들였다.

진퇴양난의 상황에서 소련은 결국 철군을 결정한다. 1988년 2월 8일 소련은 공식적으로 철군을 발표했다. 소련은 나지불라 정부를 전폭적인 경제·군사 지원으로 달랬다. 미국과 관련해서는 미국이 아프가니스탄에 개입하지 않을 것이라고 표명한 정치적 수사 정도를 근거 삼아 철군을 결정했다.

그렇게 시작된 철군은 1989년 2월, 침공 후 9년 2개월 만에 소련의 마지막 병력이 국경을 넘으면서 종료되었다. 소련군은 이 전쟁에서 1만 5천 명이 전사했고 3만 명이 부상당했다. 아프가니스탄 주민들은 200만 명이 죽었고, 인구의 1/3인 500만 명 이상이 난민이 되었다. 소련은 이 전쟁에 쏟아부었던 엄청난 군비로 인해 경제가 휘청했고, 결국 붕괴의 길로 이어지게 되었다.

소련의 철군과 미국의 대 아프가니스탄 전략

소련이 철군하면 나지불라 정부는 견디지 못할 것이라고 미 정보당국은 분석했다. 그러면 가장 유력한 군벌을 뒤에서 지원하고 그들이 정부를 구성하면 일정한 영향력을 행사하는 것으로 아프가니스탄 정책의 방향을 정리했다. 인접국인 파키스탄과 협력하면서 파키스탄에 대한 영향력을 유지하면, 이런 정책이 효과적일 것이라고 그들은 판단했다.

KGB와 CIA는 비밀회의를 이어갔는데, 이때 소련 측이 미국에 경고한 내용이 남아 있다. 시아파 이란에 이어 또 하나 이슬람주의를 사회운영의 기본원리로 하는, 그것도 매우 근본주의적인 가치를 강제하는 정권의 탄생에 대해 미국은 유념해야 할 것이라고 소련 측은 강조했으나, 미국은 이런 경고를 가볍게 생각했다. 미국 정보기관은 철수 후의 아프가니스탄에 대한 정보보고서에서 이렇게 분석하고 예견했다.

"이슬람주의, 아마도 강력한 근본주의 성향을 띨 것이나 이란 정도로 극단적이지는 않을 것이다. 무자헤딘 군벌이 정부를 세운다 해도 아프가니스탄에 대한 파키스탄의 헤게모니만 존재한다면 미국의 이익에 위협은 되지 않을 것이다."[15]

이것은 미국의 오판이었고 아프가니스탄에는 나중에 이란의 이슬람 정권보다 훨씬 더 급진적인 이슬람주의로 무장한 탈레반 정부가 들어선다. 그리고 그 정부의 보호를 받는 알카에다에 의해 미국은 9.11이라는 최대의 참변을 맞게 되었다.

1차 아프가니스탄 전쟁은 이렇게 지하드라는 이름으로 전쟁을 수행한 무자헤딘의 완벽한 승리였다. 그것은 지하드주의로 무장한 이슬람주의의 새로운 시대를 여는 승리였다. 그러나 소련군 철수 이후 함께 싸웠던 무자헤딘들은 이후 방향을 놓고 조

---

[15] 미국 정보기관 보고서 〈소련 : 아프가니스탄에서의 철군〉 "이슬람 전사의 탄생, 정의길, 한겨레 출판"에서 재인용

금씩 거리가 생기기 시작했다. 아랍 각국에서 몰려온 지하디스트들에게는 지하드주의의 미래와 소련 철수 이후 앞으로 무엇을 할 것인지가 가장 중요한 과제였다. 왜냐하면, 그들에게 아프가니스탄은 지하드의 시작이었지 끝이 아니었기 때문이다.

그러나 아랍에서 온 지하디스트들과는 다르게, 그동안 지역을 거점으로 싸웠던 종족별 군벌 세력에게는 나지불라 정권의 타도와 이후의 정권 창출이 훨씬 더 중요한 과제였다. 종족 반군 간의 격돌은 불가피한 일이었다.

소련 철군 이후 새로운 정권 창출을 위한 경쟁과 향후 지하드의 방향에 대한 이론투쟁이 벌어지게 된다. 이러한 상황은 나지불라 정부와 종족별 반군들이 얽히고설킨 내전으로 확대되고 아프가니스탄의 주민들은 그 끝없는 전쟁의 고통 속에서 비참한 생활을 이어가게 된다.

나가는 글

소련은 자신들의 이익을 위해 아프가니스탄으로 갔고, 결국 패배했다. 결과적으로는 사회주의의 붕괴까지 맞게 되었다. 미국은 기를 쓰고 무자헤딘을 지원하며 자신의 이익을 챙기고자 했다. 그러나 그 결말은 알카에다의 탄생과 9.11 테러였고, 그 후에도 세계를 휩쓴 여러 끔찍한 테러였다. 아프가니스탄 전쟁은 미.소 양국이라는 거대한 제국주의 세력에 씁쓸한 결과를 던졌다. 그런데 이 전쟁은 끝난 것이 아니었다. 이후 세상은 그때까지 전혀 볼 수 없었던 야만을 목격하게 된다.

3장
탈레반과 알카에다의 등장

"미국 등 서방세계는 근본주의에 대한 공동투쟁을 시작해야 할 것이다. 만약 근본주의가 아프가니스탄에서 승리한다면 전쟁은 오랜 세월 동안 계속될 것이다. 그리고 아프가니스탄은 이슬람 근본주의 테러의 중심이 될 것이다."

소련군이 아프가니스탄에서 철수한 이후 무자헤딘의 공격으로 정권의 몰락이 코앞에 다가왔을 때 아프가니스탄 나지불라 대통령이 기자회견에서 한 말이다. 미국과 서방세계가 지원하는 세력이 누구인지를 분명하게 인식하라는 경고였다. 자신의 정부를 지키기 위한 말이었지만, 이 말은 정확하게 들어맞았다. 나지불라 정권의 몰락 이후에도 아프가니스탄은 30년 넘게 전쟁터가 되었다. 나지불라 정부를 이은 탈레반 정부의 비호 속에서 오사마 빈 라덴과 알카에다는 세계를 경악시킨 테러를 저질렀다. 나지불라 대통령은 허튼 말을 하지 않았던 것이었다.

내전으로 치닫는 아프가니스탄, 2차 아프가니스탄 전쟁

소련군의 철수는 종족을 거점으로 한 모든 반군과 무자헤딘에게 엄청난 자신감을 주었고, 나지불라 정권에게는 큰 위기로 다가왔다. 나지불라 정권은 풍전등화의 신세가 되었다. 홀로 남은 친소 나지불라 정권을 향한 종족별 반군과 무자헤딘의 연합공격이 시작되었다. 그런데 손쉽게 무너지리라고 생각했던 정부군의 저항은 의외로 완강했다.

 1989년 2월 소련군 철군 후, 3월에 잘랄라바드에서 최대전투가 벌어진다. 정부군은 사기가 떨어져 있었고, 소련군 철수 이후 밀물처럼 쏟아져 들어온 아랍의 지하디스트로 병력이 보강된 무자헤딘 연합군은 곳곳에서 정부군을 패퇴시켰다. 그 과정에서 헤크마티아르를 중심으로 한 아프가니스탄의 무자헤딘과 특히 아랍에서 결합한 무자헤딘들은 항복한 정부군은 물론 비무장 민간인에게까지 잔인한 고문과 살육을 저질렀다. 정부군의 전투 의지를 완전히 꺾겠다는 의도와 샤리아에 의한 처단이 결합한 만행이었다. 그러나 이런 고문과 살육은 오히려 전황의 변화를 초래했다.

 정부군은 패하면 죽음이라는 인식 속에서 결사항전을 외치며 반군에 맞섰고, 아프가니스탄 도시 주민들의 이슬람화에 대한 우려가 겹치면서 전세는 다시 정부군 쪽으로 기울기 시작했다. 무자헤딘 연합군의 패배가 이어졌고, 권력에 대한 이해가 갈리고 반군 사이의 갈등도 생겨나서, 급기야 6월 말에 무자헤딘 연합군은 잘랄라바드 공방전에서 후퇴하게 되었다. 이때부터 전쟁은 한편으로는 정부군 대 종족별 반군의 교전으로, 또 한편으로는 종족 반군 간의 싸움으로, 그리고 무자헤딘 간에 서로 총부리를 겨누는 혼란스러운 양태로 전개되기 시작했다. 권력에 대한 탐욕이 겹치며 아프가니스탄의 앞날은 더욱 혼란스러워졌고, 그 과정에서 나타난 전쟁의 양상은 참혹했다. 단 하루도 전투가 쉬지 않고 벌어졌다. 이제 전쟁은 정권에 맞선 의로운 싸움도 아니었고, 이슬람주의로 무장된 성전도 아니었다. 권력에 대한 탐욕으로 무자비한 학살이 반복되었고, 아프가니스탄은 수백만의 난민으로 얼룩져 가고 있었다.

무자헤딘 반군은 두 세력이 중심을 이루고 있었다. 그중 하나는 파키스탄이 지원하고 이슬람주의로 무장한, 굴부딘 헤크마티아르가 지휘하는 아프가니스탄 최대종족 파슈툰족 반군이었다. 다른 하나는 소련과의 국경 지역인 북부 판지시르 계곡을 중심으로 그동안 대소 항전의 최전선에 있었던, 민족주의와 온건한 이슬람주의 성향의 타지크족 출신 아마드 샤 마수드가 지휘하는 반군이었다. 이런 성향의 차이는 아랍에서 달려온 무자헤딘들이 자연스럽게 급진적인 이슬람주의 성향의 헤크마티아르 반군 편에 서는 이유가 되었다. 원래부터 가장 큰 반군세력이었던 헤크마티아르 반군은 더욱 강력한 세력으로 부상했다.

사우디아라비아와 미국, 파키스탄은 각각 어느 편을 들어야 이후 아프가니스탄에서 영향력을 행사할 수 있을까를 계산하고 있었다. 그들은 대개 가장 강력한 세력을 형성하고 있던 헤크마티아르의 반군에 줄을 대며 지원하였다. 미국은 이렇게 여전히 무자헤딘에 대한 지원을 멈추지 않고 있었다. 오로지 친소 정부의 붕괴, 그것이 미국이 생각하는 최선이었기 때문이다. 이후 아프가니스탄에서는 내전이 격화되면서 3년이 넘는 기간 동안 혼란이 이어졌다. 그렇게 계속된 전쟁의 모든 고통은 아프가니스탄 주민들의 몫이었다.

소련은 자신의 이익을 위해 한 나라를 주무르고, 정권을 교체하고, 그 땅을 전쟁터로 만들고 나서 아무런 책임을 지지 않고 떠났다. 미국 또한 자국의 이익을 위해 아프가니스탄을, 아프가니스탄 주민을 끝도 없는 나락으로 떨어뜨렸다. 아프가니스탄 전쟁은 강대국의 개입이 빚은 참변이었고, 그런 의미에서 또 하나의 제국주의 전쟁이었다고 말할 수 있다.

이러한 상황에서 오로지 성전이라는 이름으로 아프가니스탄으로 몰려온 지하디스트들에게도 전쟁에 대한 회의가 생겨나기 시작했다. 무자헤딘끼리 서로 싸우는 상황에서, 그들이 갖고 있던 종교적 열정은 스러지고 있었다. 마치 자유와 민주주의를 위해 스페인 내전에 달려갔던 청년들이 스페인 공화파의 내분에 고통스러웠던 것과 같았을 것이다.[1] 그동안 아프간 전쟁에 참여했던 아랍의 청년들 그리고 이를 이끌며 신정국가 건설을 내세웠던 이슬람주의의 지도부는 매우 당황스럽고 실망스러울 수밖에 없었다.

무자헤딘의 분열과 알카에다의 탄생

아프가니스탄의 무자헤딘은 크게 보아 두 부류로 볼 수 있었다.

---

[1] 스페인 내전에서 인민전선정부를 지지하는 공화파의 내부는 다양한 그룹으로 구성되어 있었다. 스페인 공산당과 공산당이 주도한 인민전선정부 그리고 무정부주의자, 트로츠키 그룹이 그것이었다. 내전의 과정에서 무정부주의자들과 트로츠키주의자들은 카탈로니아를 중심으로 세력을 형성하면서 "전쟁을 프롤레타리아 혁명으로"라는 구호를 내걸고 전쟁 수행과 함께 독자적 자치행정을 실시해 나갔다. 소련의 지원을 업고 있던 스페인 공산당은 주도권 확보를 위해 이들을 극좌맹동주의로 비판하며 이들에 대한 공격에 나선다. 스페인 공산당은 1937년 5월의 바르셀로나 시가전을 통해 이들을 제압하고 이후 피의 숙청을 진행했다. 스페인 내전에서 공화파의 패배는 바로 이런 내부요인의 영향이 컸다.

하나는 아프가니스탄에서 살고 있던 무슬림들로 이들은 소련과의 전투에 참여한 사람들이었고, 실제 아프가니스탄 전쟁에서 가장 중요한 역할을 한 사람들이었다. 이들은 지하드주의에 입각한 이슬람주의에 영향을 받았지만, 성전을 통한 이슬람 신정체제의 수립이 목표라기보다는 자신들의 땅과 나라를 되찾겠다는 현실적인 목표를 가진 사람들이었다.

반면 아랍지역 혹은 세계 각국에서 몰려온 무슬림들은 지하드나 순교라는 대의를 먼저 생각하는 사람들이었다. 아랍에서 온 무슬림들은 대략 3만 정도로 파악되었는데, 이들 대부분은 주로 지원기지가 있던 파키스탄의 페샤와르를 중심으로 의료봉사, 학교운영, 재정지원 사업에 참여했고 실제 전투 참가자는 10% 안팎이었다. 이렇게 아랍의 무슬림들은 아프간 전쟁의 실전에서는 큰 영향력을 행사하지 못했다. 실제 전투 참가병력은 2,000명을 넘지 못했는데 압둘라 아잠은 이를 "새발의 피"에 지나지 않았다고 회상했다.[2]

아프가니스탄 전쟁이 진행되는 동안 페샤와르에 결집해 있던 아랍 출신의 무자헤딘들은 아프가니스탄 전쟁에 대한 전략, 지하드주의의 방향과 미래에 대한 논의를 진행했다. 때로는 공론장의 토론을 통해 공감과 합의도 만들어졌지만, 때로는 각자의 입장과 신념에 따라 이견이 생기기도 했고 대립의 지점도 만들어졌다.

이렇게 페샤와르에서 형성된 정치지형은 자연스럽게 각자의 입장과 신념에 따라 의견을 달리하는 조직의 형성으로 이어졌

---

2 〈아랍, 오스만제국에서 아랍 혁명까지〉 유진 로건/이은정 역, 까치

다. 소련군의 철수가 결정된 이후 더 많은 지하디스트들이 아프가니스탄으로 왔고, 이에 따라 더 많은 논쟁이 벌어지고 대립의 지점도 점차 분명해지면서 이런저런 그룹들이 하나둘씩 만들어졌다. 글로벌 지하드를 전면에 내세우는 '알카에다'라는 조직은 바로 이런 과정을 통해 탄생하였다.

압둘라 아잠과 아이만 알 자와히리

 이슬람주의에 대한 근본적 가치를 둘러싼 논쟁은 팔레스타인 출신 압둘라 아잠을 한 축으로 하고, 이집트 출신의 아이만 알 자와히리를 다른 축으로 하여 전개되었다. 아잠은 아프가니스탄의 무자헤딘이든 아랍 출신의 무자헤딘이든 구별하지 않고 단결과 통일을 통해 아프가니스탄을 해방하고, 수니파 이슬람 국가를 건설하는 것을 선결과제로 보았다.

아프가니스탄 전쟁 초기는 이런 아잠의 기본방향에 따라 무자헤딘의 활동이 이어졌지만 이러한 노선은 이내 도전을 받게 되었다. 페샤와르로 몰려들기 시작한 아랍의 지하디스트들은 더욱 선명하고 더 확장된 지하드주의를 주장했다. 이들은 아프가니스탄을 세계 지하드를 위한 전진기지로 보았고, 이 전쟁에서 바로 그것을 위한 발판을 마련해야 한다고 여겼다. 그래서 이들은 아프가니스탄에서의 승리가 아니라, 아랍세계 전역에서 이슬람 신정국가를 통한 정권교체 투쟁에 나서야 한다고 주장했다.

후자의 이론을 밀고 나간 것은 이집트 출신 아이만 알 자와히리였다. 사이드 쿠틉의 영향을 강하게 받았던 자와히리는 이집트에서 이슬람 혁명을 추진하다가 사다트 암살에 연루되어 투옥되었고, 풀려난 후 1986년경부터 아프가니스탄 전쟁 지원을 위해 페샤와르에 와서 무자헤딘을 지원하고 조직하는 역할을 하고 있었다.

아이만 알 자와히리는 아랍세계 전여에서 신정국가를 수립해야 한다는 논리를 기반으로 아랍의 무자헤딘 지도자로 등장했고, 그동안 압둘라 아잠과 사제관계로서 그와 입장을 같이 하던 오사마 빈 라덴의 노선 변화를 이끌었다. 이때쯤 이미 아랍의 무자헤딘들에게 가장 큰 영향력을 갖고 있던 빈 라덴과 자와히리의 결합은 이후 이슬람주의가 더욱 급진적인 방향으로 나아가게 하는 중요한 계기가 되었다.

지하드주의의 방향을 놓고 논쟁은 치열하게 전개되었다. 두 개의 지하드주의 노선이 격돌하고 있는 상황에서 1988년 2월 소련군의 철수가 발표되었다. 철수 발표 이후 진행된 1988년의 일련의 논쟁 과정에서 사우디의 지원까지 등에 업은 오사마 빈 라

알카에다 문장과 전사들

덴과 자와히리는 대세를 장악하며 지하디스트 그룹의 주도권을 장악했다. 사우디 정부는 자국 출신이자 자신들과 긴밀한 협력 관계를 맺어 온 빈 라덴이 주도적 위치를 갖게 되면 자신들 또한 아프가니스탄은 물론 전 아랍의 이슬람 세력에게 영향력을 가질 수 있을 것으로 보았다. 그동안 아프가니스탄을 중심으로 형성된 급진적인 이슬람주의의 확산 흐름이 이렇게 오사마 빈 라덴을 중심으로 한 글로벌 지하드주의로 수렴되었다.

알카에다는 이런 과정에서 탄생했다. 알카에다가 정확히 언제 결성식을 했는지는 확실하지 않다. 아마도 지하드주의의 방향을 놓고 벌어진 논쟁의 과정에서 빈 라덴과 자와히리 등이 주도하여 글로벌 지하드주의에 입각한 기본조직을 결성한 것으로 보이는데, 그 시기는 대략 1987년 말에서 1988년 초 정도로 추정된다. 빈 라덴은 이 기본조직을 베이스(Base)라 불렀는데 알카에다라는 명칭은 여기에서 연유했다고 한다. 이 조직은 위에 언급한 바와 같이 1988년 지하드주의를 놓고 벌였던 일련의 회의를 통해 지하드주의의 방향과 전략을 주도해 나갔는데, 알카에다는 바로 이 과정을 통해 조직이 자연스럽게 확장되면서 공식적으로 결성된 것으로 보인다.

친소 정부의 붕괴와 또 다른 내전의 시작

아프가니스탄의 미래를 놓고 벌인 논쟁에서 오사마 빈 라덴을 중심으로 세력이 모였던 것을 보면 무자헤딘의 대정부 투쟁 또한 오사마 빈 라덴을 구심으로 진행되었을 것으로 생각할 수 있지만, 현실은 그렇지 않았다. 왜냐하면, 전쟁의 주력은 앞에서 언급한 것처럼 아프가니스탄에서 소련을 몰아내고 자기 땅을 되찾기 위해 싸웠던 아프가니스탄의 무자헤딘들이었기 때문이다. 물론 이들 또한 이슬람주의의 영향을 받기는 했지만 이들은 근본적으로는 종족 중심의 정권 창출을 목적으로 했던 아프가니스탄의 종족 반군에 속한 무자헤딘들이었다. 아프가니스탄 무슬림들의 목표는 소련 철수 이후 아프가니스탄의 친소 정부를 몰아내는 것 그리고 종족 간의 경쟁에서 승리하는 것, 그 경쟁을 넘어 아프가니스탄의 권력을 잡는 것이었다.

이런 상황 속에서 사실상 국외자이기도 하고 실제 전투 병력은 많지 않았던 아랍의 무자헤딘들, 지하디스트들의 영향력은 내전 시작 후 줄어들었다. 이들이 향후 지하드주의의 방향을 어떻게 설정하든 아프가니스탄 전쟁은 아프가니스탄 무자헤딘을 중심으로 전개될 수밖에 없었다. 이에 오사마 빈 라덴을 비롯한 아프가니스탄 외부에서 온 지하디스트들과 아랍 국가들은 내전의 주체 세력 중 누구를 선택해야 이후 아프가니스탄에서 이슬람 정권을 세우고, 이를 발판으로 자신들의 지하드주의를 확산시킬 수 있을 것인지를 고민하게 되었다.

파키스탄이나 사우디아라비아 그리고 빈 라덴은 헤크마티아르를 선택했다. 이슬람주의에 대해 중도적인 입장을 견지하며 아프가니스탄 주민의 승리를 우선하던 마수드보다는 다수 종족이고 또 지하드주의에 조금 더 가깝다고 생각한 헤크마티르의 파슈툰족 반군에 그들은 호의적이었다.[3] 그러나 내전의 양상이

---

[3] 특히 파키스탄에서 파슈툰족은 인구 비중이 16%에 달하는, 펀자브족에 이은 두 번째 다수 종족이다. 이런 이유로 파키스탄은 늘 아프가니스탄 내에서 파슈툰족을 중심

더욱 심각하게 진행되고 나지불라에 대한 대정부 투쟁보다는 종족 간의 싸움이 점차 격화되면서 지하디스트들의 고민은 깊어졌다. 뚜렷하게 개입할 여지도 없는 데다 그 양상이 점차 심각해지면서 지하디스트들은 분열하게 되었다. 아잠은 무자헤딘의 통일단결을 호소하면서 우선 아프가니스탄에서의 승리를 위해 힘을 모으자고 주장했지만, 종족별로 이미 갈라진 무자헤딘의 통합은 쉽지 않은 일이었다. 이런 상황이 이어지면서 아랍에서 참여한 대부분의 무슬림들은 실망감을 느끼며 아프가니스탄을 떠나기 시작했다.

오사마 빈 라덴을 비롯한 지하디스트 지도부 또한 아프가니스탄이 향후 이슬람 근본주의에 입각한 지하드의 기반이 될 것이라는 희망을 포기했다. 결국 오사마 빈 라덴은 1989년 가을 아프가니스탄을 떠났다. 아잠은 홀로 동분서주하며 무자헤딘의 통일을 설파했지만 역부족이었다. 영향력이 컸던 아잠이 통일과 단결을 주장하자 무자헤딘의 통일보다는 자신을 중심으로 한 권력 창출에 기울어 있던 헤크마티아르 측에 가담했던 무자헤딘들이 동요하기 시작했다. 이에 헤크마티아르는 물론 파키스탄이나 사우디아라비아도 아잠을 골칫거리로 생각하게 되었다. 결국 오사마 빈 라덴을 포함한 모든 지하디스트들이 아프가니스탄을 떠난 이후에도 이런 노력을 계속하던 아잠은 1989년 11월 24일에 폭탄테러로 암살당했다.

암살 사건의 배후와 실체는 지금도 밝혀지지 않았지만, 당시

으로 한 세력에 대해 우호적이었다. 파슈툰족으로 구성된 헤크마티아르 반군이나 탈레반에 대해 파키스탄이 일관된 지지를 보낸 것도 이와 무관하지 않을 것이다.

의 정세로 보아 무자헤딘의 통일단결이 자신들의 정치적 이해에 반한다고 생각한 집단에 의해 저질러졌음을 예상하는 것은 어렵지 않다.[4] 이렇게 아프가니스탄이라는 '성전'의 무대는 이제 탐욕스러운 내전과 서로에 대한 증오가 횡행하는 난장판으로 변하고 있었다. 소련이 철수했으니 힘을 합쳐 자주적인 정부를 세워야 할 상황에서 종족 간의 경쟁, 이슬람주의 노선투쟁을 통한 갈등 등으로 반정부 세력은 엉망이 되어갔다. 전쟁에 지친 주민들의 고통과 시름만 깊어지고 있었고, 인류는 전쟁이 얼마나 잔인한 일인가를 또 한 번 목격할 수 있었다. 그렇게 내전은 이어졌고, 금방 무너질 것 같던 나지불라 정권은 3년 가까이 버틸 수 있었다.

끝없이 이어질 것 같던 내전은 두 가지 변수가 등장하면서 급격하게 변화했다. 하나는 바로 소련의 붕괴였다. 소련은 철군 이후에도 나지불라 정권에 대해 전면적인 지원을 하면서 아프가니스탄을 잃지 않으려고 했고, 그 힘으로 나지불라 정권이 완강한 방어선을 구축할 수 있었다. 그런데 이것이 지속하기 어려운 조건이 되었다. 1991년 12월 26일 소련이 공식적으로 해체된 것이다. 나지불라 정권의 바람막이가 사라지면서 나지불라 정권은 급격하게 무너지기 시작했다.

여기에 또 하나의 변수가 더해졌다. 그동안 마수드 반군에 맞

---

4 압둘라 아잠은 2명의 아들과 함께 금요예배를 위해 페샤와르의 한 사원으로 가던 도중에 자동차에 설치된 폭탄으로 사망했다. 이 사건의 범인에 대해서는 추측이 난무했다. 적대적인 아프간 파벌이나 오사마 빈 라덴 일파, 심지어는 아잠이 팔레스타인 민족해방단체인 하마스의 영적 지도자라고 본 이스라엘이 테러를 저질렀다는 설도 있었다. 끝까지 범인은 확인되지 않았다. 〈아랍, 오스만제국에서 아랍 혁명까지〉 유진 로건/이은정 역, 까치

서며 정부군 편에 있던 유력한 우즈베크족 군벌인 압둘 라시드 도스툼이 마수드와 동맹을 맺고 반군으로 돌아선 것이다.[5] 마수드는 일거에 가장 강력한 세력이 되었고, 이 힘으로 라이벌 헤크마티아르에 앞서 카불을 함락시키고 새로운 정권 창출의 주역이 되었다. 1992년 4월 17일의 일이었다.

그동안 헤크마티아르를 지원했던 파키스탄과 사우디아라비

아흐메드 샤 마수드

아는 비록 그들이 원하던 사람은 아니었지만, 나지불라 사회주의 정부가 붕괴했으니 군벌들을 조정하여 평화협상에 나서고

---

5 오랜 기간 아프가니스탄 정부군의 군인으로 복무했던 우즈베크인 도스툼은 나지불라 정권에서 북부지역에 민병대를 조직하고 무자헤딘에 맞섰다. 그러나 1992년 나지불라 정권에 등을 돌리고 마수드와 연대하여 카불을 점령했다. 이후 아프가니스탄의 신정부에서 국방차관을 역임하는 등의 역할을 하였으나 탈레반 정부가 들어선 이후 다시 마수드와 함께 북부동맹의 중심이 되어 탈레반 정부에 대한 반정부 투쟁을 전개했다. 미국의 개입으로 탈레반 정부가 무너진 후에는 아슈라프 가니 정부의 부통령을 역임하였고 2021년 미군 철수 후에는 우즈베키스탄으로 망명한 상태이다.

연합정부를 구성할 것을 종용했다. 일부는 동의하고 참여했지만 헤크마티아르는 이를 거부하고 내전을 지속해 나갔다.

마수드는 새로 수립된 카불 정부에서 국방장관으로 임명되었고, 새로운 아프가니스탄을 만들기 위해 노력했지만 정부는 여전히 아프가니스탄 전체를 통일하지 못하고 있었다. 친소 나지불라 정권은 무너졌지만, 내전은 또 다른 형태로 계속되었다. 1979년부터 시작된 전쟁이 13년이 지나도 끝이 나지 않고 계속되면서 아프가니스탄은 파괴되었고 주민들의 고통이 이어졌다. 추악한 제국주의의 이권 다툼과 종교적 근본주의가 함께 초래한 비극이었다.

이때까지도 서방은 이슬람주의 급진화의 위험성에 대해 간과하고 있었다. 이미 소련이 이를 경고한 바 있었지만 서방은 친소 나지불라 정권의 붕괴에 대해 주판알을 튕기며 계산을 할 뿐이었다. 그러나 무자헤딘과 3년간의 내전을 치러야 했던 나지불라는 이 과정을 거치며 이슬람 근본주의의 본질과 위험성을 꿰뚫어 보았다. 카불 함락이 코앞에 다가왔을 때 나지불라 대통령이 외신기자들과 나눈 "근본주의가 아프가니스탄을 지배하게 된다면 전쟁은 오랜 세월 동안 계속될 것이고 세계 테러의 중심이 될 것"이라는 말은 미래를 정확히 예견했던 것이었다.

의사 출신이었던 나지불라는 사회주의자로서, 아프가니스탄 사회주의 공화국의 마지막 대통령으로서 아프가니스탄 전쟁이 갖는 의미를 확인했던 것이었다. 그는 여러 차례 망명 권유를 뿌리치고 카불에 남았고, 결국 마수드에 의해 정권이 무너진 뒤에는 연금 상태로 살아가게 된다.

탈레반의 등장

마수드를 포함하는 반군들의 연합정부가 구성되었지만 헤크마티아르는 계속해서 카불 정부를 압박했고, 아프가니스탄의 내전은 이어졌다. 이런 상황에서 새로운 세력인 탈레반이 급부상한다. 탈레반이라고 하는 말은 원래 특별한 조직을 갖춘 집단의 명칭이 아니다. 이슬람 학생 혹은 지식의 추구자라는 뜻의 보통명사인 탈레반이, 그 이름을 쓰는 이들이 집단화되면서 아프가니스탄 무슬림의 군사조직, 정치조직을 일컫는 말로 변화한 것이다.

 탈레반은 이슬람 학교, 즉 마드라사라고 부르는 이슬람 학교에서 배우는 무슬림들을 통칭하는 말이다. 탈레반은 학생이기는 했지만, 자신의 공동체에서는 이슬람의 교리를 가르치고 예배를 이끌었던 하위 성직자의 역할도 담당했다. 아프가니스탄에서 이런 사람들은 각 마을에 광범위하게 퍼져 있었다.

 소련의 아프가니스탄 침공이 있자 이들도 무자헤딘이 되었고, 각 반군에 속해 소련과 전투를 치렀다. 이렇게 아프가니스탄의 전통적인 탈레반들이 아프가니스탄 전쟁을 통해 매우 늘어났다. 이미 언급했던 바와 같이 파키스탄의 이슬람 군사기지로 수많은 아프가니스탄 주민들이 피신했고, 그들은 거기서 마드라사에 들어가 공부하면서 더욱더 급진적인 이슬람주의에 경도되곤 했다. 그들은 이후 아프가니스탄으로 가서 소련과의 전투에 다시 투입되곤 했는데 당연히 이들의 수는 전쟁 전보다 많이 늘어나게 되었다.

그러나 그렇다고 해서 이들이 다른 반군들처럼 개별적인 무장조직을 처음부터 결성한 것은 아니었다. 이들의 상당 부분은 아프가니스탄의 다수 민족인 파슈툰족이었고, 주로 거주하는 곳은 칸다하르 지역이었다. 이곳은 군사쿠데타가 있기 전까지 유지되었던 두라니 왕조의 수도였고, 동쪽 파키스탄에서 중앙아시아로 이어지는 주요 간선도로의 가장 중심적인 요충지였다.

초기 탈레반은 이 칸다하르를 중심으로 자연스럽게 무장하면서 그 지역의 마을들을 지키는 자경대 혹은 민병대 같은 역할을 하고 있었다. 내전 중 곳곳에서 기생하고 있는 이런저런 반군조직들은 길을 가로막고 통행세를 징수하면서 성폭행과 납치, 폭력 등을 범하고 있었고, 이런 반군들의 폭력은 주민들에게 큰 고통이었다. 탈레반은 이런 상황에서 마을의 안녕을 지키고 교역에 의존하는 파슈툰족 상인들을 보호하며 인심을 얻었고, 자연스럽게 소규모의 민병대로 발전하게 되었다.

이런 조직이 어떻게 그 막강한 반군세력 모두를 물리치는 무장세력이 되고, 종국에는 아프가니스탄에서 탈레반 정부를 수립하게 되었을까? 그 배경에는 파키스탄이 있었다.

파키스탄은 1977년 군사쿠데타로 집권한 지아 울 하크 대통령이 1988년 8월 의문의 비행기 폭파 사고로 사망한 후 민정으로 전환되었다. 민정 이후 집권한 것은 지아 울 하크의 쿠데타로 실각했던 줄피카르 부토의 딸 베나지르 부토였다. 부토는 집권 이후 파키스탄이 유럽과 아시아를 잇는 옛 실크로드의 영광을 되찾고, 경제발전의 기틀을 반드시 마련해야 한다는 목표를 세웠다.

그는 그 교역로를 통해 소련에서 독립해 이제 막 자본주의 체

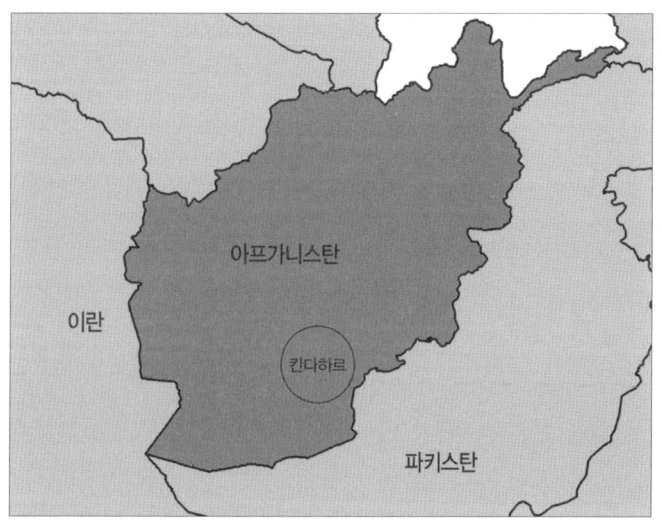
중앙아시아를 잇는 교역로 칸다하르

제로 들어서는 중앙아시아 각 나라의 시장을 개척하고, 또 한편으로는 이란을 비롯한 중동의 석유가 파키스탄을 통해 유통되는 계획을 세웠다. 그러기 위해서는 아프가니스탄의 안정과 중앙아시아로 가는 아프가니스탄의 교역로가 필요했다. 그중에서도 칸다하르의 간선도로를 안정적으로 확보하는 것이 중요한 일이 되었다. 이를 위해서는 바로 그 교역로를 기반으로 하고 있던 탈레반의 도움이 절대적으로 필요했다.

파키스탄은 탈레반에게 그동안 아랍과 서방에서 무자헤딘을 지원하기 위해 들어온 어마어마한 무기가 저장된 군수기지를 통째로 넘겨주었다. 그리고 그들의 힘을 통해 아프가니스탄의 칸다하르 간선도로를 안전하게 확보하게 되었다. 이런 과정을 거쳐 탈레반은 작은 무장조직에서 현대식 무기로 무장한 아프가니스탄에서 가장 강력한 군사조직으로 탈바꿈하게 되었다.

이것이 1994년 10월경의 일이다. 1992년 4월 7일에 나지불라 정부가 무너지고 마수드를 중심으로 한 반군 연합정부가 들어섰으므로, 그로부터 2년 반 정도 지난 때였지만 내전은 여전히 계속되고 있었다. 탈레반의 등장과 함께 지난 2년 반 동안 마수드와 헤크마티아르의 양대 축이 대립했던 내전은, 이제는 3개의 세력이 대립하는 양상으로 그 구도가 바뀌었다.

내전의 승자로 부상하는 탈레반

파키스탄의 지원으로 현대식 무기로 무장한 탈레반은 압도적인 전투력으로 칸다하르부터 주변 지역들을 차례로 점령해 나갔다. 이 과정에서 막강한 전투력에 압도당한 지역의 반군조직들은 앞을 다투어 투항했고, 이 병력은 다시 탈레반의 병력증강으로 이어졌다.

탈레반은 1995년 초에는 아프가니스탄의 3분의 1을 차지하는 강력한 반군조직으로 성장했다. 이제 마수드의 카불 정부와 헤크마티아르 반군에 비해도 전혀 뒤지지 않는, 오히려 이들을 잠재우고 대체할 세력으로 강력하게 부상했던 것이었다.

이런 부상은 단순히 현대식 무기의 힘만으로 이루어진 것은 아니었다. 그동안 헤크마티아르를 지원했던 파키스탄이 이제 탈레반을 그 대안으로 생각하며 본격적인 지원에 나섰고, 이것은 탈레반에게 큰 힘이 되었다. 역시 헤크마티아르를 지원하던 사우디아라비아도 노선을 바꾸었다. 걸프전 때 사우디아라비아에 미군이 주둔한 것을 헤크마티아르가 비난하자, 사우디는 그들에 대한 지원을 끊고 탈레반을 지원했는데, 이것은 이들을 더욱 강력한 집단으로 만들었다. 그러나 더 중요한 요인은, 아프가니스탄 주민들이 탈레반을 자신들의 고통을 끝내줄 대안으로 생각하기 시작했다는 사실이었다.

탈레반은 주민들에게 하나의 신화이자 동경으로 등장하기 시작했다. 이들 조직이 주민들의 어려움을 도우면서 시작된 배경도 있었지만, 오랜 내전에 지친 주민들의 안정에 대한 바람, 탈레반의 지도자였던 물라 모하마드 오마르에 대한 신화[6], 이슬람

---

[6] 매우 빈곤한 무슬림 가정에서 출생한 오마르는 읽고 쓰는 정도밖에 배우지 못했다고 한다. 1차 아프가니스탄 전쟁에서 칸다하르 지역의 작은 군벌이었던 유니스 칼리스 아래에서 부사령관직을 맡으며 대소 전쟁에서 활약했다. 그는 전쟁 후 다시 마을의 마드라사의 선생이자 이슬람 성직자로 복무하면서 탈레반이 하나의 조직으로 결성되던 시기에 지도자로 선출되었다. 그의 이름 앞에 붙은 '물라'는 이슬람 학교의 스승, 혹은

주의에 입각한 무슬림에 대한 각별한 애정, 아프가니스탄 최대 민족인 파슈툰족이라는 대중적 기반 등이 결합하여 탈레반은 일거에 가장 강력한 힘을 갖게 되었다. 그리고 이를 기반으로 탈레반은 이제 카불 정부를 무너뜨리고 새로운 중앙정부를 건설하겠다는 목표를 세우게 되었다.

탈레반은 이렇게 하나하나의 지역을 점령해 나가면서, 주민친화적인 태도를 보이면서도 주민 통제를 이어갔다. 탈레반은 그동안 이런저런 반군들이 범했던 가혹 행위에 지쳐 있던 주민들에게 '이슬람에 입각한 새로운 사회를 건설할 것'이라고 점령지의 주민들을 설득하며 민심을 얻어 갔다. 다른 한편으로는 자신들의 대의를 거부하는 반군조직이나 사람들에 대해서는 아주 가혹한 처벌을 통해 반항의 의사를 완전하게 무력화시키는 방식도 병행했다.

탈레반은 점령지에서 가장 극단적인 근본주의 정책을 밀고 나갔다. 그들은 샤리아에 의한 통치와 사회질서를 전면화했다. 탈레반은 권선징악부라는 엄격한 종교경찰을 제도화했고, 이슬람 교리를 교조적으로 적용하며 주민들을 통제했다. 여성들에게는 학업과 취업이 허용되지 않았고, 집 밖으로 나가는 것은 남성과 동행할 때에만 가능하도록 했다. 남성에게도 턱수염을 강제했고, 서양식 머리 모양을 금지했다.

영화와 음악을 금지했고, 가게나 차 안에서 음반이나 카세트

이슬람 공동체의 지도자의 의미로 쓰이는 말이다. 오마르는 겸손하고 소박한 리더십을 통해 지도자로서의 기반을 구축하면서 점차 신화적인 인물로 채색되었다. 대소련 전쟁 당시 다친 눈을 현장에서 칼로 도려낸 이야기, 꿈에 알라의 계시를 받았다는 이야기, 칸다하르의 성소에 보관되어 있었다는 선지자 무함마드의 외투를 걸치는 퍼모먼스 등을 통해 물라 오마르는 도탄에 빠진 무슬림의 구원자라는 신화적 인물로 등장했다.

가 발견되면 체포되었다. 일체의 서양문물, TV, 비디오, 카드 등은 허용되지 않았다. 아프간의 전통놀이 중의 하나인 연날리기도 금지할 정도였다. 특히 이슬람교가 아닌 모든 종교에 대해서는 모두 우상숭배라고 불허했으며, 이 과정에서 2000년도 넘은 불교 유적이자 인류문화 유산인 바미안의 석불을 파괴했다. 그러면서도 양귀비 등 마약 재배는 허용했는데, 이는 아프간 주민들의 생존수단을 열어주는 것이기도 했지만 또 한편으로는 서방의 이교도들이 소비하는 것이니 상관없다는 것이기도 했다.

워낙 길고 긴 전쟁에 고통스러웠던 주민들은 이런 탈레반의 통치를 평화와 안정을 위한 대가로 받아들였다. 당시 상황에 대해 미국 국무부 보고서는 "탈레반은 통치지역에서 엉성하지만 최소한의 법과 질서를 회복했다. 이는 잔혹한 사법체계였지만, 그럼에도 불구하고 거버넌스였다." 라고 기술하고 있다.[7]

탈레반의 급부상 속에서 3자의 대립 구도는 변화되기 시작했다. 1994년 10월경부터 본격적으로 활동하기 시작한 탈레반은 칸다하르 지역을 시작으로 차츰 세력을 넓히면서, 1996년 4월경 드디어 카불에 대한 전면 공격작전에 들어갔다. 이 직전에 그동안 카불 정부의 연정 제안을 거부하던 헤크마티아르는 연정을 수락하고 국무총리직을 맡았다. 소련 침공부터 시종 기회주의적이고 정치적인 행보를 거듭해 왔던 헤크마티아르의 또 한 번의 변신이었다.

탈레반의 카불 공세가 임박했던 5월 16일 아프가니스탄에서 탈레반 정부의 등장이라는 역사적 사건이 준비되고 있던 그 시

---

[7] 〈유령전쟁 : CIA의 비밀, 아프가니스탄과 빈 라덴, 스티브 콜〉 "이슬람 전사의 탄생, 정의길, 한겨레 출판" 에서 재인용

간에, 역사는 이후 아프가니스탄의 미래를 결정하는 또 하나의 사건을 준비했다. 아프리카의 수단에서 출발한 전세 비행기 한 대가 아프가니스탄에 착륙했는데, 그 비행기에는 탈레반의 초청으로 입국하는 일군의 사람들이 타고 있었다. 바로 오사마 빈 라덴과 그의 가족 그리고 그 추종자들이었다.

드디어 빈 라덴이 돌아왔다. 1989년에 떠났으니 7년 만의 일이다. 도대체 어디서 무엇을 하다가, 어쩌다가 수단에서 아프가니스탄으로 돌아왔을까?

나가는 글

"이성은 개들에게 던져줘라" 탈레반 정부가 종교경찰 청사 앞에 붙여 놓은 구호였다. 탈레반은 서방세계가 강조하는 인간의 이성이 빚어낸 사회가 신의 섭리에 부합하지 않다고 보았다. 이성이야말로 인간을 파괴하는 것이며, 서양의 과학이야말로 신의 섭리를 외면한 야만의 세계를 만드는 것이라고 보았다.

그러나 그들이 만들어 낸 세계는, 개에게나 줘버려야 할 이성이 만들어 냈던 역사와 세계보다 더 참혹한 역사를 쓰게 된다. 이 책임은 과연 누구에게 있는 것일까? 그저 탈레반의 극단적인 행동만을 비난해야 할까? 아니라면 역사에서 우리는 무엇을 확인해야 할까?

4장

**걸프전과 탈레반,
본격화되는 알카에다의 테러**

아랍 민족주의의 실패 뒤에 등장한 이슬람주의의 급진화 그리고 이를 통한 아랍의 단결은 아프가니스탄 전쟁을 통해 확장되었다. 그렇게 무슬림들의 새로운 희망으로 다가왔던, 이슬람의 근본적 가치로 무장했던 이슬람주의는 아프간 내전과 걸프전을 거치며 중동의 정치지형에 엄청난 변화를 일으켰다.

아랍국가끼리의 전쟁, 수니-시아의 종파 분쟁 등의 상황 속에서 이슬람주의는 이 모든 원인이 미국과 서방세계에 있다면서 지하드주의로, 다시 말해 이들을 상대로 한 테러로 달려갔다. 왜 이슬람주의가 본격적인 반미와 글로벌 지하드로 발전해 나가게 되었던 것일까?

걸프전, 급진적인 이슬람주의의 새로운 기회

탈레반이 카불 함락을 압박하고 있던 1996년 5월 16일에, 오사마 빈 라덴이 7년 만에 다시 아프가니스탄으로 돌아왔다. 수단 정부가 내준 전세 비행기를 타고 가족들과 수행원을 대동하고 아프가니스탄으로 활동공간을 옮긴 것이다. 사우디아라비아 사람인 빈 라덴은 그동안 수단에서 무엇을 하고 있었고, 왜 7년 만에 아프가니스탄으로 돌아온 것일까?

이 7년은 이슬람 세계가 격동하는 시기였고,[1] 또 일군의 이슬람주의가 지하드주의라는 이름으로 무장단체를 탄생시켰던 시기였다. 다시 말하면, 이 7년은 알카에다가 본격적으로 활동하기 시작했던 시기였다. 그리고 그 흐름 속에서 빈 라덴 또한 그 동안과는 전혀 다른 새로운 빈 라덴으로 탄생했다.

빈 라덴이 아프가니스탄 내전 상황을 보며, 새로운 고민을 안고 아프가니스탄을 떠난 것은 1989년이었다. 빈 라덴은 원래 아프가니스탄을 지하드의 전진기지로 생각했지만, 내전에 실망하고 사우디로 돌아가서 새로운 대안을 고민했다. 그는 여전히 사우디 왕가, 사우디 정보국과 긴밀한 연결고리를 맺고 있었다. 또, 아프가니스탄에서 얻은 명성을 통해 구축한 글로벌지하드의 중심인물로서의 자신의 새로운 역할을 찾고자 했다. 말하자면 그는 새로운 싸움터를 찾고자 했다.

그는 자신이 만든 알카에다를 확장하여 글로벌 지하드의 연대단체를 만드는 노력을 전개하며 이후 전망을 고민하고 있었다. 그런데 이때 뜻하지 않은 변수에 의해 그동안의 모든 질서가 헝클어져 전혀 다른 정세가 형성되었다. 바로 걸프전의 발발이었다.

걸프전은 이라크가 쿠웨이트를 침공하자 이에 맞서 미국과

---

[1] 팔레스타인 해방운동의 정점을 찍은 1차 인티파다가 1987~1994년까지 진행되어 팔레스타인의 자치를 인정하는 오슬로 협정이 체결되었다. 1990년에는 남-북예멘이 통일되었지만 이후 1994년 내전이 발생했다. 1991년에는 중동 질서를 전면적으로 바꾸어 놓은 걸프전이 발발했고, 1992년에는 부족 간의 권력다툼 때문에 소말리아 내전이 일어났고, 1992~1999년에는 알제리에서 세속주의 정부와 이슬람반군 간의 내전이 일어났다. 이러한 일련의 사건들은 중동, 나아가 이슬람 세계의 질서에 큰 변화를 가져왔다.

다국적 연합군이 이라크와 벌였던 전쟁이다. 걸프전은 아랍세계의 기본질서에 균열을 일으켰다. 이 전쟁은 아프가니스탄 전쟁을 통해 형성되었던 아랍권의 연대를 붕괴시켰고, 이슬람주의의 지하드화 다시 말해 테러조직화 등 큰 변화를 가져오게 되었고, 무엇보다 오사마 빈 라덴의 인생에 결정적인 전환점이 되기도 했다.

걸프전의 원인이 된 이란-이라크 전쟁, 그리고 사담 후세인

걸프전의 가장 큰 원인은 1980년부터 88년까지 벌어졌던 이란-이라크 전쟁이었다. 따지고 보면 이 전쟁이 이후 계속되는 이라크에서의 모든 전쟁의 출발이었다고 할 수 있다. 보통 이란-이라크 전쟁을 1차 전쟁, 걸프전을 2차 전쟁, 그리고 미국의 이라크 침공, 즉 이라크 전쟁을 3차 전쟁, 이후 벌어지는 이라크 내전을 4차 전쟁이라고도 하는데, 무려 40년 가까운 전쟁 혹은 준전시 상태의 시작은 바로 이 전쟁에서 시작되었다. 이렇듯 이란-이라크 전쟁은 이후 중동의 역사에 깊은 영향을 미치게 되었다.

그래서 걸프전을 이야기하려면 1차 전쟁이라 할 이란-이라크 전쟁을 먼저 이야기해야 한다. 1980년에 시작된 이란-이라크 전쟁이 중동 역사에서 가지는 의미는 대단히 크다. 이란-이라크 전쟁의 원인의 한가운데에는 이란 호메이니의 이슬람 혁명이 있었다. 이라크는 이란 혁명이 확산하는 것을 우려했고, 당연히 그것을 차단하겠다는 판단을 하게 되었다. 그것이 아니더라도 이 전쟁이 일어난 데는 두 나라 사이의 오랜 역사적 관계가 자리하고 있다.

이미 이라크의 건국에 관해 언급했었는데, 이라크는 영국이 그냥 자기들 맘대로 선을 그어서 하심 가문의 둘째 아들 파이잘에게 준 나라다. 그런데 선을 마음대로 긋다 보니 역사도 다르고 종교도 다른 종족이 함께 묶일 수밖에 없었다. 남부에는 시아파가, 북부에는 쿠르드족이, 그리고 중부지역에는 수니파가 살고 있었다. 권력을 가진 하심 가문이 수니파였으므로 수니파의 나라가 되었지만 실제로는 남부를 중심으로 한 시아파가 훨씬 다수인 나라였다. 여기에다 북부에는 전혀 이질적인 민족인 쿠르드족이 거주했고, 이들은 자신들의 거주지였던 키르쿠크에서 석유가 발견된 이후 이라크 정부가 강제 이주 등 탄압을 강화하자 쿠르드족 독립국가를 주장하며 반정부 투쟁을 벌이기 일쑤였다. 건국 이후 이라크는 이러한 조건 때문에 늘 정치적 불안정이 이어지고 있었다.

아랍의 다른 나라들과 마찬가지로 이라크에서도 이러한 정치적 사회적 불안은 군사쿠데타를 불러왔다. 1958년 군사쿠데타가 발생했고 왕정이 붕괴했는데, 이후에도 계속 군사쿠데타가 반복되다가 1968년 마흐메드 하산 알 바크르가 군사쿠데타를 일으켜 집권한 이후에는 권력체제가 기틀을 잡게 되었다. 걸프전 하면 떠오르는 인물, 사담 후세인은 이 쿠데타의 이인자로 역사의 무대에 등장하였다.

사담 후세인은 1979년 알 바크르가 병을 이유로 사임하자 대통령이 되었다. 그리고는 중동의 맹주 역할을 하겠다는 야심을

사담 후세인(1937-2006)

갖게 되었다. 후세인은 그동안 중동의 맹주 역할을 하던 나세르-사다트로 이어지던 이집트가 이스라엘과의 평화협정으로 아랍세계에서 신망을 잃고 사다트 대통령도 암살당하고 지리멸렬하자, 이라크를 중동의 중심으로 세우겠다고 결심했다. 그때 사담 후세인의 눈에 들어왔던 나라가 바로 이란이었다.

이란 혁명에서 파생된 혼란스러운 상황을 보면서 그는 여러 가지 정치적 이유로 이란에 대한 전쟁을 선포했다. 그 첫째는 시아파 이란 혁명에 대한 차단이었다. 자국 내의 다수파인 시아파가 준동하는 것을 차단하겠다는 것이었다. 이는 또 사우디아라비아를 비롯한 아랍의 수니파 국가 대부분이 안고 있던 문제였으므로 이를 차단한다면 일거에 수니파 국가들의 맹주로 등장할 수 있을 것이라는 계산도 있었다.

둘째로 원래부터 두 나라는 앙숙이었다. 페르시아인 대 아랍인이라는 인종적 차이도 있을 뿐더러, 둘은 역사적으로도 대립을 거듭해 온 관계였다. 특히 이란과 국경을 두고 흐르는 샤트 알 아람 수로 영유권 분쟁은 양국의 오랜 갈등의 원인이었다.

게다가 이라크 정부의 골칫거리였던 쿠르드족의 반정부 독립투쟁을 이란이 뒤에서 부추기고 지원하고 있었기 때문에 이라크의 반이란 정서는 매우 높은 상황이었다.

샤트 알 아랍 수로 영유권 분쟁

샤트 알 아랍 수로는 이라크 남부에서 유프라테스강과 티그리스강이 합류하여 이란과 이라크의 국경선을 따라 흐르는 강이다. 국경선이 강을 중심으로 정해져 있으므로, 이 강은 누구의 영토인지가 당연히 분쟁거리가 될 수밖에 없었다. 이 강의 최초 영유권은 이라크가 보유했다. 하심 가문의 둘째 아들 파이잘을 세워 이라크를 건국하게 한 영국은 1937년 영토를 획정하면서 힘을 앞세워 이란을 압박하고 강의 동쪽 강변을 국경선으로 정하게 하여 이라크의 영토로 만들어 주었다.

영국이라는 강대국에 밀려 국경선이 그렇게 그어진 것이 이란에는 두고두고 불만스러운 일이었다. 더구나 이 강이 페르시아만으로 나가는 수로였으므로 석유 수송을 위해서도 군사적으로도 이 강은 매우 중요한 전략적 의미를 지녔다. 이란은 당연히 이 문제를 반드시 해결할 필요를 느끼고 있었다. 1937년의 국경조약을 무효화시키는 것은 이란의 국가적 과제였다.

1960년대 들어 이란이 팔라비 2세에 의해 비교적 안정적인 근대화를 거치고 군사력도 강화되고 있었음에 반하여 이라크는 잦은 군사쿠데타로 정정이 불안하고 국력 또한 이란에 뒤처지고 있었다. 이런 상황을 이용하여 1969년 이란의 팔라비 2세는 1937년의 국경조약 무효를 선언하고 일방적으로 이란의 석유 수송선을 샤트 알 아랍 수로에 띄웠다. 이후 양국 간에는 이 수로를 둘러싼 분쟁이 격화되고 군사적 긴장도 높아졌다. 그러나 국방력이 약했던 이라크는 강력한 대응으로 나가지는 못했다.

이라크로서는 협상을 통해 이를 해결할 수밖에 없었다. 이라크는 자국 내 쿠르드족 문제에 개입하며 분쟁을 일으키는 이란에 대하여 쿠르드족 지원 중단을 조건으로 이 강의 공동소유, 즉 강의 가운데를 국경선으로 하자는 타협안을 내놓았다. 이란이 이를 받아들이면서 양국은 알제리의 수도 알제에서 협정을 맺고 분쟁을 마무리했다. 이란으로서는 만족할 만한 협정 체결이었지만 이라크로서는 자신들의 영토를 빼앗긴 꼴이었고 이를 국가적 치욕으로 여겼다.
　이라크의 후세인은 중동의 맹주가 되겠다는 야심을 지녔고, 이란 이슬람 혁명의 차단이라는 목표도 가지고 있었다. 그는 혁명으로 인한 이란의 정정 불안을 보면서 이번 기회에 샤트 알 아람 수로를 되찾겠다고 결심했다. 1980년 9월 17일 후세인은 '1975년 알제 협정 무효와 샤트 알 아랍 수로의 이라크 영토 귀속'을 전격적으로 선언했다. 그 5일 후인 9월 22일 후세인은 이란을 침공했다.

　사담 후세인은 승리를 자신했다. 이란은 혁명 때문에 나라도 혼란스러웠고, 군사력도 훨씬 열세였다. 이미 앞에서 언급한 바와 같이, 호메이니는 혁명 후 정부군의 지도자들을 숙청하면서 군대를 내부 통제를 위한 혁명수비대 중심으로 재편했다. 그러니 국방력이 현저히 떨어질 수밖에 없었다. 게다가 이슬람 혁명을 우려한 사우디아라비아를 비롯한 중동국가의 지원, 미국의 대이라크 무기 판매 허용 등 서방국가의 지원도 있었다.
　그래서 이라크는 개전 초기에는 완전히 이란을 압도하며 승기를 잡았다. 그러나 시간이 흐르며 혁명 정신으로 무장한 이란에 밀리기 시작했고, 그러다가 일진일퇴의 공방전을 벌이는 소강상태가 장기간 이어졌다. 교착상태의 전선은 8년간 이어졌고, 이 마지막 재래식 전쟁은 승자도 패자도 없이 유엔의 중재로 88년 8월 휴전협정을 체결하면서 끝이 났다.

승자도 패자도 없는 전쟁은 양국에 엄청난 후유증을 남겼다. 사망자는 양국을 합해 대략 125만 명이었고, 양국 모두 상당한 경제적 손실도 입게 되었다. 특히 이라크가 심했는데, 이라크는 1590억 달러, 우리 돈으로 170조 정도의 전쟁비용을 치러야만 했다. 이 비용을 대느라 이라크는 아랍 국가들에 막대한 부채를 지게 되었다. 또한 석유 관련 인프라의 파괴도 어마어마했다. 결국 이 전쟁의 후유증이 또 다른 전쟁인 걸프전의 원인이 되었던 것이었다. 이는 1차 대전의 패배로 인한 후유증이 히틀러의 부상과 제2차 세계대전의 한 원인이 되었던 것과 유사했다.

걸프전 이야기로 넘어가기 전에, 이란-이라크 전쟁에서 그냥 넘어갈 수 없는 이야기가 있다. 나중에도 또 비슷한 일이 생기지만, 사실 이란-이라크 전쟁의 최대 피해자는 이라크 내 쿠르드족이었다. 쿠르드족은 이란-이라크 전쟁에서 이란 편을 들면서 이라크의 사담 후세인을 상대로 전쟁을 벌였다.

후세인은 분개할 일이었지만, 쿠르드족을 박해했던 후세인에 대한 쿠르드족의 분노는 당연한 일이었다. 쿠르드족은 이 전쟁을 독립투쟁의 연장으로 보고 이란 편을 들어 이란이 이라크의 북부를 점령하도록 공동작전을 펼치기도 하였다. 그들은 후세인이 패배하면 독립이나 최소한 자치의 기회가 열린다고 보았던 것이다.

이란은 쿠르드족이 거주하는 수많은 나라 중 그나마 자국 내 쿠르드족에 대해 온건한 정책을 갖고 있던 나라였다. 그렇다고 독립을 허용하거나 무한정의 자치를 허용해 주지는 않았다. 이란은 전쟁 전에도 이라크의 쿠르드족을 은밀히 지원하며 쿠르드족의 독립투쟁을 부추겨 왔었기 때문에, 이란-이라크 전쟁에서 쿠르드족과 협력하는 것은 쉬운 일이었다. 이라크로서는 자국민이 다른 나라와 동맹을 맺어 총부리를 들이대는 일이었으니, 쿠르드족에 복수심을 가질 수밖에 없었다.

전쟁이 끝나자 사담 후세인은 쿠르드족에게 잔인하게 보복했다. 대대적인 군사작전을 통해 20만 가까운 쿠르드족이 사망한 참사가 일어났다. 3,300만이나 되는, 나라가 없는 세계 최대의 민족인 쿠르드족은 각국의 소수 민족이 되어 중동에 분쟁이 생길 때마다 이렇게 늘 희생양이 되어야 했다. 제국주의가 저지른 범죄는 현대 아랍의 역사에 이렇게 짙은 그림자를 드리우고 있었다.

걸프전의 발발, 미국의 중동전략 실패의 시작

이라크의 후세인 정권은 이란과의 전쟁으로 막대한 경제적 피해를 입었고, 이로 인한 사회적 혼란으로 권력 기반의 심각한 위기를 겪어야 했다. 그런데 이런 상황에서 사우디와 쿠웨이트는 빚을 갚을 것을 독촉했고 유가는 바닥까지 떨어졌다. 후세인은 주변국에 대한 분노를 삭이지 못했다. 이란-이라크 전쟁은 시아파 이슬람 혁명을 막기 위해 벌인 전쟁이었는데, 정작 그 수혜자인 수니파 사우디 왕정은 빚을 갚으라고 독촉하니 그는 이를 견딜 수 없었다.

게다가 사우디와 쿠웨이트의 석유 증산으로 유가마저 반토막이 되었고, 이라크 경제는 휘청휘청하고 있었다. 바로 옆의 작은 나라, 원래 자신들의 영토였는데 영국이 부당하게 취한 후 독립시켰으니 되찾아야 한다고 생각했던 나라, 쿠웨이트가 희희낙락하며 성장을 구가하는 것도 눈꼴이 시었다. 후세인으로서는 주변국에 대한 분노도 분노였지만, 자국 내의 불안정을 해소할 출구를 찾는 게 필요했다. 그런데 마침 국경을 맞댄 쿠웨이트가 자신들의 유전 루마일라의 석유를 빼가고 있다는 의혹이 생겨났고, 이에 후세인은 손해를 보상하지 않으면 전쟁도 불사하겠다고 발표했다. 울고 싶은데 뺨을 때려 준 격이었다. 좀 심각해 보이기는 했지만, 그렇다고 이것이 실제 전쟁으로까지 갈 것이라고 보는 사람은 별로 없었다.

실제로 이집트 대통령 호스니 무바라크가 이라크와 쿠웨이트의 중재를 서면서 두 나라 간의 석유 분쟁은 해결되는 듯했다. 1990년 7월 31일의 회담에서 쿠웨이트는 이라크가 손해배상으로 100억 달러를 요구하자 90억 달러를 제시했다. 어떻게든 이 사태가 평화적으로 해결될 것이라는 예상이 지배적이었지만, 회담이 끝나고 이틀이 지난 8월 2일 이라크는 쿠웨이트를 전격적으로 침공했다.

전쟁이랄 것도 없었다. 나라의 크기와 군사력이 비교될 수 없었다. 이라크는 이틀만인 8월 4일 쿠웨이트 점령을 완료했고, 쿠웨이트를 열아홉 번째 주로 선포했다. 한마디로 충격적인 일이었다. 후세인은 주변 아랍 국가에 충분한 경고를 했다고 생각하며 득의양양했다. 승패가 없었던 이란-이라크 8년 전쟁으로

이라크, 쿠웨이트 침공

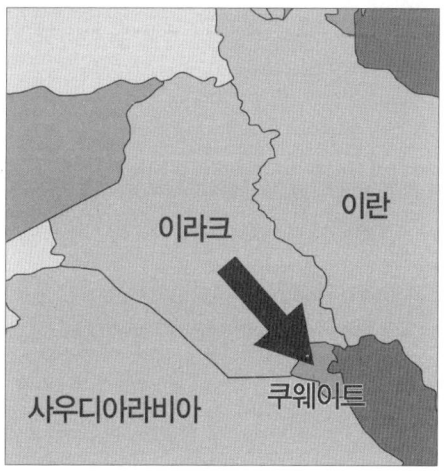

4장_걸프전과 탈레반, 본격화되는 알카에다의 테러

실추된 리더십을 단번의 승리로 만회하는 듯 보였다. 그는 주변 국들의 태도도 달라질 것이라고 여겼다. 그러나 상황은 후세인의 생각대로 돌아가지 않았다.

쿠웨이트와 국경을 접한 사우디의 걱정이 이만저만이 아니었다. 미국의 중동 전략의 핵심고리인 사우디의 걱정은 곧 미국의 걱정이기도 했다. 후세인은 쿠웨이트 점령 후 입만 열면 사우디에 대한 비난을 늘어놓았다. "자격도 없는 것들이 메카와 메디나 같은 성지를 끼고 앉아서, 미국과 놀아나며 아랍 민족의 자긍심에 상처를 주고 무슬림들의 신앙을 짓밟는다."라고 연일 비난을 쏟아냈다. 후세인은 사우디에 대한 공격 의지도 언급하여 사우디를 더욱 긴장으로 몰아넣었다. 실제 후세인은 사우디의 유전지대를 바로 타격할 수 있는 곳에 무기와 병력을 배치하고 나섰다.

쿠웨이트에 이라크군이 무기를 배치한다는 것은 사우디뿐 아니라 서방세계에 엄청난 위협이었다. 이게 보통 문제가 아닌 것이, 만일 이라크가 사우디를 침공하거나 유전지대에 미사일이라도 쏘는 날에는 서방세계는 꼼짝없이 경제위기를 맞을 것이었고, 세계가 대혼란에 빠지는 것은 불을 보듯 분명했다. 사우디와 미국은 하루빨리 이 문제를 해결해야만 했다.

미국은 즉각 유엔 안보리를 소집했고, 사태를 방관하는 것은 세계를 위험에 빠뜨리는 것이라고 전 서방세계에 사발통문을 돌렸다. 사우디 또한 미국의 지원이 절대적인 상황 속에서 미군의 사우디 주둔을 요청하기에 이르렀다. 페르시아만에 미군 54만 명이 파견되었다. 그리고 그중 상당수의 병력이 사우디의 영토 안에 주둔했다. 이슬람 세계의 한복판인 사우디아라비아에 이교도의 군대, 그것도 미국 군대가 주둔한다는 것은 참으로 엄청난 일이었지만, 사우디로서는 진밥 된밥 가릴 상황이 아니었다.

아니나다를까 아랍세계와 무슬림들은 한목소리로 사우디에 비난을 퍼부었다. 무슬림 입장에서 미군의 사우디아라비아 주둔은 있을 수 없는 일이었다. 특히 급진적인 이슬람주의자들은 물 만난 고기처럼 반미투쟁을 부채질했고, 이 일로 인해 이슬람주의는 한 걸음 더 급진화하는 계기가 마련되었다. 그러거나 말거나 전쟁이 코앞인지라 사우디는 우선 급한 불을 끄기 위해 미군과 긴밀한 군사협력체제를 갖추기 시작했다. 기존의 중동 질서는 헝클어졌고 정세가 요동을 치는 격변의 시간이 다가오고 있었다.

이런 상황에서 미국은 사발통문을 수용한 나라들과 다국적 연합군을 구성하여 대이라크 군사작전을 공식적으로 시작한다. 바로 "사막의 폭풍"이라는 이름의 작전이었다. 1991년 1월 17일, 이라크의 쿠웨이트 침공 5개월 후 미군의 미사일 공습으로 전쟁은 시작되었다. 당시 CNN은 TV를 통해 밤하늘을 수놓으며 날아가는 미사일과 화염으로 타오르는 이라크의 모습을 중계했는데 그 포탄 아래 사람들의 고통을 아랑곳하지 않던 그 화면은 전쟁의 비극을 상징적으로 보여준 장면이었다.

미국은 이 공격을 한 달 넘게 지속했고, 지상군 투입 없이 공습으로 이라크를 완전히 파괴했다. 그리고 2월 24일 드디어 지상군을 투입했다. 후세인은 미군 지상군 투입 3일 후 쿠웨이트에서 전면 철수했다. 한마디로 지리멸렬한 후퇴였다. 결국 미군과 다국적 연합군은 이라크까지 밀고 들어가 바그다드 함락을 눈앞에 두었다. 마음만 먹으면 이라크의 정권 붕괴는 시간문제

'사막의 폭풍' 작전 중인 미군

였다.

그런데 여기서 미군은 진격을 멈추고 쿠웨이트의 해방을 선포하고 휴전을 선언했다. 그렇게 전쟁은 끝났다. 전쟁에 패배했지만, 후세인은 정권을 유지하게 되었다. 12년 후인 2003년에 미국은 이라크를 다시 침공한다. 이것이 이라크 3차 전쟁인데 미국은 후세인이 대량살상무기(Weapons of Mass Destruction, WMD)를 갖고 있다는 것을 전쟁의 명분으로 삼았다. 그래서 왜 걸프전 당시에 후세인을 처단하지 않고 골치덩어리를 남겨서 다시 전쟁을 하는 것인가 하는 논란이 일었다. 재미있는 것은 1991년의 대통령은 아버지 부시(George Bush) 대통령이었고, 2003년의 대통령은 아들 부시(George W Bush) 대통령이었다는 사실이다.

걸프전이 끝난 후 이라크는 큰 혼란에 빠지게 되었다. 전쟁에 패배했으니 통치권은 위기에 빠지게 되었고 자연히 이라크 사회의 다른 세력들이 움직였다. 다수파인 남부의 시아파는 정권 타도를 내세우며 봉기했고, 쿠르드족은 이렇게 이라크가 약해졌을 때 독립을 쟁취하겠다고 나섰다. 이들은 싸움을 시작하면서 미국이 도와줄 것이라고 믿었다. 쿠르드족은 걸프전 당시 도와주면 보상하겠다는 미국의 약속을 믿고 싸움을 시작했고, 시아파는 봉기를 일으키면 후세인을 싫어하는 미국이 거들어 줄 것이라고 믿었다.

그러나 후세인은 이들을 가장 야만적으로 진압했다. 그는 시아파나 쿠르드족이 자기들의 국민이 아니라 적이라고 생각했고 화학무기까지 동원하여 이들을 진압했다. 특히 쿠르드족에 대한 복수는 참혹했다. 이 과정에서 미국은 전혀 개입하지 않았다. 대략 20만에 가까운 민간인들이 사망했고, 100만 명의 난민이 발생했다. 후에 UN에 의해 비행금지구역으로 설정되면서 후세인의 공격을 제어하는 조치가 취해지기는 했지만 쿠르드족은 이렇게 또 한 번 이용당하고 버려지고 말았다.

사담 후세인이 잔인한 사람이었음은 모두 알고 있을 것이다. 하지만 미국의 배신 또한 잔인한 행위였다. 그런데 정말 왜 그랬을까? 미국은 왜 후세인을 제거하지 않고 그냥 휴전을 선언했을까?

걸프전이 벌어진 것은 1991년이었다. 세계사적으로 이 시기는 독일이 통일되고 동구권이 이탈하면서 소련이 몰락하기 시작하던 때다. 소비에트 사회주의공화국연방(소련)은 1991년 말에 완전히 해체되었다. 세계는 양극체제에서 일극체제로 바뀌고 있었고 미국의 자신감은 높아만 갔다.

이런 상황에서 미국은 언제라도 마음만 먹으면 이라크 정도는 충분히 제압할 것이라고 믿었다. 그래서 굳이 후세인을 제거할 필요성을 느끼지 않았다. 만약 수니파의 이라크를 붕괴시키면 자연히 시아파 국가가 들어설 수밖에 없는데, 그 경우 골칫거리인 이란과 같은 정부가 세워지는 것이고, 이는 더 바람직하지 않다고 본 것이다. 말하자면 이이제이의 중동전략을 추진한 것이었다.

그러나 이후 중동에서 형성된 정세와 여기에 얽힌 미국의 중동전략은 실패의 연속으로 기록된다. 걸프전에서 후세인을 제거했어야 했는지 문제는 걸프전 그 자체를 통해 변화된 중동질서에 비하면 오히려 부차적인 변수였다. 2003년에 미국이 이라크를 침공하여 후세인을 제거하고 이라크에 새로운 정부를 세웠지만, 그 후 10년도 넘게 이라크에 발목이 잡혀 온갖 곤욕을 치러야 했던 것을 생각해 보면, 걸프전 때 후세인을 제거했다 해도 그 곤욕을 10년 앞당긴 정도에 불과했을 것이다. 그런 의미에서 걸프전은 미국의 승리가 아니라 오히려 미국의 연속된 중동전략 실패의 시작이었을 뿐이다. 걸프전은 그야말로 중동질서의 전면적인 변화를 가져온 사건이었다.

수단으로 간 빈 라덴, 그리고 알카에다

걸프전은 이슬람 세계, 중동의 분쟁에서 열면 안 되는 상자, 판도라 상자를 열었다. 그동안 중동 분쟁의 핵심은 팔레스타인 분쟁을 중심으로 한 '이스라엘과 서방' 대 '아랍권'의 분쟁이었다. 걸프전은 바로 이런 오래된 중동 분쟁의 공식에 종지부를 찍고 새로운 형태의 분쟁을 가져왔다. 아랍국가 사이의 분쟁, 아랍의 독재정권에 대한 민중의 반란, 수니파 대 시아파의 이슬람 내부 분쟁, 아랍국가 내의 소수 민족 대 다수 민족 분쟁, 그리고 이슬람주의 대 세속주의 분쟁이 이제 중동에서 본격화하였다.

걸프전을 위해 사우디에 주둔한 미군의 존재는 전 아랍을 분노하게 했다. 아랍 각국의 사우디아라비아에 대한 비난 성명이 줄을 이었다. 이라크도 문제지만, 그렇다고 이교도의 군대를 사우디에 주둔하게 허용한 것은 이슬람에 대한 모독이라고 이들은 보았다. 당연히 이교도에 대한 성전을 주장하는 이슬람주의의 목소리는 더 커졌다.

무엇보다도, 사우디 사람이었던 빈 라덴의 충격은 너무나 컸다. 그는 그동안 사우디 왕정과 매우 친밀한 관계를 맺으며 이슬람주의를 확장하기 위해 함께 노력해 왔는데, 사우디 왕정이 미군 주둔을 요청하자 그는 격렬하게 반발했다. 이라크의 후세인 세속정권을 타도하기 위해 지하드를 다시 일으켜야 할 상황에서 미군의 힘을 빌려 이슬람 세계를 유린하는 사우디 왕정에 그는 반발했고, 그래서 사우디 왕가에 대한 비난을 멈추지 않았다.

그는 그동안 재정 지원을 통해 지하드의 지도자로 올라섰지만, 걸프전의 과정을 지켜보며 자신의 역할을 새롭게 변화시켜야 할 필요성을 절감했다. 그저 재정 지원을 하고 정치적인 영향력을 갖는 것으로는 글로벌 지하드주의를 주도하는 데 한계가 있을 수밖에 없음을 인식했다. 아울러 그가 이슬람주의의 가장 중요한 가치라고 생각한 글로벌 지하드의 가장 큰 벽은 미국이며 이 거대한 벽을 넘지 않는 한 이슬람 세계는 여전히 제국주의의 먹이가 될 수밖에 없다는 사실 또한 확인했다. 빈 라덴은 미국과 서방을 향한 구체적인 공격, 즉 알카에다를 통한 전면적인 테러 공격을 구상하기 시작했다. 이렇게 걸프전은 그 전과는 전혀 다른 빈 라덴을 탄생시켰다.

사우디 정부는 골치가 아팠다. 아프가니스탄에서 사우디의 대리인으로까지 인정받으며 사우디 왕정과 긴밀한 관계를 맺었던 빈 라덴, 그리고 무엇보다도 아프가니스탄을 통해 이슬람 근본주의에 적지 않은 영향력을 가진 리더로 등장한 빈 라덴이 이제는 가장 골치 아프고 위험한 존재가 되었다. 전쟁이 끝나고 사우디는 더는 빈 라덴을 묵과할 수 없게 되었다.

사우디는 어떻게든 이 문제를 해결해야 했다. 그가 국내에서 활개를 치며 활동하게 두는 것은 정부에 큰 위협이라고 생각한 사우디 정부는 더는 안전을 책임질 수 없다고 말하면서 사우디를 떠날 것을 그에게 요구했다. 그렇게 빈 라덴은 추방인지 아니면 탈출인지 불분명하게 1991년 봄, 걸프전 종전 직후 사우디아라비아를 떠나 수단으로 갔다. 그는 그렇게 영원히 사우디로 돌아가지 못하는 여행을 시작했다.

 1989년 6월, 그러니까 아프가니스탄에서 막 내전이 시작되고 아프가니스탄에서 글로벌 지하드주의 논쟁이 격화되던 시기에 수단에서는 군사쿠데타로 이슬람주의에 입각한 정부가 들어섰다. 빈 라덴이 결국 아프가니스탄을 떠나게 되었을 때 수단 정부는 빈 라덴의 조직과 자금이 신생 이슬람 정부에 큰 힘이 될 것으로 생각하고 수단으로 와서 같이 이슬람주의의 확산을 위해 힘을 합치자는 제안을 했던 것이었다.

 빈 라덴 또한 알카에다라는 조직을 확장하고 아무런 간섭 없이 글로벌 지하드를 펼치기에는 수단이 적당한 장소라는 생각은 갖고 있었다. 사우디를 떠날 수밖에 없게 된 상황이 왔을 때, 그에게 수단만큼 좋은 곳은 없었다. 사우디에서 추방당한 것은 오히려 빈 라덴에게 날개를 달아 준 격이 되었다.

지하드 네트워크의 구성과 전 세계로 퍼져가는 테러

 수단은 빈 라덴이 모든 것을 할 수 있는 조건을 갖춘 땅이었다. 걸프전을 보면서 좌절하고, 그로부터 자신의 새로운 역할을 고민했던 빈 라덴에게 수단은 자신의 새로운 전략을 추진해 갈 수 있는 최적의 땅이었다. 수단에 정착하면서 빈 라덴은 본격적인 활동에 나섰다. 우선 자신의 자금으로 건설회사를 세웠고 수단에 고속도로를 건설했다. 또 자신의 회사를 통해 무기, 폭약, 장비 등을 구매하면서 합법적 공간을 통해 조직을 확장해 나갔다. 또 한편으로는 수단 내에 캠프를 만들어 무장 지하디스트를 양성하는 훈련장을 운영하면서 점점 알카에다를 무장조직으로 키워나갔다. 또 이를 기반으로 전 세계의 이슬람주의 무장단체들과의 네트워크를 광범위하게 구성해 나갔다.

마침내 알카에다는 미국을 상대로 한 최초의 지하드, 테러를 벌이게 되었다. 이것이 바로 1992년 12월에 있었던 예멘의 아덴 호텔 폭탄 테러였다. 무고한 외국인 관광객 2명이 사망하는 정도의 사건이었지만, 어쨌든 알카에다가 본격적 활동을 개시했다는 점에서 기억되어야 할 만한 사건이었다. 물론 당시에는 이것이 누구의 범죄인지 알 수 없었다. 서방세계는 이것이 그저 반미의식으로 무장한 아랍권 테러리스트의 행위라고 생각했다. 아직 알카에다는 알려진 조직이 아닌 비밀조직이었기 때문이다.

이 테러 이후 세계 곳곳에서 미국 혹은 서방을 상대로 한 테러가 터져 나오기 시작했다. 이 테러들은 어떤 것은 아프가니스탄부터 걸프전을 거치며 자연스럽게 형성된 개인 테러리스트들의 행위도 있었고, 알카에다를 비롯한 조직적인 테러도 있었지만, 넓게 보면 그 상당수는 빈 라덴이 주도한 전 세계 지하드 네트워크의 후원과 협조 속에서 일어난 테러였다.

1992년 이후 알카에다 혹은 알카에다의 네트워크에 의한 테러는 1993년 소말리아 내전에서 발생한 미군의 블랙호크 헬기 추락 사건, 1994년 사우디 리야드의 사우디-미국 공동군사시설에 대한 폭탄 테러, 1995년 6월 호스니 무바라크 이집트 대통령 암살미수 사건 등으로 이어졌다. 오사마 빈 라덴은 일련의 테러

오사마 빈 라덴, 알카에다
전 세계를 상대로 한 알카에다의 지하드(테러) 본격화
1992년 12월, 예멘 아덴 호텔 폭탄 테러
1993년 소말리아 내전, 미군 헬기 격추(블랙호크다운)
1993년 미국 월드트레이드센터 폭탄 테러
1994년 사우디 리야드에서 미군시설 차량폭탄 테러
1996년 봄, 미국과 세계의 압력에 수단정부 빈 라덴 추방
빈 라덴, 탈레반과 협의 후 다시 아프가니스탄으로
전 아랍에서 이슬람 근본주의의 지도자로 부상하기 시작

를 저지른 후 수단에서 미국을 상대로 한 공개적인 경고 성명을 발표한다. "미국은 스스로를 위해 사우디를 떠나라"

이렇게 알카에다라는 조직에 의한 테러는 전 세계를 테러의 공포로 몰아넣는 한편 전 세계의 무슬림들, 특히 지하드주의에 영향을 받은 무슬림들에게는 하나의 영감으로 작동하게 되었다. 소위 '외로운 늑대' 형의 테러라고 일컬어지는, 개별 지하디스트들에 의한 자발적인 테러가 세계 곳곳에서 벌어졌다. 92년 알카에다의 테러가 전 세계를 상대로 포문을 연 이후 이런 유형의 테러가 빈발했다.

1993년 1월 25일 아침 미국 버지니아주에 있는 CIA 건물 앞에서 아랍 청년의 총기 난사로 2명의 CIA 직원이 사망하는 사건이 발생했다. 한 달 뒤인 2월 26일에는 뉴욕 맨해튼의 월드트레이드센터 지하 2층 주차장에서 폭탄이 터져 건물에 구멍이 나고, 6명이 사망하고 100여 명이 부상 당하는 사건이 발생했다.

이 두 사건의 범인은 미르 아이말 칸시와 람지 유세프라는 청년이었다. 두 사건 모두 특정한 테러단체의 행위가 아닌 그저 서방세계에 살고 있던 무슬림 청년들에 의해 저질러진 테러였다. 이들은 아프가니스탄 전쟁에서 걸프전까지의 흐름 속에서 생겨났던 지하드주의의 영향을, 그리고 그 와중에 발생했던 알카에다의 테러 등에 영향을 받았던 청년들이었다.

후에 이런 유형의 테러를 '외로운 늑대형 테러'라고 부르게 되었는데 이들의 공통점은 유복한 아랍의 청년, 서방에 유학한 청년이라는 점이었다. 이들은 알카에다를 비롯한 지하드 네트워크에 의해 영향을 받았지만, 반대로 빈 라덴과 알카에다에게 지하드에 대한 또 다른 전략을 구상하도록 만들었다. 특히 미국

한복판의 월드트레이드센터 폭탄 테러는 더욱 강력한 지하드를 생각하던 이들에게 깊은 영향을 주었다. 뉴욕의 한복판에서 벌어진 9.11 테러는 바로 이 테러가 출발이었다.

잇따른 테러에 미국은 경악했다. CIA는 엄청난 정보를 수집하고 확인하면서 이 두 사건의 범인을 파악했지만, 이들을 잡는 데는 상당한 시간이 걸렸다. 유세프는 사건 발생 2년 만에, 칸시는 5년 6개월 만에 검거되었다. 이 사건을 수사하는 과정에서 미국은 아프가니스탄을 철수하며 던졌던 소련의 경고를 새삼 확인하면서 급진화되고 있는 이슬람주의에 대한 위험성을 인식하기 시작했다.

미국은 1992년 이후 일련의 사건들에 확실하지는 않지만 빈 라덴이 관여하고 있다는 것, 빈 라덴이 수단 등지에 테러리스트를 양성하는 훈련캠프를 운영하고 있다는 것, 지하드 네트워크가 형성되어 있다는 것, 그중에 알카에다라는 조직이 있다는 것 등을 확인하게 되있다. 그러나 미국은 이때끼지는 빈 라덴과 알카에다의 확실한 연관성이나, 빈 라덴이 세계 지하드 네트워크의 꼭짓점이었다는 것을 분명하게 파악하지는 못하고 있었다.

탈레반 정부의 수립과 오사마 빈 라덴

미국은 1995년경부터 빈 라덴이 위험한 인물이라는 사실을 확인하고 그를 체포하기 위한 작전에 돌입했다. 1996년 1월, CIA는 빈 라덴 추적 전담부서인 알렉스테이션(Alec Station)을 설치했다. 그러나 이때까지는 그를 그저 위험한 인물 정도로 인식하는 수준이었다. 추적 과정에서 비로소 CIA는 빈 라덴이 테러조직 알카에다의 수장이며 모든 테러의 핵심적인 인물이라는 사실을 확인하게 되는데, 이때는 이미 빈 라덴이 아프가니스탄으로 들어가 은둔하며 지하드를 지휘하던 1997년경이었다. 그만큼 빈 라덴과 알카에다, 그리고 알카에다를 중심으로 한 네트워크는 비밀스럽게 움직였다. 1995년 미국이 빈 라덴 체포 작전에 나서면서 빈 라덴은 신변의 위협을 느끼기 시작했다. 이런 와중에 1995년 6월, 이집트 호스니 무바라크 대통령 암살미수 사건에 연루된 범인들이 빈 라덴의 보호 아래 수단으로 피신했음이 확인되자, 이집트는 수단에 강력하게 항의하며 범인 인도를 요청하였다. 수단이 이를 거부하자 사우디와 미국 등이 나서서 경제제재까지 펴며 압박했다.

버티고 버티던 수단도 악화하는 경제에 결국 손을 들고 말았다. 수단은 빈 라덴을 사우디에 인도하겠다고 했지만 사우디는 정치적 부담을 우려해 그냥 추방할 것을 요청했고, 수단 정부는 빈 라덴에게 정중하게 수단을 떠날 것을 요청했다. 사실 이때 미국은 빈 라덴의 인도를 요청할 수도 있었지만, 당시 미국은 빈 라덴이 세계의 테러를 지휘하는 알카에다의 수장이라는 사실을 확인하지 못하고 있었고 그저 사우디와 수단의 교섭을 지켜보는 수준 이상으로 나아가지는 않았다.

수단 정부가 빈 라덴에게 떠날 것을 통보하자 빈 라덴은 대안을 찾아야 했다. 자신의 성전을 시작한 아프가니스탄은 자연스러운 후보지였다. 아프가니스탄의 무자헤딘 세력과 이제 막 아프가니스탄을 접수할 준비를 끝낸 탈레반에게 빈 라덴은 여전히 영웅이었다. 그렇게 빈 라덴은 89년에 떠나서 1996년에, 7년 만에 다시 수단 정부가 제공한 전세기를 타고 아프가니스탄 땅을 밟았다. 미국은 수단이 빈 라덴을 아프가니스탄으로 보내겠다며 양해를 구했을 때 동의했다. 미국은 빈 라덴이 아프가니스탄이라는 오지에 박히면 안전할 것이라고 판단했던 것이다. 큰 오산이었음이 확인되는 데는 긴 시간이 걸리지 않았다.

떠날 때의 빈 라덴과 돌아온 빈 라덴은 완전히 다른 모습이었다. 탈레반의 지도자 물라 오마르는 빈 라덴을 안으며 환영했지만, 빈 라덴을 받아들인 그때의 결정이 후에 자신들의 운명을 나락으로 떨어뜨리게 할 줄은 전혀 몰랐을 것이다.

그가 돌아왔을 때 아프가니스탄 내전의 승리는 이미 탈레반으로 기울고 있었고, 결국 빈 라덴이 입국한 지 4개월만인 1996년 9월에 탈레반은 수도 카불을 점령하고 새로운 정부를 선언했다. 이미 전세가 기운 것을 확인하고 그동안 카불을 지켰던 마수드 군대는 철수하여 원래 그들의 근거지였던 북부의 판지시르 계곡으로 돌아갔다. 아프가니스탄 전쟁에서 북부동맹이라 불리던 마수드의 군대는 다시 북부동맹 이름으로 탈레반 정부를 상대로 한 내전에 들어가게 되었다.

탈레반 정부가 들어서면서 1989년 소련 철수 이후 진행되었던 내전은 북부동맹과의 산발적인 교전은 있었지만 더는 전면적인 내전이 아니었다. 대규모의 내전은 결국 종료되었다. 표면적으로 이제 지긋지긋한 전쟁은 종료되었지만, 아프간 주민들은 쿠란과 하디스에 근거한 교조적인 이슬람주의의 사회통제로 인해 또 다른 지옥을 맛보게 되었다.

탈레반 정부는 우선 그동안 마수드에 의해 연금되어 있던 나지불라 전 대통령을 찾아내 돌과 나무, 쇠파이프로 참살했다.

사회주의를 내세웠지만 권력욕에 불탔던 정권, 소련이라는 외세에 의존했던 정권은 몰락하고 정말 상상도 하지 못한 탈레반이라는 극단적인 이슬람주의 정권이 탄생한 것이다.

탈레반은 집권하자마자 모든 통치원리를 샤리아(이슬람 율법)에 의한다고 선언했다. 그들이 발표한 일련의 정책들은 이란의 이슬람 신정체제를 넘어선 것이었다.[2] 특히 여성의 사회활동 금지를 극단까지 밀어붙였다. 그들은 카불대학에 재학 중이던 8,000여 명의 여자 대학생들의 학업을 일순간에 중단시켰다. 카불의 여교사들은 모두 학교에서 쫓겨났다. 공무원으로 일하던 수천 명의 여성도 마찬가지였다. 당시 의사의 40%, 공무원의 50%, 교사의 70%가 여성이었다. 이 조치 후 이들과 이들의 가족들은 모두 극빈층으로 전락하고 말았다.

치약 사용을 금지했고,[3] 여성들은 부르카 착용이 의무화되었고, 가족 중 남성이 동행하지 않으면 집 밖으로 나가지도 못했다. 남성들은 의무적으로 수염을 길러야 했다. 모든 서양의 문물은 불태워졌고, 어떤 음악과 영상도 불법이 되었다. 한마디로 기존의 사회경제 체제는 작동이 완전히 중단되었다고 할 수 있다.

여하튼 이 참혹한 통치에도 불구하고 아프가니스탄의 총성은 일단 멎었다. 빈 라덴은 이제야 자신이 그렸던, 그렇게도 바라

---

[2] 최근 집권한 아프가니스탄의 탈레반 정부는 이란 혁명 후에 나타났던 수준의 신정체제를 지향할 것으로 예상된다. 처음 집권했던 시기의 학습효과를 통해 잔인하고 교조적이었던 사회통제를 완화할 것으로는 보인다. 그러나 이란과 같이 선거나 의회제도를 가질지는 미지수이다. 오히려 또 다른 측면에서는 왕정은 아니더라도 사우디의 왕정과 같은 통치체제를 가질지도 모른다. 이슬람 율법(샤리아)의 틀을 어느 정도 수준에서 유지할 것인지에 따라 이후 탈레반 정부와 국제사회의 관계도 결정될 것으로 보인다.
[3] 선지자 무함마드가 천연뿌리를 사용해 이를 닦았으니 무슬림들은 모두 현대식 치약, 서양에서 발명된 치약을 사용하면 안 된다는 이유였다.

던 근본주의적 가치로 무장한 이슬람주의 정권의 보호 아래 글로벌 지하드를 마음껏 펼칠 기회를 얻게 되었다. 미국이 알렉스테이션을 통해 자신에 대한 체포를 서두르겠지만, 탈레반의 보호 아래 있는 한 적어도 자신이 할 수 있는 일을 하는 데 걸림돌은 없다고 생각했다.

미국에 대한 성전을 선포한 빈 라덴

그런데 반면 탈레반은 시간이 갈수록 빈 라덴이 부담스러워지기 시작했다. 죽이 잘 맞았을 것 같지만, 이제 탈레반은 그냥 무장단체가 아니라 정부가 되었기 때문이었다. 정부가 되었다는 것은 외교, 국방, 통상 등 국가를 운영하는 기능을 해야 함을 의미했다.

아프가니스탄 탈레반 정부의 최대 후견은 사우디였다.[4] 파키스탄도 탈레반 정부를 지원하고 있었지만, 탈레반 정부는 빈 라덴을 껄끄러워하는 사우디의 입장을 우선 살필 수밖에 없었다. 사우디 정부는 빈 라덴이 아프가니스탄에 머무르는 것은 개의치 않겠으나 사우디 정부를 비난하지 않도록 해달라고 탈레반에 요청했다. 그러나 빈 라덴은 공개적으로 사우디를 비난했고

---

[4] 사우디아라비아는 소련의 아프가니스탄 침공 당시부터 아프가니스탄 무자헤딘의 가장 든든한 후원자였다. 빈 라덴이 그 매개 역할을 하면서 사우디의 역할과 위상은 더욱 높아졌다. 빈 라덴의 귀국 후에도 그런 역할은 지속되었으나 걸프전에서 헤크마티아르 등 아프가니스탄의 무자헤딘들이 사우디의 미군 주둔을 비난하자 지원을 끊는다. 이 과정에서 사우디 왕정은 아프가니스탄에서의 입지를 위해 탈레반과의 관계를 새로 열게 되고 탈레반은 사우디의 막강한 재정지원을 받으며 사우디 왕정과 긴밀한 협력관계를 맺게 된다.

미국에 대한 성전을 촉구했다. 탈레반 정부는 사우디에 대한 비난 자제, 외신과의 공개적인 기자회견 중단 등을 요청했지만 그는 아랑곳하지 않았다. 빈 라덴은 빈번한 기자회견을 했고 그때마다 무슬림들에게 사우디 왕정을 전복하라고 부추겼다.

빈 라덴은 이런 행동이 탈레반을 곤란하게 할 것이라는 점을 모르지 않았지만, 반미·반사우디를 통해 자신을 세계 지하드의 지도자로 자리매김하겠다는 계산을 분명히 하고 있었다. 점차 탈레반의 지도자 물라 오마르와 빈 라덴 관계가 조금씩 틈이 벌어지기 시작했다. 그렇지만 오마르는 빈 라덴을 내칠 수도 없었다. 명색이 샤리아의 통치, 이슬람주의에 입각한 신정국가를 주장하면서 이슬람 세계의 지도자로 등장한 빈 라덴을 내칠 수는 없었다. 그랬다가는 정권의 존립 근거가 흔들릴 수도 있으니 탈레반은 이러지도 저러지도 못했다. 빈 라덴은 이미 그 정도의 인물이었다.

빈 라덴이 아프가니스탄에 머물게 된 후 비로소 빈 라덴과 알 카에다의 본질을 확인한 미국은 본격적인 체포 작전에 나섰다. 빈 라덴 체포를 위해 무수한 작전이 기획되었지만, 그때마다 여러 가지 사정이 겹치고 빗나가면서 매번 빈 라덴은 위기를 벗어났다.

이런 작전들이 모두 어긋나자 1998년 여름, 미국은 다른 구상을 하게 된다. 미국은 탈레반의 절대적 후견 역할을 하는 사우디아라비아가 탈레반 정부를 압박하여 빈 라덴을 추방하도록 만드는 작전을 구상했다. 물라 오마르 또한 빈 라덴이 통제도 되지 않고, 또 계속해서 탈레반 정부의 입지를 어렵게 하고 있어 골머리를 있던 참에 사우디의 요청에 대해 진지한 고려를 하기 시작했다.

그러나 이런 움직임을 눈치챈 빈 라덴은 이를 역전시킬 필살기를 준비했다. 1998년 8월 7일 오전 10시 30분, 케냐의 수도 나이로비의 미국 대사관 정문으로 폭탄을 적재한 트럭 1대가 돌진했고, 엄청난 폭발이 일어났다. 자살 테러였다. 그리고 9분 뒤 탄자니아의 수도 다르에스살람의 미국 대사관 주차장에서도 폭탄 트럭이 폭발했다. 동시다발적으로 미 대사관이 공격을 받은 것이다. 나이로비에서는 미국인 12명 등 213명이 사망했고 4,000명이 부상했다. 다르에스살람에서는 11명이 사망하고 85명이 부상당했다. 미국을 겨냥한 사상 최대의 테러였다. 이날은 바로 미군의 사우디 주둔 8주년이 되는 날이었다.

미국은 경악했고 분노했다. 즉각적인 행동에 나서야만 했다. 그냥 넘어갈 수 없었다. 미국은 이것이 알카에다의 소행임을 확인했고, 알카에다도 자신들이 한 짓임을 숨기지 않았다. 13일 만인 8월 20일, 빈 라덴과 알카에디의 수뇌부가 있다는 지역에 아라비아해의 전함에서 토마호크 크루즈 미사일을 쏟아부었다. 동시에 알카에다의 대량살상무기, 화학무기가 있다는 수단의 하르툼에도 미사일을 발사했다.

빗나가는 미국의 빈 라덴 체포작전, 아랍세계의 영웅

그러나 빈 라덴은 죽지 않았고, 수단의 공장은 화학무기 공장이 아니었다. 정보가 확실했는지도 의문이었다. 어쨌든 빈 라덴은 그곳에 있지도 않았음이 나중에 확인되었다. 미국의 작전은 실

케냐 나이로비 대사관 테러

패했고, 이 실패는 미국에 큰 타격을 주었다.

　더구나 이 공격은 스캔들과 연루되며 미국 정부를 더욱 곤경으로 몰아넣었다. 왜냐하면, 바로 이때가 클린턴 대통령의 르윈스키 섹스 스캔들로 미국이 들썩거리던 시기였기 때문이다. 대국민 사과를 발표하고 미국 내정이 혼란스러웠던 때에 미사일을 발사한 것이다. 그래서 나중에 이 건은 클린턴 정부가 스캔들의 궁지에서 벗어나기 위해 정치적으로 이용한 것 아니냐는 의혹이 생겼고, 결국 9.11 이후 구성된 9.11 위원회가 이 문제를 다루기도 하였다.[5]

　한편, 이 공격에서 살아남은 빈 라덴은 아랍세계의 영웅이 되었다. "미국놈들, 이교도의 공격에 살아남은" 빈 라덴은 이제는 명실공히 서방에 맞서 싸우는 최고의 전사이자 모든 무슬림의 지도자로서 위상을 공고히 하게 되었다. 아랍권의 아이들은 빈 라덴이 그려진 티셔츠를 입고 다녔고, 빈 라덴의 전기가 아랍권의 서점가를 장식했다.[6]

---

[5] 이를 빗대 헐리우드에서 영화가 만들어졌다. 더스틴 호프만과 로버트 드 니로가 주연한 〈왝 더 독(Wag The Dog, 1997)〉라는 영화인데 대통령의 성추문 사건이 터지자 알바니아와의 가상전쟁을 꾸며내면서 벌어지는 이야기를 담았다. wag the dog는 꼬리가 몸통을 흔든다는 뜻으로 주객전도의 의미쯤 된다고 할 수 있는데 정치적으로는 정권을 위협하는 큰 사건을 덮기 위해 다른 사건을 꾸며 여론을 호도하는 행위를 의미한다.

[6] 오사마 빈 라덴에 대한 추앙이나 긍정적인 평가는 아랍세계에서만 있었던 것은 아니다. 세계의 패권국 미국의 일방주의에 대해 갖고 있던 세계 각국의 오래된 반미감정은 오히려 빈 라덴의 테러행위를 영웅시하는 경향을 보이기도 했다. 9.11 이후 브라질의 한 콘서트 장에서는 청년들이 '오사마'를 연호했고, 그리스에서는 9.11 테러에 대한 찬성 여론이 반대보다 높아 여론조사 결과를 공표하지도 못했다. 아르헨티나 5월 광장의 어머니들은 9.11 테러 추모집회 참석을 거절했고 미국의 사주에 의해 9월 11일에 피노체트의 쿠데타를 겪어야 했던 칠레에서는 시민들이 축배를 드는 장면도 목격되었다. 미국의 일방주의와 패권주의가 이슬람주의 극단화의 또 다른 토양이었음을 확인해 주는 장면이다. 〈근본주의의 충돌〉 타리크 알리/정철수 역, 미토

물라 오마르(1960-2013)

게다가 그동안 틈이 벌어졌던 탈레반 정부의 물라 오마르와 빈 라덴은 이 사건을 계기로 완전히 한몸이 되었다. 물라 오마르는 자신들의 영토에 무지막지하게 미사일을 퍼부은 이 사건을 계기로 미국이라면 치를 떨게 되었고, 이미 이슬람의 영웅이 된 빈 라덴과 운명을 같이 하기로 결심했다.

물라 오마르는 그동안 사우디와 진행했던 빈 라덴 추방 약속을 전면적으로 취소했다. 사우디는 분노했고 카불 주재 사우디 대사를 철수했지만, 탈레반 정부는 아랑곳하지 않았다. 이제 탈레반과 빈 라덴은 하나가 되었고 이후 글로벌 지하드를 위해 운명을 같이 했다. 이러한 일련의 과정을 통해 세계의 지하디스트들은 오사마 빈 라덴에 열광했고, 아랍의 무슬림들은 빈 라덴을 새로운 지도자로 받아들였다.

미국으로서는 빈 라덴을 제거하지 않고는 눈앞의 상황을 타개할 수 없다는 절박감에 사로잡히기 시작했다. 세계 최강의 나라 미국의 체면이 심각하게 손상된 상황도 문제였지만, 그보다 더 중요한 것은 현실적인 위협을 간과할 수 없었던 것이었다. 미국은 미국대로 빈 라덴을 잡으려 하고, 빈 라덴은 빈 라덴대로 위상이 높아졌으니 둘의 대결은 더욱 극단으로 향해 갈 수밖에 없는 상황이 되고 있었다.

미국은 총력을 다해 빈 라덴을 쫓았다. 아프리카의 연속 테러 이전에 진행했던 작전들보다 더 과감한 작전을 구상했다. 할 수 있는 모든 첩보를 수집하여 빈 라덴을 쫓았고 이에 따라 온갖 작전을 펼쳐보았지만, 실패만을 거듭하게 되었다.

빈 라덴도 천지를 진동시킬 대미 성전을 기획했지만, 말이 쉽지 참으로 어려운 일이었다. 온갖 계획을 세웠다 지우기를 반복하던 빈 라덴은 1999년 9-10월경에 항공기를 납치하여 펜타곤과 월드트레이드 센터를 공격하는 테러를 시행하기로 결정한다. 그로부터 2년이 지난 후 이 테러 계획은 현실화된다.

나가는 글

이슬람주의, 서방의 도덕적 타락과 야만적인 제국주의에 맞서 무슬림의 단결과 아랍 민족의 내일을 위해 원래의 이슬람으로 돌아가자던 그 순수한 바람은 어디로 간 것일까? 끝없이 유린당하는 아랍의 현실 앞에서 그 결의는 무너진 것일까? 아니면 종교적 근본주의가 종국적으로 다다를 수밖에 없는 자기모순과 파괴의 필연적인 귀결이었을까? 이 물음은 참으로 심각한 것이며 많은 성찰을 요구한다.

5장
9.11 테러와 이라크 전쟁

이제 막 출근해서 한 잔의 커피를 들고 내일을 생각하며 오늘을 시작하는 사람들, 방금 손을 흔들며 떠나온 집의 아이를 생각하며 웃음을 짓던 사람들이 한순간에 모든 것을 뒤로하고 삶의 나머지를 송두리째 놓아야 했다. 9.11 테러는 바로 그런 것이었다.

또 전쟁이 일어났다. 명분도 없었다. 대량살상무기 개발의 흔적은 어느 곳에도 없었다. 전쟁을 피하려고 무릎을 꿇고 사정하는 사람들을 향하여 날아간, 전쟁을 반대하는 전 세계 모든 이들의 간절한 외침을 뒤로하고 날아간 미사일은 같은 모양으로 또 다른 사람들의 삶을 여지없이 파괴했다. 이라크 전쟁은 바로 그런 것이었다.

알카에다의 9.11 테러와 미국과 영국이 주도했던 이라크 전쟁은 전혀 달라 보이지만, 인류의 평화를 위협하며 세계를 공포의 복판으로 몰아넣은 야만의 폭력이었다는 면에서 같은 것이었다.

KSM과 빈 라덴의 만남과 9.11 테러의 기획

알카에다의 9.11 테러는 1993년 2월에 있었던 미국 월드트레이드센터 테러와 연결된 사건이었다. 외로운 늑대형 테러였던 월드트레이드센터 테러는 미국 심장부를 목표로 행한 테러라는 점에서, 그리고 범인인 람지 유세프가 9.11 테러의 기획자였던 칼리드 세이크 모하메드의 조카라는 점에서, 9.11 테러의 원형이 되는 셈이다.

칼리드 세이크 모하메드는 파키스탄 출신으로, 미국 유학 중에 소련의 아프가니스탄 침공을 보면서 지하드주의를 받아들이고 이내 아프가니스탄 전쟁으로 달려갔다. 아프가니스탄 전쟁이 내전 상태가 된 후인 1992년에는 무슬림을 지원하기 위해 아프가니스탄을 떠나 보스니아 내전에 참전했다.[1] 두 차례의 전쟁을 통해 이슬람 근본주의로 더욱 무장하게 된 그는 지하드를 위해 자신을 던지기로 결단했다.

그는 자신이 뒤를 돌보아 주던 조카 유세프가 월드트레이드센터 테러를 성공시키는 것을 보면서 깊은 영감을 받고 더 큰 테러를 기획하게 되었다. 그는 미국의 체포망을 피해 자신에게 몸을 의탁한 유세프와 함께 아시아에서 미국으로 가는 미국 국적의 항공기를 납치하여 공중폭파 시키는 테러를 기획했는데, 1차 대상으로 삼았던 것이 홍콩과 서울에서 출발하는 항공기를 납

---

[1] 유고연방으로부터 슬로베니아와 크로아티아가 탈퇴하여 독립한 후 이어 보스니아-헤르체고비나 공화국도 독립을 선언하자 이를 둘러싸고 1992년부터 1995년까지 벌어진 내전이다. 보스니아는 이슬람을 믿는 보스니아계(48%), 정교회-세르비아계(37%), 가톨릭-크로아티아계인(14%)로 구성되어 종교와 민족적인 차이가 뚜렷이 분리되어 있었는데 보스니아계와 크로아티아계가 연대하여 독립을 선언하자 유고연방의 주축을 이루고 있던 세르비아 공화국과 보스니아 내 세르비아계가 이에 대해 강력하게 반발하며 내전이 일어났다. 내전은 인류역사상 최악의 종교-민족분쟁이라 일컬어질 정도로 잔인한 인종청소가 이루어졌는데 특히 군사력으로 우세했던 세르비아계의 무슬림에 대한 학살이 극심하였다. 이 과정에서 아랍세계의 무슬림들이 이교도로부터 보스니아의 무슬림을 구한다는 명분으로 이 내전에 참전하였다. 나토와 미국의 개입으로 1995년 내전이 종료되었지만 여전히 1국 2체제라는 불안한 정치체제가 유지되고 있다.

치하는 계획이었다.[2]

　모하메드는 본격적인 테러에 앞서 필리핀의 마닐라발 항공기의 좌석 밑에 작은 폭발물을 설치하는 테러를 시험했다. 1994년 12월 11일에 발생한 마닐라발 도쿄행 필리핀 항공 공중 테러가 바로 그것이었다. 의자 밑에 부착한 폭발물을 터트린 이 테러는 성공했다. 비행 중인 항공기 안에서 폭발물을 터트린 이 사건은 애초부터 시험용이어서 그 피해가 크지는 않았지만, 전 세계에 충격을 주기에는 충분했다. 이 실험을 통해 모하메드는 항공기 테러에 대한 자신감을 가질 수 있었다.

　미국은 이 항공기 테러에 대해 비상하게 반응할 수밖에 없었다. 이 테러가 확장될 경우 그 피해는 감당할 수 없는 일이었기 때문이다. 미 수사당국은 집요한 추적 끝에 테러범이 이미 월드트레이드센터 테러에서 꼬리를 잡았던 유세프임을 확인했고, 그 배후에 칼리드 세이크 모하메드가 있다는 것도 알게 되었다. 이후 미국은 그의 이름 머리글자를 따서 그를 KSM으로 불렀다.

　유세프는 미 수사당국의 광범위한 추적 끝에 항공기 폭발 사건 두 달 후에 체포되었다. 그는 월드트레이드센터 폭파 죄로 240년, 필리핀 항공기 폭파 테러로 종신형을 선고받고, 지금 콜로라도 감옥에서 복역 중이다. 그러나 칼리드 세이크 모하메드는 추적을 피했다.

　테러리스트 칼리드 세이크 모하메드는 CIA의 추적을 피해 전 세계를 유랑하면서 외로운 늑대로 살다가 1996년 여름 아프가니스탄에 이제 막 둥지를 튼 오사마 빈 라덴을 찾아갔다. 이 만남

---

[2] 서울발 항공기 납치계획은 실제로 여러 차례 기획되었다고 한다. 이것은 모하메드와 유세프가 체포되어 심문받을 때 확인된 사실이다.

은 세계사의 비극을 잉태하게 되었다. 이는 급진화된 이슬람주의 무장투쟁과 테러의 큰 분기점이 되었고, 이후 세계를 격동시킨 사건들의 출발이었다. 한마디로 현대사의 지형을 바꾼 만남이었다.

지하드를 통해 알라의 뜻을 받들겠다는 종교적 신념으로 무장한 두 사람이 만났고 그들은 당연히 의기투합했다. 그들의 의기투합은 3년 후인 1999년, 함부르크 유학 중이던 아랍 청년 4명이 토라보라를 찾으면서 현실적인 모습을 갖추게 되었다.

1999년에 구체적인 9·11 테러 계획이 수립되기 전에도 빈 라덴과 KSM은 3년 동안 숱한 테러를 기획했다. 그들은 여러 가지 시뮬레이션을 통해 가능성을 검토했지만 구체적인 실행에까지 이르지는 못하고 있었다.

빈 라덴과 KSM은 그동안 기획했던 여러 가지 테러 계획을 검토하여 마침내 항공기를 납치하여 펜타곤과 월드트레이드센터에 충돌시켜 폭파하는 방안을 최종적으로 결정했다.

계획은 세웠지만 시행은 차일피일 미루어지고 있었다. 테러에 필요한 항공기 조종기술, 미국 내 활동을 위한 영어 구사 능력 등 기본적인 조건을 충족하는 것은 만만치 않은 문제였다. 그런데 1999년 11월에 지하드를 위해 목숨을 바치겠다는 결의에 찬 청년들이 토라보라에 나타났다. 그들은 네 명의 함부르크 유학생인 모하메드 아타, 람지 빈 알 시브, 마르완 알 셰히, 지아드 자라였다. 이들은 모두 아랍의 유복한 가정에서 태어나 독일에 유학한 학생들로, 아프가니스탄 내전과 연이어 발생하는 서방 세계에 대한 테러를 보면서 지하드를 위해 자신을 바치기로 한 사람들이었다.

이들의 방문 이후 테러 계획은 급물살을 탔고 그들은 실행 준비에 들어갔다. 유학생이라는 신분과 영어 능력은 미국 입국과 현지 활동이라는 문제를 해소해 주었고, 남은 것은 항공기 조종 기술 문제였다. 알카에다는 이 4명의 청년에게 지침을 내렸다. 알 시브는 독일로 돌아가 전체 계획을 총괄하게 했고 3명은 미국으로 입국하여 미국의 비행학교에 등록하도록 했다. 기존의 알카에다 요원 중 미국 입국이 가능한 19명을 선발하여 미국에 입국하는 준비도 마쳤다. 19명 중 13명이 사우디 국적을 가진 사람이었다. 그렇게 2001년 9월 11일에 벌어질 테러 계획은 기본적 준비가 완료되었다.

아마드 샤 마수드의 죽음

9.11 테러를 준비하면서 빈 라덴은 또 하나의 테러를 실행했는데, 이는 9.11 테러 이틀 전인 9월 9일에 발생한 폭탄테러였다. 그날 아프가니스탄에서 탈레반에 맞서 싸우고 있던 북부 판지시르 계곡의 북부동맹 본부에 자신들을 TV 기자라고 밝힌 2명의 벨기에 사람들이 찾아왔다. 북부동맹 지도자인 아마드 샤 마수드와 인터뷰를 요청한 것이다. 마수드와의 인터뷰가 막 시작되면서 카메라가 켜지는 순간, 카메라에 장착된 폭탄이 터졌다. 이 자살폭탄 테러로 마수드는 사망했다.

소련군에 맞서 싸우며 소련군이 가장 무서워했다는, 그래서 '판지시르의 사자'로 불렸던 마수드는 이렇게 생을 마쳤다. 타지크족 출신으로 독실한 무슬림이었지만 이슬람의 이름으로 저질러지는 폭력과 테러에 비판적이었고, 아프가니스탄 민중의 삶을 위해 헌신한 민족주의자였으며, 탈레반 정부에 대항하며 마지막까지 새로운 아프가니스탄을 꿈꾸었던 마수드는 이런 비열한 테러로 세상을 떠났다

이 테러는 9.11 결행을 앞두고 빈 라덴이 탈레반의 물라 오마르에게 준 선물이었다. 탈레반의 정통성을 부정하며 계속해서 저항하여 탈레반에게 적지 않은 골칫거리가 되었던 마수드를 제거한 것은 여러 변수를 치밀하게 고려한 빈 라덴의 작품이었다. 이것은 말하자면 빈 라덴이 물라 오마르에게 미리 전해 준 뇌물이었다. 테러 이후 미국의 보복은 필연적일 것이고, 이 보복에서 탈레반의 보호를 계속 받기 위해서는 탈레반 측에 무언가를 주는 것이 필요했던 것이었다.

마수드의 사망은 북부동맹에 큰 타격이었다. 아프가니스탄 민중의 존경을 받았던 마수드의 죽음은 아프가니스탄 민중들에게 충격과 슬픔을 가져다주었다. 권력을 탐하기보다는 소련에 맞서 아프가니스탄 민중의 자주와 독립을 위해 싸웠던 그는 한때 소련을 물리치고 새 정권 창출의 산파를 담당했고 분열된 무자헤딘 그룹을 묶어내기 위해 노력했다.

2000년에 그는 자신이 점령하고 있던 판지시르를 중심으로 한 지역에서 아프가니스탄 여성기본권 선언문에 서명했고 여성의 노동권과 교육을 보장했으며 부르카의 의무적 착용을 없애기도 했다.

그랬기에 나중에 탈레반 정부가 무너지고 새로운 정부가 들어섰을 때, 아프가니스탄 대통령이 된 하미드 카르자이는 그에게 '국민 영웅'의 칭호를 부여했다. 한때 그가 죽은 9월 9일은

아프가니스탄에서 '마수드의 날'이라는 공휴일로 지정되기도 했다. 길고 긴 전쟁에서 그는 결국 승자가 되지 못했지만 아프가니스탄의 역사는 그를 패자로 기록하지 않을 것이다. 2021년에 탈레반 정부가 다시 들어선 이후에 마수드의 아들인 아흐마드 마수드 주니어는 아프가니스탄 국민저항전선의 지도자로 다시 판지시르 계곡에서 저항을 이어가고 있다.

그날, 2001년 9월 11일

2001년 9월 11일 오전 8시 46분 40초에 항공기 한 대가 뉴욕의 월드트레이드센터 북쪽 빌딩에 충돌했다. 이어 20여 분 뒤 또 한 대의 항공기가 이번에는 센터의 남쪽 빌딩에 충돌했다. 이 사건은 당시 플로리다의 유치원을 방문 중이던 부시 대통령에게 즉시 보고되었다. 충격이 가시기도 전인 9시 37분에 또 한 대의 항공기가 버지니아주 알링턴에 있는 미 국방부 본부인 펜타곤의 서쪽 면에 충돌하였다. 이렇게 9.11 테러는 벌어졌고, 이 테러는 이후 세상의 온갖 전쟁과 테러의 원인이 되었다.

원래 계획된 테러는 4대의 비행기를 충돌시키는 것이었는데, 나머지 한 대의 비행기는 충돌하지 않았다. 마지막 비행기는 승객들의 저항으로 목표한 곳과 충돌하지는 않았지만, 결국 추락하여 탑승자 모두 사망하고 말았다.[3] 참혹한 하루였다. 이 사고

---

[3] 이 비행기는 유나이티드 항공(UA) 93편이었다. 테러 당일 최종 목표는 확인되지 못했으나, 나중에 9/11 위원회가 남긴 보고서는 주범인 모하메드 아타가 람지 빈 알 시브에게 백악관을 최우선 목표로 하고 국회의사당은 그다음 순위라는 말을 했다고 밝히고 있다. 당시 조종실을 장악한 테러범들이 비행기를 워싱턴 D.C. 방향으로 향하게 했던

9.11 테러

것이 이를 입증한다.

로 총 2,996명이 사망하고 6,000명 이상이 부상당했다. 유사 이래 이런 테러는 없었다.

미국 정부는 충격에 빠졌다. 부시 대통령은 테러 당일 플로리다의 한 초등학교 방문 도중에 이 소식을 듣고 곧장 워싱턴으로 향했으나, 안전에 대한 우려로 2개의 공군기지를 거치며 거의 하루 동안을 공중에 있다가 저녁 6시 54분에 워싱턴에 들어갈 수 있었다. 세계의 모든 정보를 손바닥 들여다보듯 한다는 미국 정보당국이 이 테러 계획을 전혀 눈치채지 못하고 속수무책으로 당했다는 것은 이해하기 어려운 일이다. 미국인들은 미국의 안보에 대해 우려를 표명했고, 정부의 능력에 대해 의구심을 가졌다. 미국 정부는 이 사건의 분명한 진상을 규명해야 하는 과제를 안았다. 곧 9.11 테러 관련 위원회가 구성되었고 조사가 이루어졌다. 조사 결과 미국의 정보당국은 지하디스트들의 입국 사실은 확인했지만 엄청난 테러계획은 파악하지 못하고 있었던 것으로 확인되었다. 미 정보당국간의 과도한 경쟁도 적지 않은 문제로 드러났다.

이런 기본적인 사건 조사와는 별도로, 미국이 가지고 있던 기본적인 안보관이 문제였다고 보는 시각도 있다. 이미 그 이전부터 세계적으로 알카에다가 활동하며 곳곳에서 테러를 일으켰음에도 불구하고 미국의 대응 태세가 안이했던 것은, 이슬람 근본주의와 지하드가 품고 있는 파괴력과 중동의 지형 변화 등을 제대로 읽지 못한 부시 정부의 안보관 때문이라는 비판이 있었다.[4]

---

4 미국의 언론인 피커 버겐의 주장이다. 당시 안보 라인은 딕 체니 부통령, 도널드 럼즈펠드 국방 장관, 콘돌리자 라이스 국가안보 보좌관 등으로 구성되어 있었고, 이들은 과거 냉전 시대, 즉 미국과 소련이라는, 국가와 국가 사이의 대결 구도에 익숙한 안보관을 가진 사람들이어서 이슬람 근본주의와 지하드에 대해 경계심이 낮았고, 초강대국

미국, 테러와의 전쟁 선포

9.11 테러 이후 미국 정부는 망연자실했고 미국민들의 감정은 충격과 공포 그 자체였다. 시간이 흐르면서 미국은 전 국가적인 대책과 함께 충격과 분노에 사로잡힌 국민이 받아들일 수 있는 행동을 취해야만 했다. '복수', '철저한 응징' 과 같은 주장이 미디어를 중심으로 등장했고, 미국 정부는 즉각적인 대책 수립에 들어갔다. 부시 대통령은 테러 당일 밤에 대국민 특별연설을 했다.

"우리는 이런 행위를 저지른 테러리스트들과 그들을 숨겨주는 이들을 구별하지 않을 것이다."

미 당국은 9.11 테러 당일 밤에 이 연설을 할 때까지는 이 테러가 알카에다에 의해 이루어졌다는 확실한 정보를 갖고 있지는 않았다. 이후 연일 이어진 대책회의와 수사를 통해 이 테러 사건을 일으킨 자들의 신원이 밝혀졌고, 미국 정부는 그 배후가 알카에다와 빈 라덴이라는 것을 확인하게 되었다.[5] 그들은 이후 9.11 테러에 대한 대응의 기본방향을 결정했다.

대응책의 기본적인 방향은 9.11 테러 당일 밤에 부시가 발표

미국이 알카에다와 같은 테러단체를 주적으로 삼는 것이 익숙하지 않았다고 그는 주장했다. 〈가장 긴 전쟁, Peter Bergen〉, 〈이슬람 전사의 탄생〉, 정의길, 한겨레 출판에서 재인용

[5] 빈 라덴은 2001년 10월, 9.11 테러를 알카에다가 일으켰음을 공식적으로 확인한다. 이어 미국이 공격을 개시한 10월 7일, 알 자지라 방송을 통해 공식적으로 입장을 발표한다. "미국이 맛본 것은 우리가 수십 년 동안 맛본 것에 비하면 아무 것도 아니다. 우리 아랍인은 이러한 굴욕과 경멸을 80년도 넘게 겪어왔다." 〈아랍, 오스만제국에서 아랍 혁명까지〉 유진 로건/이은정 역, 까치

한 대국민 특별연설에 함축되어 있었다. 이 말은 이 테러를 일으킨 알카에다는 물론이고 알카에다를 숨겨주고 있는 탈레반 정권, 나아가 알카에다와 조금이라도 연관을 맺은 것으로 파악되는 정권과 국가에 대해 가차 없이 응징할 것임을 천명한 것이었다. 실제로 이후 미국의 대응은 이 발언의 연장선에서 이루어졌다.

이 연설은 미래에 미국에 테러를 가하거나 어떤 형태로든 위험이 될 만한 가능성이 있다면, 사전에 응징하겠다는 것으로 그 내용이 확장되었다. 한마디로 미국에 위협이 되는 모든 것에 대한 전쟁, 모든 테러와의 전쟁을 선포한 것이었다. 9월 20일의 상·하원 합동회의에서, 부시는 이를 다시 확인했다.

"알카에다를 보호하는 탈레반은 신속히 행동하라. 테러리스트들을 인도하지 않으면, 그들과 운명을 같이 하게 될 것이다. (중략) 테러와의 전쟁은 알카에다로 끝나지 않을 것이다. 지구상의 모든 테러단체가 패퇴할 때까지 끝나지 않을 것이다. (중략). 이는 문명의 전쟁이다. 모든 나라가 동참할 것을 요구한다."

이제 미국이 알카에다에 대한 전면 공격을 감행하는 것은 시간문제였다. 또, 알카에다의 사실상 후견인 역할을 하고 있던 탈레반 정부를 공격하는 것도 당연한 수순이었다. 문제는 미국이 이러한 기본대책을 어떤 명분을 가지고 현실화시킬 것이며, 어떻게 여론을 주도하며 세계의 경찰 역할을 할 것인지였다. 전쟁은 필연이었고, "언제, 누구를, 어떻게"만이 남은 문제였다.

그 전에 해결할 문제는 의회의 전쟁승인 문제였다. 통상적으로 대통령의 전쟁개시명령은 대통령이 구체적인 대상과 시기, 방식을 명기하여 의회에 요청하고 의회가 이를 승인해야 하는 것이었지만 부시는 조건 없는 포괄적이고 광범위한 전쟁 승인을 요청했다. 이는 종래의 전쟁승인과 관련해서는 전례가 없는 일이었다. 그럼에도 불구하고 이에 대해 의회는 상하원을 통틀어 단 한 명, 캘리포니아 출신 하원의원 바바라 리만이 반대했을 뿐 이를 승인해 주었다. 행정부의 권한에 대해 의회의 통제가 확실했던 미국의 정치관행으로는 너무나 예외적인 일이었다.[6]

이런 배경 속에서 미국이 아프가니스탄 탈레반 정부를 침공하는 3차 아프가니스탄 전쟁이 시작되었다. 그리고 이 전쟁은 미군이 철수하는 2021년 8월까지 20년간 이어졌다.

미국의 고민은 여기서 그치지 않았다. 9.11 테러를 일으킨 알카에다와 이를 보호하고 있는 탈레반 정부를 공격하는 것은 미국으로서는 너무나 당연한 일이었다. 그러나 미국은 여기에서 그치지 않았고, 부시가 천명한 바와 같이 미래에 미국에 위협이 될 수 있는 지구상의 모든 테러집단에 대한 사전응징 조치가 필요하다는 생각 또한 가졌다. 미국은 9.11을 매개로 하여 미국 최악의 골칫거리를 제거할 계획을 모색했는데, 이는 바로 이라크에 대한 공격이었다.

---

[6] 바바라 리는 이러한 군사력 승인에 대해 격렬히 반대했다. 헌법을 무시하는 일이며 미국의 민주주의를 해치는 일이라며 반대했다. 이후 그는 6만 통의 메일과 문자를 받았고 그 대부분의 내용은 살해협박이었다. 그는 의회연설에서 다음과 같은 연설을 했다. "나라 전체가 깊은 슬픔에 잠겨 있습니다. 누군가는 한 발 물러나 보자고, 멈춰보자고, 우리의 행동이 초래할 결과에 대해 생각해 보자고 말할 때입니다." 〈터닝 포인트 9.11〉 Netflix

대통령 부시도, 국방 장관 럼스펠드도, 마음만 먹으면 쉽게 무찌를 수 있는 알카에다나 언제라도 전복시킬 수 있는 탈레반 정부보다 늘 중동의 골칫거리가 되었던 이라크를 제거하기를 원했고, 그래서 이를 위한 작전을 준비한다. 9.11은 미국이 어떤 조치라도 취할 수 있는 조건을 마련해 주었던 것이었다. 세계 여론도 미국 편이었으니 지금이야말로 정말로 미국의 힘을 보여주고 차제에 중동의 질서를 재편하겠다는 마음을 먹은 것이다.

미국은 한편으로는 탈레반 정부에게 빈 라덴과 그 측근들을 미국에 넘겨주고 즉시 알카에다 캠프를 폐쇄할 것을 요구했고, 이를 수용하지 않는다면 모든 수단을 동원하여 알카에다는 물론 이를 보호하는 탈레반 정부를 응징하겠다고 천명했다. 동시에 내부적으로는 알카에다와 이라크 정부의 연관성, 그들이 대량살상무기를 지원했을 가능성 등을 조사했다. 또 장래에 이라크가 미국을 위협할 것이라는 근거가 있는지 그 구실을 열심히 찾으면서 이라크를 침공할 작전계획도 함께 추진했다.

부시와 럼스펠드 등을 중심으로 형성되었던 워싱턴의 네오콘은, 9.11 테러 이후의 상황을 어떻게라도 이라크를 끝장낼 기회로 삼으려고 했다. 그런데 별 뾰족한 게 나오지 않았다. 아무리 미국이 분노했다지만 세계에 설명할 무언가는 있어야 했는데 알카에다와 이라크의 연결고리는 드러나지 않았다. 그러자 미국 정부 내부에서도 9.11 테러를 이라크 응징으로 연결하는 것은 무리수 아니냐는 의견들이 나오기 시작했고, 결국 이라크 침공 계획은 일단 유보되었다. 그렇지만 완전히 그 계획을 포기했다기보다는 일단 알카에다와 탈레반을 공격하고 난 후에 다시 검토하겠다는 생각을 네오콘은 가지고 있었다.

네오콘

글자 그대로 번역하면 신보수주의(Neo Conservative)가 되겠으나 그 의미는 매우 복잡하다. 네오콘은 1930년대의 유대계 반스탈린주의 좌파 그룹을 뿌리로 하고 있다. 1960년대 학생운동 내부에서 일정한 세력을 갖고 있었던 트로츠키파가 전향하면서 민주당 내 리버럴 그룹으로 출발했다.

이들은 국내적으로는 사회복지, 인권, 노동권 존중 등의 진보적 가치를, 대외적으로는 베트남 전쟁 지지, 대소련 강경책 등을 기본이념으로 갖고 있었다. 이들은 자신들이 지향하는 국내적인 가치 즉 자유민주주의가 곧 미국적 가치이며, 이러한 가치에 반하는 공산권을 포함한 다른 세계에 대해서는 과감하게 공격해야 한다는 생각을 가졌다.

이런 강경한 미국 우월주의가 민주당의 기본정책 기조와 충돌하곤 했고, 카터 행정부의 유약한 외교정책이 이어지는 과정에서 마침 '강한 미국'을 표방하는 로널드 레이건의 공화당 정부가 들어서자 이들은 모두 공화당으로 넘어갔다. 이들은 이후 공화당을 끌고 가는 핵심이 되었고 곧 네오콘이라는 이름을 얻게 된다.

이들이 날개를 달게 된 계기는 1991년 소련을 포함한 공산권의 붕괴였다. 이들은 냉전체제의 종식과 함께 찾아온 미국 중심의 세계 일극 체계에서, 미국의 가치를 세계에 전파하는 것을 가장 중요한 대외정책의 기조로 밀고 나갔다. 네오콘은 현실과 타협하며 조화를 찾는 전통적인 보수주의와도 맥을 달리하며, 극단의 이상주의적 보수주의로 그 이념을 정립해 나갔다. 그들의 이념은 신보수주의라는 개념과도 달랐고, 그래서 네오콘은 이념과 집단을 동시에 지칭하는 하나의 고유명사가 되었다.

이러한 그들의 이념은 국제사회에서 미국 일방주의로 나타났다. 그들은 냉전 종식 후 공산주의와 자본주의라는 이데올로기 대결에서 승리했다고 확신하면서, 정치 사회 문화 종교 등 모든 국제사회의 영역에서 미국적 가치를 강요하는 일방주의로 나아갔다. 이 이념은 종교적으로는 기독교 근본주의로 그리고 이와 불가분의 관계를 맺는 유대계 보수주의로 나아가 극단적인 친 이스라엘주의로 이어졌다.

아들 부시 대통령 시절은 네오콘들의 전성기로 평가된다. 미국은 이 시기에 일방적인 이스라엘 편들기, 명분 없는 이라크 전쟁, UN에 대한 무시 등 그야말로 미국 일방주의의 극치를 보여주었다. 부시 행정부의 딕 체니 부통령, 도널드 럼즈펠드 국방장관, 존 볼턴 UN 대사 등이 네오콘의 대표적인 인물로 꼽히지만, 오히려 이들을 끌고 간 네오콘의 핵심은 폴 월포위츠 국방차관과 리처드 펄 국방정책위원장 등 민주당의 리버럴 그룹 출신들이었다.

지금까지의 서술을 통해 2003년 미국이 이라크를 침공하게 된 결정적인 배경은 바로 9.11 테러였음을 확인할 수 있었다. 세계사를 뒤흔든 전쟁들이, 그 속내를 들여다보면 어처구니없게도 강대국의 관료 몇몇이 책상머리에 앉아 자신들의 이익을 위해 제멋대로 재단한 것이었다는 사례는 참으로 많다. 지금도 강대국의 어느 책상머리에서 이런 논의가 진행되고 있을지 모를 일이다.

탈레반 정권 붕괴, 빈 라덴 체포 실패

빈 라덴과 측근들을 미국에 넘기고 알카에다 캠프를 폐쇄하라는 미국의 요구를 탈레반은 거부했다. 몇 차례에 걸쳐 미국의 정보당국이 파키스탄을 연결고리로 삼아 협상을 진행했지만, 탈레반은 결국 거부했다. 탈레반 정부는, 알카에다가 9.11 테러를 일으킨 집단이라면 아프가니스탄 법정에 세워 응분의 심판을 받게 하겠다는 주장을 펼치며 미국의 요구에 대응했다.

미국은 한편으로는 탈레반 정부와 협상을 진행하면서 내부적으로는 작전계획 수립은 물론 실행을 위한 사전준비를 진행해 나갔다. 소련의 실패를 범하지 않기 위해, 대규모의 지상군 투입보다는 공습을 중심으로 작전을 계획했다. 미국은 탈레반이라면 이를 갈고 있던, 지도자 마수드를 잃은 북부동맹과 연대했다. 북부동맹 병력을 지상군의 주력으로 삼고 미국은 재정과 무기 지원을 중심으로 하는 준비를 만반으로 갖추었다. 실제로 나중에 아프가니스탄 전쟁에 미국이 파견한 지상군 병력은 500명 정도에 불과했다. 미국은 자기들 기준으로는 최선의 시나리오를 준비하고 있었다.

9.11 테러 이후 1개월 정도가 지난 10월 7일, 미국은 공습을 시작했다. '항구적 자유' 라는 이름의 작전이었다. 전쟁이랄 것도 없었다. 공습이 시작된 지 한 달 정도가 지난 11월 13일에 미군과 북부동맹군은 카불을 점령했다. 탈레반 정부가 물러난 후 북부동맹을 비롯한 아프가니스탄 내 반 탈레반 연대세력들은 미국과 소통하면서 하미드 카르자이를 지도자로 하는 새로운 정부 수립을 준비했다.

반면 탈레반 정부는 자신들의 원래 근거지였던 칸다하르로 정부를 옮기고 항전체제에 들어섰지만 역부족이었다. 결국 미군의 공습을 지원받으며 북부동맹을 앞세운 지상군은 칸다하르 코앞까지 진격했고, 탈레반 정부는 결국 12월 7일 공식적으로 항복을 선언했다. 미군의 공습으로 시작된 전쟁은 이렇게 두 달 만에 막을 내렸고 탈레반 정부는 무너졌다.

1996년에 탈레반은 오사마 빈 라덴을 불러들였는데, 탈레반은 당시에는 그 일이 자신들의 정부를 몰락시킬 결정타가 될 것이라고는 생각하지 못했을 것이다. 오사마 빈 라덴을 포옹하며 그를 환영했던 물라 오마르는 자신들이 승리자가 되었던 아프가니스탄 땅에서, 바로 그 한 사람 때문에 참혹한 종말을 맞보게 되었다. 몇 번이나 그를 떨쳐낼 기회가 있었지만, 탈레반은 끝까지 빈 라덴을 버리지 못했다.

탈레반 정부의 붕괴는 전쟁이 시작되면서 이미 예상했던 일이었다. 문제는 빈 라덴이었다. 전쟁 이후 아프가니스탄 내정을 안정시키는 것보다 미국에 중요한 것은 테러를 저지른 알카에다를 섬멸하고 빈 라덴을 체포하는 것이었다. 그래서 미국은 탈레반 정부를 붕괴시킨 뒤의 아프가니스탄에 대한 구체적인 대안을 갖고 있지 않았다. 새로 세운 아프가니스탄 정부가 친미적인 역할을 할 것을 기대하는 정도였다. 미국의 1차 목표는 빈 라덴을 잡는 일이었다. 이를 완결짓지 못하는 한 9.11 테러에 대한 국민적 분노에 응답했다고 할 수는 없었기 때문이었다.

그러나 미국은 전쟁에서 승리했지만 빈 라덴을 잡는 데는 실패했다. 칸다하르까지 빼앗긴 탈레반 정부는 붕괴했지만, 알카에다와 탈레반 잔류 병력은 수천 개의 토굴이 즐비한 토라보라지역으로 집결하여 항전을 준비했다. 미국은 빈 라덴이 거기에 있을 것이라고 믿고 상상 이상의 포탄을 퍼부었지만, 빈 라덴은 아프가니스탄 탈출에 성공했다. 잔류 알카에다 병력 역시 여기 저기 토굴 깊숙이 들어가거나 파키스탄으로 탈출했다. 알카에다의 섬멸도, 빈 라덴의 체포도 실패한 전쟁이었다.

탈레반 정부의 지도자 물라 오마르도 칸다하르에서의 마지막 전투 이후 탈출했다. 이후 물라 오마르는 은둔하며 미군이 세운 친미 아프가니스탄 정부에 맞서는 탈레반을 지휘하고 있었지만, 그가 죽을 때까지 미국은 그의 소재를 파악하지 못했다. 미국이 1,000만 달러의 현상금을 걸기도 했지만 칸다하르 이후의 행적이 정확히 확인된 바는 없었다. 2015년 7월에 탈레반은 물라 오마르가 지병으로 사망했음을 공식적으로 확인했다.

이로써 탈레반과 알카에다는 아프가니스탄에서 근거지를 잃게 되었고, 뿔뿔이 흩어진 채 아프가니스탄 접경의 파키스탄 영토에서 명맥을 유지하게 되었다. 한편 미군은 카불에 입성하여 정권을 인수하고 아프가니스탄 임시정부를 세웠다.

미군이 카불을 함락하고 입성했을 때, 주민들은 성조기를 흔들며 환호했다. 탈레반의 끔찍한 통치를 벗어난 것에 대한 아프가니스탄 사람들의 해방감 때문이었을 것이다. 1979년 소련 침공 이후 22년 만에 평화가 찾아왔다. 아프가니스탄은 2001년부터 2004년까지 미군의 통제하에 임시정부 체제를 유지하다가 2004년 10월 선거로 하미드 카르자이를 대통령으로 선출하고 새로운 정부를 정식으로 수립하였다. 그러나 평화의 순간은 잠시였다. 임시정부 하에서도 탈레반과 알카에다의 간헐적인 전투는 계속되었다. 그렇게 미군의 아프가니스탄 침공 이후 다시

20년 동안, 2021년 미군이 철수할 때까지 아프가니스탄의 포연은 가라앉지 않고 이어졌다.

미국은 결과적으로 빈 라덴과 물라 오마르 둘 다 놓치고 말았다. 미국으로서도 더는 전쟁을 지속할 명분도 구체적인 전쟁터도 없었다. 미국이 세계 유일의 초강국임을 알리는 위력시위는 했지만, 전쟁의 원래 목적은 여전히 미해결 상태로 남게 되었다. 미국은 무언가 추가적인 조치가 필요하다고 생각했다. 비록 세력이 약해지기는 했지만 탈레반과 알카에다가 여전히 움직이고 있었고, 중동의 골칫거리인 이라크가 존재하고 있는 상황에서 미국은 애초에 고민했던 과제를 실행에 옮길 것을 결정했다. 바로 이라크 침공이었다. 그러나 고민을 해결하고자 벌인 이 전쟁은 미국의 돌이킬 수 없는 실패가 되었다.

미국, 다음은 이라크

2003년 3월에 시작된 미국의 이라크 침공은 이라크의 핵사찰에 대한 비협조와 대량살상무기 은닉 때문에 일어난 전쟁으로 알려져 있다. 대량살상무기는 훗날 미국에 큰 위협이 될 것이기 때문에, 테러에 대한 예방 차원에서 미래의 위협을 제거하기 위한 불가피한 전쟁이라는 명분을 미국은 내세웠다.

그러나 이것은 9.11 테러를 통해 미국이 원천적으로 해결하고자 했던 문제, 즉 이라크의 사담 후세인을 제거하고 중동질서를 재편하겠다는 목표를 감추는 구실에 불과했다. 중동지역 전체에 미국의 지배력을 강화하여 중동질서를 재편하겠다는 것이 전쟁의 진짜 이유였다. 물론 미국은 이라크 외의 다른 나라들에서도 친미 정권이 도미노처럼 생겨날 것이라는 판단도 하고 있었다.

사실 이라크가 알카에다와 연계되었다는 어떤 증거도 없었고, 9.11 테러에 관여한 바도 없다는 것을 미국도 알고 있었다. 미국은 오로지 자국의 이익을 위해 한 나라를 무너뜨릴 계획을 세우고, 그 나라 국민을 처참한 고통으로 밀어넣을 수밖에 없는 전쟁을 계획한 것이다. 냉전시대를 마감하고 축배를 든 미국의 오만이었다.

그런데 왜 미국은 유난히 이라크에 집착한 것일까? 이라크는 미국의 대 중동 지배에 유일한 걸림돌이었다. 미국의 최대 맹방 이스라엘에게도 중동의 주적은 이라크였다. 네오콘들의 가치관으로 이라크는 미국적 가치를 위해서나 이스라엘을 위해서나 제거해야 할 최우선의 적이었다.

게다가 걸프전 이후 이라크는 계속 핵 개발에 대한 욕심을 거두지 않고 있었다. 이라크는 원자력 개발이라는 미명 하에 핵무기를 개발하는 것이 아닌지 의심할 만한 행동을 계속했다. 걸프전 이후 후세인이 핵무기 개발 계획을 갖고 있었던 것은 분명하다. 이라크 입장에서는 걸프전의 참패를 만회하기 위해서는 자위를 위한 핵개발이 불가피하다고 생각할 수밖에 없었다. 반면 미국으로서는 이에 대한 극도의 경계심을 가질 수밖에 없었다.

더구나 걸프전 이후 후세인이 쿠르드족과 시아파에 대한 공격을 강화하자, 미국은 UN 결의를 통해 이라크 대부분의 영공을 비행금지구역으로 설정했다. 미국으로서는 쿠르드족의 안전을 책임져야 하는 외교적 책임을 다해야 했는데 매번 후세인은 미국을 곤란하게 만들기 일쑤였다. 미국은 이라크를 손봐야 한다는 생각을 계속 갖고 있었다.

　한 나라를 손보겠다는 것은 참으로 교만한 일이지만 소련 붕괴 이후 일극체제의 정점이었던 미국은 그렇게 오만했다. 미국은 이라크에 대한 전면 압박을 전개하기 시작했다. 먼저 유엔 안보리 결의안을 통해 핵사찰을 결정하고, 유엔 차원의 사찰을 압박했다. 계속 뻣뻣하게 버티던 이라크는 미국의 전면공세에 주춤했다. 결국 이라크는 처음에는 거부하다가 이를 수용했고, 유엔의 핵사찰에 대해서도 어느 정도는 협조적인 태도를 보였다. 미국은 이를 통해 이라크를 통제하는 기회로 삼겠다는 심산이었다.

　이라크가 핵사찰을 받아들여 유엔의 핵사찰이 이루어졌지만, 유엔 핵사찰단은 이라크의 핵 개발 징후를 발견하지 못했다. 그러나 미국은 이라크가 핵사찰의 원만한 진행을 방해하고 있으며 틀림없이 핵을 숨겨 놓고 있을 것이라는 의혹을 끊임없이 제기했다. 결과적으로 핵 사찰단에 참가했던 유엔 측 시찰단원들은 충분하게 사찰했지만 이라크에는 핵이 없다는 사실을 유엔에 보고했다.

　핵 관련 물증이 나오지 않자 미국은 후세인이 집권당인 바트당 당사 안에 핵무기를 숨겨 놓았을 것이라며, 남의 나라 집권당 당사까지 수색해야 한다고 주장하며 이라크를 밀어붙였다. 오만한 행위였지만 힘에 밀린 이라크는 결국 이것도 수용했다.

　이때 미국 정부는 클린턴 정부였다. 공화당에 비해 상대적으로 온건하다고 평가되는 민주당 정부였지만, 이라크의 핵 문제에 대해서만큼은 태도가 다르지 않았다. 외교정책에서 민주당은 평화 지향적이고 공화당은 강경한 군사정책을 쓰는 것으로 오해하곤 하는데 사실을 들여다보면 그렇지 않은 경우가 많았다.

2020년 미국 대통령 선거에서 트럼프가 재선에 성공했으면 미국이 더 보수화되어 전쟁이 일어날 가능성도 커질 것이라는 주장이 있었다. 바이든이 당선되었지만, 미국이 더 합리적이거나 평화 지향적이지도 않다. 어느 편이 당선되어도 실제로 별 차이가 없었다는 것이 미국의 역사에서 확인되는 일이다.[7] 민주당이든 공화당이든 미국의 '국익'을 위해서는 똑같이 행동했다는 것을 역사는 보여주고 있다.

이라크 정부는 받아들이기 어려운 제안이었지만, 그들은 바트당 내부에 대한 핵사찰을 원칙적으로 수용했고 그 세부적인 사찰방식에 관한 논의를 요청했다. 그러나 미국은 이 제안을 거부했다. 미국의 목적은 바트당에 대한 핵사찰 자체가 아니라 이라크의 후세인 정권에 대한 압박과 이를 통한 중동에서의 이라크 영향력 축소였기 때문이었다. 미국은 이라크가 사찰을 거부했다면서 사찰단을 철수시켰다. 이렇게 걸프전 이후 1998년까지 미국과 이라크는 핵 개발 문제를 둘러싸고 대립과 긴장을 유지하고 있었다.

핵 사찰단 철수 이후 미국은 여론전을 통해 전 세계적으로 반이라크 정서를 부풀린 후 1998년 12월 16일에 대량살상무기를

---

[7] 현대 역사에서 미국이 벌인 전쟁 중 상당한 부분은 민주당 정권에서 일어났다. 쿠바 카스트로 정권 전복을 위해 피그만 침공을 방조한 것은 진보의 대명사 민주당 케네디 대통령이었고, 1964년 통킹만 사건을 조작하여 베트남전을 일으킨 것은 민주당의 린든 B 존슨 대통령이었다. 1990년대 나토와 함께 유고를 공습하는 등 발칸반도와 아이티 군사 개입을 인도주의적 개입이라며 정당화했던 것도 민주당 클린턴 대통령이었다. 오바마 정부 시절이던 2014년에는 본격적인 내전으로 발전한 예멘 내전에 사우디아라비아를 지원하며 개입했다. 그 외에도 자신의 뒷마당으로 생각한 남미에 대한 군사적 정치적 개입을 주도한 것은 미국 민주당 행정부들이었다.

파괴한다는 명분으로 영국과 함께 이라크의 주요 군사시설에 대한 공습을 퍼부었다. 이른바 '사막의 여우' 작전이었다. 이 공습으로 이라크의 군사력은 현저히 약해졌다.

미국의 대이라크 압박은 여기서 그치지 않았다. '사막의 여우' 작전 이전에 미국 의회는 '이라크 해방법'이라는 이름의 기상천외한 법을 통과시켰다. 이라크 정권교체를 법에 명시하고, 이를 추진하는 단체에 9,700만 달러의 자금을 지원한다는 내용이었다. 다른 나라의 정권교체를 국내법에 규정하는 어처구니없는 법이었지만 하원 360대 38, 상원 만장일치로 이 법은 통과되었다. 클린턴 대통령은 이 법에 즉각 서명했다.[8] 민주당이나 공화당이나 거기서 거기라는 것은 여기에서도 확인된다. 이 법의 통과가 그 자체로 이라크에 맞선 전쟁의 결의는 아니었지만, 미국이 이라크를 얼마나 껄끄럽게 여기고 골칫거리로 생각했는지 알 수 있는 사례이다.

이라크 침공을 위한 명분 쌓기

이런 길고 긴 긴장이 이어지는 가운데 미국은, 어떤 명분으로 이라크를 공격할 것인가, 어떻게 후세인 정권을 제거할 것인가에 골몰하고 있었다. 바로 이런 순간에 2001년 9.11 테러가 발생한 것이다. 미국은 이때가 그동안 중동 지배의 최대 걸림돌이었던 이라크 후세인 정부를 제거할 절호의 기회라고 보았다.

---

8 〈이슬람 전사의 탄생〉, 정의길, 한겨레 출판

흔히들 미국을 세계의 경찰국가라고 하지만 이는 자국의 이익을 전제로 할 때만 허용되는 말이다. 알카에다와의 연루도 9.11 테러와의 연루도 없었지만, 미국은 어떻게든 이라크 침공의 구실을 만들고자 했다. 9.11로 너무나 큰 슬픔을 당한 나라임을 강조하며 이라크에 대한 공격 명분을 계속 쌓아가던 부시는, 탈레반의 항복을 받아 낸 직후인 2002년 1월 연두교서 연설에서 소위 예방전쟁 독트린을 발표했다.

"나는 위험이 쌓일 때까지 기다리지 않을 것이다. 나는 위험이 더욱 가까이 접근할 때 좌시하지 않을 것이다. 미국은 세계에서 가장 위험한 정권들이 세계에서 가장 파괴적인 무기를 가지고 우리를 위협하는 것을 허락하지 않을 것이다."

이 연두교서에서 부시는 위험이 쌓일 때까지 기다리지 않겠다면서 그 대표적인 위험을 '악의 축'이라는 이름으로 지정했다. 바로 이라크, 이란, 북한이었다. 핵심은 이라크였고, 이란과 북한은 끼워 넣은 들러리였다.

이후 미국 정부는 교묘한 언론 플레이를 통해 이라크의 위험성을 과장했다. 무엇보다도, 이라크와 알카에다와의 연계설을 끝없이 부풀려 나갔다. 이런 언론과 권력의 공조 속에서 미국 정부는 이라크 침공 준비를 진행했다. 먼저 이라크 북부 쿠르드족과 협상을 통해 그들의 참전 약속을 받아냈다.

9.11 1주기를 앞두고 미국 정부는 이라크와의 전쟁이 불가피하다는 점을 최대한 부각시켜 나갔다. 부시 대통령과 체니 부통령은 번갈아 가며 이라크가 악의 축임을 강조하며 후세인의 제

거가 국제사회의 이익이라는 둥, 이라크의 핵폭탄은 미국이 표적이 될 것이라는 둥의 말로 2002년 내내 반이라크 정서를 부추기며 전쟁의 정당성을 쌓아가고 있었다. 민주당 또한 여론의 눈치를 살피며 편승했다. 이제 미국의 이라크 침공은 구체적인 현실이 되어가고 있었다.

그러나 이런 미국의 명분 쌓기에도 불구하고 세계 여론은 호의적이지 않았다. 핵 사찰단도 공식적으로 대량살상무기의 존재를 부정했고, 또 세계인들이 아무리 미국의 슬픔을 이해한다고 하더라도 알카에다나 9.11 테러와 연루된 증거가 없는 속에서 미국의 일방적인 침공 예고는 국제적인 비판의 대상이 될 수밖에 없었다. 나중에 '부시의 푸들'이라는 별명을 얻게 되는 영국의 토니 블레어 총리를 제외하고,[9] 전 세계의 거의 모든 나라 특히 러시아, 독일, 중국, 캐나다, 프랑스 등이 우려를 표명하며 전쟁 반대를 분명히 밝혔다.

하지만 미 의회는 2002년 10월에 상하 양원 합동회의에서 부시 대통령에게 군사력 사용승인 결의안을 통과시켜 주었다. 미국의 전쟁 선포권은 대통령이 아니라 의회가 갖고 있으며, 제왕적 대통령제라는 미국에서도 의회의 대통령 견제 역할은 적지 않다. 그런데 이런 의회의 권한을 자발적으로 포기하고 부시에게 전쟁 실행 권한을 전폭적으로 넘겨준 것이었다. 이제 부시는

---

9 '부시의 푸들'인가, 정당한 참전인가? 2016년 7월 6일에 영국의 이라크 전쟁 참전 진상조사위원회 보고서(칠콧 보고서)가 발표되었다. 위원장인 존 칠콧은 7년 동안 정부 문서 15만 건을 분석하고 조사한 후, 영국은 명분도 없었던 전쟁에 잘못된 판단으로 참전했으며, 미국의 결정에 따를 필요가 없는 전쟁이었다고 말했다. 토니 블레어가 부시의 푸들임을 확인하는 보고서였다. 현재 영국에서 이라크전 참가는 최악의 외교정책 실패로 평가되고 있다.

이라크 전쟁의 주역 조지 부시와 토니 블레어. 토니 블레어는 나중에 '부시의 푸들'이라는 별명을 얻게 된다.

언제든지 단추만 누르면 전쟁을 할 수 있는 권한을 갖게 되었다.

모든 준비를 마쳤지만, 미국에 한 가지 고민은 있었다. 그래도 명색이 세계에서 민주주의를 지킨다는 나라이자 세계의 경찰국가를 자임하는 처지에서 막무가내로 침략할 수 없다는 점이었다. 고민 끝에 내린 결론은 유엔 결의라는 명분을 얻자는 것이었다. 그런데 전 세계의 여론이 반대 일색이니 유엔을 거치면 전쟁 개시가 쉽지 않을 것 같다는 문제가 있었다. 그렇다고 유엔을 무시하고 전쟁은 할 수 없으니 일단 유엔에 상정은 하기로 하였다. 미국의 오만이었다.

2002년 11월 8일, 유엔 안보리는 '이라크는 무기사찰을 재개하고 이를 거부할 경우 중대한 결과를 맞을 것'이라는 정도의 내용을 담은 안보리 결의안 1441호를 통과시켰다. 사실 통상적인 내용의 결의안이었다. 그러자 이라크는 바로 무기사찰의 재개를 수락하였다. 이어 유엔의 무기사찰단이 파견되었다. 이라크가 안보리 결의안을 수용하였으므로 미국이 유엔을 통해 전쟁의 명분을 갖고자 한 계획은 사실상 실패했던 것이다. 이 안보리 결의안이 침공의 명분이나 근거가 될 수 없었다.

그러거나 말거나 미국은 UN 안보리 논의 절차를 거쳤다는 사실만을 근거로 전쟁 준비에 더욱 박차를 가했다. 2003년 2월 콜린 파월 국무장관은 유엔총회 연설에서 이라크가 확실히 알카에다와 연계되어 있으며, 대량살상무기가 있다고 주장했다.[10]

---

[10] 콜린 파월은 이 근거에 대해 관타나모에 수용된 알카에다 요원으로부터 들은 믿을 만한 정보라고 말했다. 이 요원은 이븐 알 세이크 리비로 확인되었는데 나중에 기자들이 이를 확인했을 때 그는 참을 수 없는 고문을 피하는 길은 그렇게 말하는 수밖에 없었다고 진술했다. 네오콘이 이라크를 침공하기 위해서 얼마나 거짓을 말했는지를 알 수 있는 대목이다. 〈터닝 포인트 9.11〉 Netflix

역사상 최대 규모였던 이라크 침공 반대 시위

그런데 파월 국무장관의 연설이 있은 지 9일 뒤에 재사찰을 시행했던 유엔 이라크 사찰단장 한스 블릭스가 유엔에서 사찰결과를 보고했다. 거두절미하고 보고서를 요약하면 "조사했는데 없다"였다. 미국은 정말 명분이 없었다.

한스 블릭스가 사찰결과를 보고했던 다음 날인 2003년 2월 15일에 전 세계 800개 도시에서 600만~1000만 명이 참가한 반전시위가 벌어졌다. 한국에서도 민주노동당과 시민사회단체를 중심으로 반전시위가 벌어졌다. 기네스북에 인류 역사상 최대 시위로 기록되었을 정도로 전 세계가 미국의 전쟁에 반대하고 있었다.

상황이 이쯤 되니 아무리 호전적인 후세인이라도 심각한 고민을 할 수밖에 없었다. 이미 걸프전에서 한 번 크게 당했던 후세인으로서는 지구 최강 군대 미군과 다시 전쟁을 벌이는 것은 큰 위험이 따르는 일임을 알고 있었다. 후세인으로서는 최대한 몸을 낮추어 교섭에 나설 수밖에 없는 상황이었다.

후세인은 전쟁을 막기 위해 이라크가 할 수 있는 모든 양보를 했다. 석유 자원 이권 제공, 유엔 감시 하의 선거를 통한 정권 이양, 이라크에 수감 중이던 알카에다 요원 인도, 미국의 직접사찰 수용, 아랍-이스라엘 평화를 위해 미국 정책에 적극 협조 등이 그 내용이었다. 이라크가 제시할 수 있는 모든 카드를 포함한 제안이었다.

후세인은 그 정도면 미국도 태도를 바꿀 것이라 믿었겠지만, 미국은 거부했다. 이라크 전쟁은 이렇게 시작된 전쟁이었다. 그러나 미국은 그렇게 기를 쓰고 일으킨 전쟁의 결과가 이라크라는 수렁에 빠져 헛고생만 하다가 철수하는 것임을 당시에는 꿈

2003년 3월 20일 미군의 바그다드 공습

에도 생각할 수 없었다. 이미 베트남에서 쓴 경험을 했고 아프가니스탄에서 소련이 어떤 일을 당했는지도 보았지만, 오만한 강대국 미국은 또 한 번 스스로 늪으로 빠지고 있었다.

명분 없는 전쟁, 미국의 이라크 침공

2003년 3월 17일, 부시는 "48시간 이내에 이라크를 떠나지 않으면 전쟁을 개시할 것"이라고 후세인에게 최후통첩했다. 이라크를 떠나는 것은 후세인에게는 불가능한 일이었을 것이고, 미국의 행위는 속된 표현으로 막가는 행보였다. 3월 19일에 홍해와 걸프만에 결집한 미군 함정에서 후세인이 피신했을 곳이라고 추정했던 바그다드 인근 지역에 40발의 크루즈 미사일이 퍼부어졌다. 소위 '이라크 자유 작전'의 시작이었다.

하지만 후세인은 거기 없었다. 이어서 미군 24만, 영국군 4만, 호주 2,000명, 폴란드군 200명으로 구성된 미국 주도 연합군의 지상 작전이 시작되었다. 전쟁의 경과는 특별하게 언급할 것이 없을 정도로 미국의 일방적인 승리였다. 간혹 산발적인 저항은 있었지만, 시작과 함께 게임 끝이었다. 3주 만인 4월 9일에 미군이 바그다드에 입성했고 후세인 정권은 붕괴했다.

2001년 12월 7일에 아프가니스탄의 탈레반 정부를 붕괴시킨 미국은 2003년 이라크의 후세인 정권을 무너뜨렸다. 미국은 이제 두 나라에 군대를 주둔시키며 전후 문제를 처리해야 하는 책임을 안게 되었다. 미국이 후견인이 되어 세운 두 나라의 새 정부는 그 이후에 어떻게 되었을까? 미국이 일으킨 이 두 개의 전쟁에서, 미국은 그들 뜻대로 자신들의 국익을 과연 얼마나 챙겼을까?

이라크 전쟁 이후 미국은 가장 먼저 대량살상무기의 소재 확인에 들어갔다. 전쟁의 명분을 찾아야 전쟁의 정당성을 대내외에 확인시킬 수 있었기 때문이다. 그러나 대량살상무기는 이라크에 없었다. 미국은 점령 직후 "이제 우리가 찾을 것"이라고 장담했지만 아무리 찾아도 못 찾았다. 못 찾은 게 아니라 없었다. 미국의 주장이 거짓이었다는 것이 확인되었다.

바그다드가 함락되었을 때 이라크 국민 일부는 환호했다. 후세인의 장기간 독재로 고통을 받으며 진저리를 쳤던 이라크 국민들이었으니, 기대할 만도 했다. 다수파였던 시아파 무슬림들은 이제 새로운 정부를 자신들이 맡을 것을 기대했고, 쿠르드족은 미국에 협조한 대가로 자치정부 수립을 기대했다. 후세인의 24년 철권통치 종식은 미국의 명분 없는 전쟁이라는 한계는 있었지만, 한편으로는 이라크의 미래에 대한 희망을 품게 만들기도 한 것이다. 그러나 이후 상황은 이런 희망이 덧없음을 확인시켜 주었다.

전쟁은 끝났지만, 후세인 세력의 저항은 이어졌다. 후세인이 공을 들였던 수니파 중심의 공화국 수비대의 남은 병력과 사실상 후세인의 사병 역할을 했던 지역별 페다인 민병대[11] 등은 산발적으로 흩어지며 저항을 시작했다. 이러한 저항 전선에 힘입

---

11 페다인은 고유명사가 아니라 게릴라, 특공대, 민병대 등의 의미를 담고 있는 보통명사이다. 사담 페다인은 1995년 후세인 대통령에 대한 충성심이 강한 16세 이상의 젊은 이들로 조직한 수니파 민병대이자 게릴라전 부대이다. 규모는 총 3만~4만 명이며, 반후세인 세력에 대한 공격을 위해 조직되었고 이라크 전쟁 후에는 미국에 맞선 게릴라전을 펼쳤다.

어 후세인은 자신의 고향 티그리트에 은신한 채 기회를 노리고 있었다.

아프가니스탄도 건사하랴 이라크도 건사하랴, 미국은 두 나라에 미군을 주둔시키고 이후 십 수년간 온갖 희생을 치러야 했다. 이라크와 아프가니스탄은 또 하나의 베트남이 되어 미국에 긴 악몽의 시간을 가져다주었다. 이라크 전쟁은 21세기 최악의 테러집단이자 가장 극단적이고 폭력적인 행태를 보이는 이슬람주의 집단인 이슬람국가(IS)를 탄생시키는 결정적인 계기가 되었다. 미국은 자신의 이익을 좇다가 세계사에 유례없는 악성 변종인 IS, 이슬람국가를 탄생시킨 것이다.

이라크전은 결과적으로 역사 앞에 교만한 자는 그 역사로부터 내쳐진다는 교훈을 확인시켜 준 전쟁이 되었다. 미국이 이걸 깨닫게 되는 데 많은 시간이 걸리지 않았다. 미국은 승전 선언 다음 날부터 다시 긴 전쟁에 빠져들었다.

나가는 글

워터게이트 사건 추적 보도로 유명한 워싱턴포스트지의 기자 밥 우드워드의 책 〈Plan of Attack〉에는 그와 부시가 나눈 대화가 적혀 있다.[12]

밥 우드워드 : 이라크 침공은 누구와 상의하고 최종 결정했나요?
부시 : 하늘에 계신 하나님 아버지!

무엇이 다른가? 부시는 알라의 뜻을 전하기 위해 지하드를 주장하는 이슬람 근본주의자와 다르지 않다. 이슬람 근본주의자의 테러를 막는 길은 이슬람 세계에 기독교를 전파해 그들에게 하나님을 알게 해야 가능하다고 주장하는 기독교 근본주의자의 생각과 다르지 않다. 이는 오래전 부시와 네오콘들만의 생각일까? 모든 종교적 근본주의는 그 이질적 외형에도 불구하고 동일한 DNA를 지닌 것은 아닐까? 오늘 우리에게 물어보는 질문이다.

---

12 〈공격 시나리오〉 밥 우드워드/김창영 역, 따뜻한 손

6장
아프가니스탄과 이라크의 비극, 그리고 빈 라덴의 최후

〈천 개의 찬란한 태양〉이라는 소설이 있다. 아프가니스탄 출신의 소설가 할레드 호세이니가 쓴 소설이다. 이 소설을 번역하면서 번역자는 이야기했다.

"이처럼 나를 힘들게 한 소설은 처음이었다. 번역이 어려워서가 아니라 번역을 계속할 수 없을 정도로 감정이 북받쳐 오는 대목들 때문이었다. 너무 힘들어서 다른 일로 눈을 돌리고 다른 생각을 해야만 했다."

아프가니스탄의 현실을 따라가며 평범한 사람들의 이야기를 담담하게 담아낸 소설이지만, 단지 허구가 아니라 현실의 반영이라는 사실이 사람들의 가슴을 먹먹하게 만든 소설이었다. 그 먹먹함은 소설의 무게가 아니라 역사의 무게 때문이었을 것이다. 가슴 깊이 파고드는 아프가니스탄 민중의 고통 때문이었을 것이다.

미국의 이라크 침공으로 후세인 정권은 붕괴했다. 이로써 2003년 이후 미국은 아프가니스탄과 이라크라는 두 나라의 전쟁 후속 조치를 책임지는 상황에 놓였다. 이 상황에 대한 미국의 대응은 안일하고 무책임했다. 미국은 자신들이 원했던 알카에다에 대한 복수와 중동질서 재편이라는 과제를 앞세웠지만, 두 전쟁으로 인해 생겨난 상황에 대해서는 뚜렷한 대책을 갖고 있지 않았다. 이러한 미국의 태도는 탈레반 정부의 붕괴와 알카에다의 패퇴로 힘을 잃었던 지하드주의에 입각한 이슬람주의의 부활을 불러왔다. 그것은 이슬람주의를 극단까지 밀고 간 IS, 이슬람국가의 탄생과 탈레반의 귀환으로 나타났다.

미국의 전후 처리와 이라크 내전의 발생

2003년 5월 1일 미국 부시 대통령은 이라크 전쟁 승리를 선언했다. 전쟁 개시 42일 만의 일이었다. 승리를 선언하는 부시의 등 뒤로 '임무완수(MISSION ACCOMPLISHED)'라고 써진 플래카드가 펄럭였다. 그러나 바로 그 순간이 바로 이라크 전쟁의 본격적인 시작이라는 것을 미국은 인식하지 못하고 있었다.

비록 외세에 의한 것이었지만, 후세인 정권 24년 철권통치가 무너진 후에 이라크에는 해방의 열기가 넘쳤고 민주주의에 대한 기대가 부풀었다. 물론 그 열기가 사회적 혼란과 무질서를 동반하기도 했다. 정권의 붕괴와 공백을 감안하면, 이런 혼란은 불가피한 측면이었다고 할 수 있다. 그러나 이 혼란은 안정되지 못하고 확대된다. 이것은 종전 후 이라크를 안정시켜야 했던 미국이 오히려 상황을 악화시키고 말았기 때문이었다.

처음에는 패배한 이라크 군대의 남은 병력 중 수니파를 중심으로 한 공화국수비대와 후세인의 사병 역할을 했던 '사담 페다인' 민병대가 지역별로 미군에 대해 게릴라 공격을 진행하며 미

▲종전 선언하는 부시 (2003년 5월 1일)
▼끌어내려지는 후세인 동상

군을 괴롭혔다. 그러나 그 정도는 예상했던 일이고, 그 양상도 초기에는 아주 심각하지 않았다.

한국에서 1945년 8.15 해방 후에 그러했듯이, 이라크 주민들에게도 미국에 대한 기대가 있었다. 1979년 후세인 집권 이후 1980년부터 88년까지의 이란-이라크 전쟁, 다시 90~91년의 걸프전, 그리고 그 이후에도 이런저런 내부 충돌과 미군의 공습이 있었다. 다시 2003년에 미국의 이라크 침공이 있었고, 결국 24년간 전쟁 아니면 준 전시상태로 사회적 혼란과 불안정이 이어졌다. 이를 고려하면, 미국이 이라크를 안정시켜 줄 것을 기대한 것은 어쩌면 당연한 바람이었다.

실제로 다수의 이라크인은 미군을 해방군으로 여겼다. 미국은 이라크를 전쟁으로 몰아넣었기에 이에 대한 책임 있는 정책, 즉 전후 정책을 미리 준비해야 했다. 그러나 미국은 전후 이라크 처리에 대해 분명한 정책을 마련하지 못했다. 전후 정책은 엉망이었고 뒤죽박죽이었다.

미국은 해방군이 아닌 점령군으로서 일방적인 이라크 재편 계획을 밀어붙였다. 이는 후세인과 함께 밀려난 수니파뿐만 아니라, 그동안 수니파 독재에 신음하며 미국을 반겼던 시아파까지 미국에 대해 적대하도록 만들었다. 미 군정은 칙령 1, 2호를 통해 수니파인 바트당의 전면 배제와 기존 정부기관과 군대의 해체를 발표했다. 이로 인해 그동안 이라크를 지배했던 수니파의 정부관료와 군인들은 즉각적으로 반미투쟁에 나서게 되었다. 이렇게 7~8만 명에 이르는 공화국수비대, 사담 후세인의 페다인 민병대, 바트당 간부들은 반미·반체제 투쟁의 주력부대가 되고 말았다. 전후의 생존권 문제가 겹치면서 해체된 군대에서 나온 수십만의 군인들은 살길을 찾아야 했고, 그들은 자연스럽게 반군 무장단체로 합류할 수밖에 없었다.

2003년 6월, 그러니까 미군 점령 후 한 달 보름 정도가 지나면서, 이들은 조직적으로 저항하며 미군에 게릴라전과 테러로 맞서기 시작했다. 특히 수니 삼각지대[1]라고 부르는 바그다드를 중심으로 수니파 부족들이 모여 살았던 지역에서 미군에 대한 공격은 단 하루도 거르지 않고 진행되었다.

미군은 처음에는 수니파로 이루어진 공화국수비대와 페다인 민병대 등에게 공격을 받았다. 그러나 나중에는 미국의 정책에 반발한 시아파들에게, 그리고 그 이후에는 이라크의 혼란기를 틈타 자생적으로 성장한 급진적인 이슬람주의 무장단체의 공격을 매일 받아야 했다. 미군은 매일 치러지는 테러와 전투에 고전을 면치 못했고 점점 이런 양상은 확대되어 갔다. 이라크는 다시 내전의 포연 속에 갇히고 있었다.

역시는 소련의 아프가니스탄 점령 이후 상황을 재연하고 있었다. 미국은 이라크에서 '아프가니스탄의 소련'이 되고 있었다. 미군이 결국 견디다 못해 이라크에서 철수한 것이 2011년 8월이었으니, 무려 8년이 넘는 시간 동안 이런 곤욕을 치르며 이라크에 머물러 있었던 것이었다.

반후세인 입장이었던 시아파 부족들은 처음에는 미군에 협조할 용의가 있었다. 그러나 미국의 일방적인 정책에 반발했고,

---

[1] 이라크 바그다드의 북서쪽에 수니파 무슬림 인구가 집중된 지역을 일컫는다. 대체로 삼각형의 모양을 취하는 이 지역은 바그다드(남쪽), 라마디(서쪽), 티크리트(북쪽)가 각 꼭짓점을 이루는 지역이다. 이 지역에는 사마라와 팔루자도 포함된다. 이 지역은 수니파 후세인 정권의 기반이었고, 1970년대 이래 권력층의 대부분이 이 지역 출신이었다. 사담 후세인 자신도 티크리트 외곽 출신이었다.

여기에다 미군 점령 후 계속되는 사회 혼란과 실업 등으로 생존권 문제가 닥치면서 시아파 내부에서도 반미 성격을 띤 무장단체, 민병대 등이 만들어지게 되었다. 그저 네오콘의 중동질서 재편이라는 방향 외에 어떤 구체적인 후속대책도 마련하지 않았던 미국의 전략실패가 그대로 드러난 결과였다.

이라크 내전의 격화, 고전하는 미국

이런 상황 속에서 또 하나의 세력, 극단적인 이슬람주의 무장단체가 형성되기 시작했다. 이들도 수니파이기는 했지만, 이들은 반미를 통해 이라크에 자주적 국가를 세우겠다는 수니파나 시아파의 반군과는 달랐다. 이들은 이라크에 또 하나의 이슬람국가를 세워야 한다는 목표 속에서 지하드를 수행해야 한다는 생각을 가졌고, 이라크의 혼란에 불을 더 지피게 되었다.

이 무장단체는 자마트 알타우히드 왈 지하드라는 이름의 단체로 우리말로 번역하면 '유일신과 성전' 이라는 뜻이다. 바로 이 무장단체를 이끈 사람이 잔인하기 이를 데 없는, 우리에게도 잘 알려진 아부 무사브 알 자르카위였다.

이 조직이 미군 당국에 본격적으로 이름이 알려진 계기는 8월 19일 UN 이라크 지원단이 있던 바그다드 카날 호텔 폭탄테러와 29일의 시아파 최대 성소 중 하나인 이맘 알리 사원에 대한 자살 폭탄 테러였다. 특히 상황을 심각하게 만든 것은 이맘 알리 사원 자살 폭탄 테러였다. 당연히 성소를 공격받은 시아파로서는 수니파에 대한 보복에 나서게 되었고, 이로써 이라크 내전

▲아부 무사부 알 자르카위 (1966-2006)
▼자마트 알 타우히드 왈 지하드(유일신과 성전)의 상징

6장_아프가니스탄과 이라크의 비극, 그리고 빈 라덴의 최후

은 수니-시아의 종교적 갈등이 겹치면서 아주 복잡한 양상으로 전개되기 시작했다.

반미투쟁이 가장 급선무일 텐데 왜 이 조직은 시아파의 성소를 공격했을까? 시아파 사원을 공격했다는 것은, 근본주의로 무장한 이슬람주의 무장단체가 아니면 저지를 수 없는 일이다. 이들의 기본 목표는 반미만이 아니라 글로벌 지하드를 통한 신정국가 건설이었다. 시아파를 공격한 것은 수니파에 대한 보복을 유도하기 위한 것이었다. 이런 과정은 필연적으로 수니-시아 간의 종파 분쟁으로 치달을 것이고, 그 국면에서 수니파 무장단체로서의 입지를 넓혀 가겠다는 것이 이들의 전략이었다. 한마디로 이라크 수복이 목적이 아니라, 수니파 이슬람국가 건설이 이들의 목적이었던 것이었다.

상황은 계속 악화 일로를 걸었다. 2003년 10월과 11월에 반군의 전면적인 공격으로 미군은 이라크 주둔 이래 가장 심각한 피해를 입었다. 사태가 이렇게 계속 악화하자 미국은 전면적인 대응에 나설 수밖에 없었다. 수세적인 방어 전략으로는 이를 도저히 해결할 수 없다고 보고, 전면 공격에 나섰던 것이었다.

미군은 '철 망치 작전'이라 이름을 붙인 작전을 통해 후세인 정권 붕괴 이후 처음으로 반군과 자르카위의 무장단체 근거지라고 생각되는 모든 곳에 무차별 공습을 가하면서 전면 공격을 퍼부었다. 또한, 반군의 저항을 무력화시키기 위해서는 후세인의 체포가 절대적으로 필요하다고 보고 후세인에 대한 추적을 강화했다. 그리고 마침내 2003년 12월 13일, 자신의 고향 티그리트에 은신하고 있던 후세인을 체포하는 데 성공한다. 후세인은 그 후 바그다드 인근 미군교도소에 3년 정도 갇혀 있다가 2006

년 12월 30일에 교수형 당했다.

　미국의 공격이 일정한 성공을 거두기는 했지만, 내전 상황은 가라앉지 않았다. 해가 바뀐 2004년 봄부터는 수니파 반군, 시아파 반군, 그리고 근본주의로 무장한 이슬람주의 무장단체들이 저마다의 영역을 확보했고, 줄기차게 도심에서의 테러와 미군에 대한 공격을 퍼부었다. 미국이 주도하여 세우고자 했던 이라크 신정부의 통제범위는 제한적일 수밖에 없었다. 소련이 아프간을 점거하고 세운 정부가 일부만 통제할 뿐 종족별 반군들과 대치하던 상황과 다르지 않았다.

　이렇게 더욱 상황을 악화시키고 이라크 주민들의 반미 감정을 더욱 부채질한 데는 미군의 잔인한 행위도 적지 않은 영향을 미쳤다. 2002년부터 미군의 포로 학대에 관련된 문제가 계속 불거지고 있었다. 특히 쿠바 남동부의 관타나모만 미 해군기지에 설치된 관타나모 수용소는[2] 미군이 아프가니스탄과 이라크에서 체포한 지하디스트 혹은 테러리스트들을 수용했는데, 이곳에서 벌어지는 미군의 잔혹 행위와 고문이 알려지면서 미국은 매우 곤란한 상황에 빠졌다. 관타나모 수용소는 9.11 테러 이후 테러리스트나 아프가니스탄과 이라크 전쟁에서 체포한 무슬림들을 수용하기 위해 2002년에 건설한 수용소이다. 이 수용소의 필요

2　관타나모 만은 1903년 미국이 해군기지로 영구 조차한 곳으로 카스트로 정권 이후 쿠바 정부는 이 임대조약이 무효라고 주장하고 있지만, 미국은 이를 거부하고 이곳을 강제 점령하고 있다. 고문과 인권탄압으로 세계 여론의 비판을 받으면서 오바마 대통령 시절에 행정명령으로 폐쇄를 결정했으나 흐지부지되었고, 트럼프 대통령 시절 다시 행정명령으로 유지를 결정하면서 현재는 여전히 운영되고 있다. 2021년까지 수용된 연인원은 총 780명이었고 20년에 걸쳐 741명이 석방되었으나 지금도 39명이 구금되어 있고 이중 단 2명만이 재판을 받았고 나머지 37명은 현재도 아무런 법적 절차 없이 20년 가까이 구금되어 있는 상태이다.

성이 처음 제기된 것은 미국이 아프간에서 체포한 무슬림들을 수용하기 위해서였다. 미국은 아프가니스탄에서 탈레반을 몰아낸 후 사회안정을 기한다는 이유로 아프가니스탄 주민에게 탈레반으로 의심되는 사람들을 신고하게 했다. 이 과정에서 미국은 신고하면 포상한다는 전단을 비행기를 통해 살포하여 수많은 무고한 무슬림들을 체포했다. 그 전단에 실렸던 문구는 "신고만 하면 1년은 배불리 먹을 수 있습니다"였다. 이렇게 체포된 민간인들은 아무런 법적 절차 없이 구금되었고 이들은 인권과 법의 사각지대였던 관타나모 수용소에 감금되었다.

이런 상황에서 2004년 4월, 미군이 이라크 반군들을 수용하고 있는 아부그라이브 수용소의 차마 눈 뜨고 볼 수 없는 참혹한 고문과 인권유린을 담은 장면이 미국 CBS를 통해 공개되었다. 이라크 반군 포로를 개줄로 목을 묶어 끌고 다니는 장면, 나체 상태의 수용자들로 탑을 쌓아 놓은 장면, 여군이 이라크 남성 포로의 성기를 희롱하는 장면, 피로 범벅된 고문 장면 등이 공개되면서, 이슬람권의 분노는 하늘로 치솟았고 반미 분위기가 엄청나게 확장되었다. 어디나 그렇지만 특히 이슬람에서는 아주 작은 성적인 모욕도 정말 큰 범죄인데 이곳 수용소에서 벌어진 일들은 너무나 심각한 수준의 성적 고문을 포함하고 있었다.

이 장면이 공개되면서 전 이슬람권이 분노했고, 이 분노는 곧바로 칼을 든 이슬람주의를 내세운 지하디스트들이 주장하는 대미 성전에 힘을 실어 주었다. 미국이 이름까지 붙이면서 가장 크게 경계하는 이슬람 근본주의가 퍼져나갈 수 있는 조건을 미국 스스로 만들어 준 셈이었다. 이 영상이 공개된 이후 미국인을 비롯한 외국인들에 대한 납치와 살해, 테러가 전면적으로 확산되었고, 그 보복은 끔찍하기 짝이 없었다.

알카에다 이라크 지부의 탄생

이라크 내전에서 가장 골칫거리이자 변수는 자르카위가 이라크에서 자생적으로 조직한 이슬람주의 무장단체 자마트 알타우히드 왈 지하드였다. 이 조직은 2003년 말부터 그 세를 확장하다가 드디어 2004년에 들어 알카에다와의 연계를 시도했다. 이미 시아파 성소를 공격하면서 존재감을 한껏 드러내고, 이를 통해 수니파 반군의 상당수를 흡수하여 세력을 키우던 자르카위는, 알카에다와의 연대를 통해 더욱 강력한 세력을 이끌게 되었다. 이후 자르카위는 가장 잔인하고 참혹한 방식으로 미군과 시아파, 그리고 다른 외국인들을 처형하고 참수하면서 자신들의 존재감을 최대로 부각해 나갔다.

자르카위는 2004년 5월 미국인을 참수하는 끔찍한 장면을 영상으로 내보낸 후 2004년 6월에는 김선일씨 사건을 통해서 그 잔인함을 또 한 번 드러냈다. 그는 기존에 파병되었던 한국 서희부대, 제마부대의 이라크 철수를 요구함과 동시에 이미 파병을 결정한 자이툰부대의 파병계획을 철회하지 않으면 처형할 것이라며 영상으로 협박 메시지를 전했다. 그리고 한국 정부가 이를 거부하자 실제로 가장 잔인한 방법으로 김선일씨를 처형했다. 이 사건은 한국인에게 서방언론이 유포한 이슬람 근본주의라는 말이 직접 다가온 계기였고, 이로 인해 한국인의 이슬람에 대한 인식도 매우 부정적으로 변하게 되었다.

이들의 의도는 이라크에 군대를 파견한 나라를 응징할 것을 분명하게 선언하여 반미는 물론 지하드의 의미를 한껏 부풀려 세계 각국의 급진적인 무슬림들에게 새로운 대안으로 떠오르는 효과를 누리겠다는 것이었다.

한국군의 이라크 파병

2003년 이라크의 후세인 정권이 붕괴한 직후 미국이 이라크의 안정화를 위해 건설병력과 의료병력의 파견을 요청하자, 정부는 이를 수락하고 2003년 4월 2일 국회 동의를 거쳐 공병지원단인 서희부대와 의료지원단인 제마부대를 이라크에 파병했다. 전투병력도 아니었으며 규모도 작았고, 또 이라크 정권 붕괴 직후여서, 일정한 우려와 반대가 있기는 했지만, 그 정도는 수용할 수 있다는 여론도 있었다. 그래서 아주 격렬한 반대까지는 일어나지 않았고, 논란은 수그러지는 것으로 보였다.

그런데 이라크 상황이 안정되지 못하고 내전 상태가 계속되며 미국이 고전을 면치 못하자 부시는 노무현 대통령에게 전투병력 추가 파견을 요청했다. 처음 제안이 있을 때부터 이 일은 논쟁거리가 되었고, 찬성 의견보다는 반대 의견이 훨씬 많아서 파병은 쉽지 않을 것이라고 예상되었다.

노무현 정부는 차일피일 이를 미루다가 유엔이 이라크 파병 결의안을 채택하자마자 2003년 10월 18일 국가안전보장회의에서 재건 지원금 2억 달러를 분담하는 것과 함께 파병을 결정했다. 이후 격렬한 찬반 논쟁이 벌어졌고, 이 문제는 정국의 가장 뜨거운 이슈로 부상했다.

이 결정 직후인 2003년 11월에 이라크에서 일하던 오무전기 소속 노동자 김만수, 곽경해가 무장단체의 공격을 받아 숨지는 일이 발생했다. 이 일이 발생하자 논쟁은 당연히 더 뜨거워질 수밖에 없었다. 반대 측에서는 이라크전이 명분 없는 전쟁이고, 참전하면 주변 아랍국가들과의 관계가 악화할 것이며, 자칫 테러의 대상이 되어 국민의 안전이 위협받을 수 있다는 점을 이유로 파병을 반대했다.

파병반대 집회

찬성 측에서는 미국이 한국과는 각별한 관계의 최우선 동맹국이며, 이라크에 대한 민주주의 전파 및 아랍지역의 평화라는 깃발 아래 다른 나라들도 하나씩 파병 의사를 밝히고 있는 상황에서 한국만 빠지는 것은 곤란한 일이라고 주장했다. 파병안 국회 동의를 앞두고 논쟁은 더욱 격렬해졌다.

당론으로 한나라당이 찬성을 결정한 것은 예상되었던 일이지만, 열린우리당은 찬성, 민주당은 권고적 반대로 갈리는 등 여권의 의견은 갈라졌다. 시민사회단체의 반대는 격렬하게 진행되었고 그동안 노무현을 지지하던 시민들 일부도 이 문제에 대해서는 노무현 대통령에 대한 비판과 실망감을 감추지 않았다.

심지어 보수언론인 동아와 중앙조차도 전면적으로 찬성하지 못했고 에둘러 긍정적인 의사 표현 정도에 그치고 있었으니, 당시 파병에 대한 여론이 얼마나 부정적이었는지는 확인할 수 있다. 하지만, 2004년 2월 13일에 열린 국회 본회의는 정부가 제출한 이라크 추가파병 동의안을 찬성 155표 반대 50표 기권 7표로 통과시켰다.

이때 제1당이었던 한나라당이 찬성 108명, 반대 4명, 기권 4명이었고, 민주당은 찬성 14명, 반대 34명, 기권 1명, 열린우리당이 찬성 26 반대 12명, 기권 1명이었다. 이미 노무현 대통령과 등을 돌리고 있었던 민주당은 권고적 반대를 당론으로 채택하고 70% 정도의 의원이 반대투표를 했다. 노무현 대통령의 이 결정은 이후 두고두고 노무현 대통령을 평가할 때 따라다니는 주제가 되었다.

결과만 놓고 보면, 이 파병은 명분도 실익도 없는 일이었다. 국군은 유엔 결의에 근거한 다국적군의 일원으로 참여하게 되었고, 자이툰부대(자이툰은 아랍어로 올리브라는 뜻이고 평화를 의미한다)를 편성하여 2004년 9월 22일에 파병했다. 그 규모는 3,000명 정도였는데, 이는 미국 영국에 이은 3번째의 규모였다.

국내 여론을 의식한 노무현 정부는 미국과 협상하여 전투가 없고 비교적 안정적인 지역이었던 쿠르드족 거주지 아르빌에 대민 봉사업무를 하는 성격의 부대를 파견하는 것으로 상황을 정리했다. 그리고 조금은 불안한 지역인 이라크 남부에 있던 서희부대와 제마부대도 아르빌로 이동시켜 자이툰부대로 통합 운영하게 되었다.

전투병력 파병은 피했지만, 정부는 어쨌든 명분 없는 전쟁에 참여했다는 비판과 미국의 요구에 더욱 분명한 목소리를 내지 못했다는 비판을 두고두고 들어야 했다. 미국으로부터는 실제 필요한 지역에는 가지 않고 대충 시늉만 낸 파병이라며 별로 평가를 받지도 못했다. 자이툰부대는 2008년 12월 31일 완전히 철수했다.

이라크 파병 당시의 한국 정치의 지형

2003년의 양대 정당은, 집권 여당이지만 의석은 야당보다 적었던 새천년민주당과 다수 야당 한나라당이었다. 이때 정계의 지각변동이 일어났다. 한나라당에서 김부겸, 이부영 등 5인이 탈당했고, 이어 새천년민주당에서 개혁을 내세운 일단의 그룹이 탈당하여 2003년 11월 11일에 신당을 창당하는데 그 당이 바로 열린우리당이었다.

노무현 대통령은 초기에는 분당에 반대했지만, 나중에는 신당 창당의 불가피성을 인정했다. 당연히 신당은 힘을 받게 되었다. 열린우리당은 우리 정치사에 민주당 계열 정당에서 독립해 새로운 당을 만들어 성공한 몇 안 되는 사례 중 하나가 되면서 양당 체제의 한 축으로 성장하게 되었다.

이 정당은 기존 민주당의 노선보다는 개혁적인 노선을 견지하겠다고 주장했지만, 파병 투표에서 새천년민주당보다 찬성 비율이 훨씬 높았다는 점을 보면 개혁을 내세운 것과는 달리 한계 또한 분명했다고 할 수 있다.

그랬지만 2004년 3월에 있었던 노무현 탄핵이 한나라당과 새천년민주당의 공조로 가결된 후, 명분이 크지 않았던 탄핵에 대한 거대한 후폭풍이 일면서 열린우리당은 바로 이어진 총선에서 과반수를 차지하는 대승을 거두게 된다. 그래서 분열하여 탈당했던 열린우리당이 정통성을 계승하는 결과가 만들어졌고, 이는 한국 정치사에서 흔한 일은 아니었다.

이라크 신정부의 출범과 미국의 반격

2004년 6월 28일에 연합군이 예정한 이라크 점령 기간이 공식적으로 종료되었고, 그날 미국이 준비해 왔던 이라크 임시정부가 출범했다. 이야드 알라위가 총리였다. 임시정부는 2005년 1월 정식으로 총선을 거쳐 정부를 구성하기 위한 과도정부였지만 그 목표를 달성하기에는 정권의 기반이 취약했고 이 때문에 이라크 정국의 혼란은 가중되었다.

반군에게는 그동안의 미군정을 상대로 한 싸움에 타격 대상이 하나 늘어난 것이었고, 이것은 오히려 반군의 공세를 강화했다. 임시정부가 이라크를 전면적으로 통제할 능력이 있는 것도 아니어서 상황은 점점 심각해져 갔다. 게다가 점령 이후 전쟁의 정당성을 위해 대량살상무기를 찾는 데 모든 노력을 기울였던 미국의 기대와 달리, 유엔의 이라크 조사단은 9월 30일에 최종적으로 대량살상무기 개발 증거는 발견하지 못했다고 발표했고 이것은 이라크 국민의 더 큰 저항을 불러왔다. 이라크에서는 그야말로 지옥 같은 전투가 이어졌고 민간인의 피해 또한 극심했다.

이런 일련의 일들이 진행되는 와중에 2004년 10월 17일 그동안 꾸준히 알카에다와 접촉해 온 자르카위 조직은 정식으로 알카에다의 이라크 지부임을 선포했다. 때마침 미국선거까지 다 가오고 있었는데 이라크 정국은 점점 더 악화되고 있었다. 부시는 대선을 앞두고 전면 공격으로 태세를 전환하면서 상당한 성과를 거두기는 했지만 미군의 병력으로 전 이라크를 통제할 수는 없었다. 한 도시를 탈환하면 물러난 반군들은 다른 도시를 점령하는 식이었다. 미군의 공격이 아무리 강력하다 하더라도 반군의 세력을 소멸시키는 데는 한계가 뚜렷했다.

부시는 몇 차례의 승리를 과시하며 이라크전을 선거에 이용하려 했지만 실상은 매일 전사하는 미군의 숫자만 늘고 있을 뿐이었다. 2004년 한 해 동안 미군은 848명이 사망했고 9,034명이 부상했다. 미군이 전장에서 이렇게 많이 전사한 것은 오랫동안 없었던 일이었다. 많은 미군이 사망했던 베트남전 이후 미국은 지상군 병력의 투입을 최대한 줄이고 공습을 통해 군사작전을 펼치는 전략을 수행해 왔기 때문에, 그동안의 전쟁에서 미군의 직접적인 인명피해는 적은 편이었다.

미국은 진퇴양난에 빠졌다. 발을 빼는 순간 또다시 이라크를 잃을 게 뻔한 상황에서 철수할 수도 없고, 그렇다고 계속 전쟁을 치르자니 끝도 없는 싸움이 이어질 것은 불 보듯 뻔한 일이었다. 또 하나의 베트남을 절감할 수밖에 없는 상황이었다. 이런 상황에도 불구하고 2004년 대선에서 부시는 재선에 성공했다. 이라크 전쟁에 대한 정치공세가 거셌지만 부시는 9.11 테러를 상기시키며 안보위협을 강조했고, 이를 통해 민주당의 존 케리 후보에게 승리했다. 2005년 1월 두 번째 임기를 시작한 부시는 이라크 문제에 대해 여러 가지 방안을 검토했지만 뾰족한 수가 없었다.

2005년 내내 이라크에서는 정치 일정에 따라 선거가 치러졌고 신정부 구성이 마무리되었다. 그러나 이 선거는 수니파 유권자 대다수가 불참하고 시아파와 쿠르드족 중심으로 참여한 선거가 되면서 선거를 통한 통합정부의 의미는 퇴색했고, 국정의 안정도 기할 수 없는 상황이 되었다. 신정부는 사실상 시아파와 쿠르드족의 연합정부와 같은 형태가 되었다. 결과적으로 선거는 더욱 분명하게 '시아파와 쿠르드족' 대 '수니파'의 구도를 만들어버렸다. 선거는 대립 전선이 더욱 확장되는 최악의 상황을 초래했다. 선거 후 이라크는 걷잡을 수 없는 내전 상태에 빠졌다. 시아파 정부가 들어서면서 시아파 반군들의 움직임은 줄어들었지만 수니파의 미군에 대한 공격과 테러는 훨씬 늘어났고 수니파와 시아파의 종파 분쟁도 더 격렬해졌다.

자르카위의 이라크 알카에다 지부는 이 틈을 비집고 종파 분쟁을 부추기거나 미군에 대한 자살폭탄 테러를 끝없이 이어나가며 더 큰 세력이 되고 있었다. 미군도 모든 정보를 동원하고 무기를 가동하여 이에 맞서며 처절한 전투를 벌여 나갔다. 이 과정에서 미군은 공습을 통해 자르카위를 폭살하는 전과를 올리기도 했지만 상황은 그것만으로 호전되지 않았다.

군인뿐만 아니라 민간인의 사망자는 기하급수적으로 늘어났고 난민은 200만에 육박했다. 이 난민 수는 2008년이 되면 이라크 인구의 1/6에 해당하는 500만에 달하게 된다. 말 그대로 지옥이었다.

마침내 부시는 2007년 1월 지금까지의 상황에 대해 실패를 인정하고 이를 해결하기 위해 2만 명의 지상군 병력을 파견하겠다는 방침을 밝혔다.

2003년부터 2007년까지의 이라크 전쟁을 정리하면 한마디로 '미친 전쟁'이었다. 대량살상무기의 존재를 확인할 수 없는 상황에서 갖은 구실을 붙여 전쟁을 일으켜 한 나라의 정권을 붕괴시켰지만, 그 지역은 지옥이 되었고 자신들도 그 지옥에서 벗어날 수 없었다. 그런데 부시는 2만의 병력 증강으로 이 상황을 해결하겠다는 또 하나의 강수를 둔 것이다. 이렇게 2007년 미국은 이라크에 대한 전면공세를 천명하고 있었지만, 미국의 또 다른 전선 아프가니스탄의 상황 또한 점점 악화되고 있었다.

또 하나의 전선 아프가니스탄

미국은 아프가니스탄에서도 탈레반 정부를 붕괴시키고 신정부를 세웠다. 그 과정에서 탈레반과 알카에다를 아프가니스탄 밖으로 쫓아내는 데 성공했지만, 이후 이라크에 발목을 잡히면서 아프가니스탄 상황에 대해 더 적극적인 대책을 세우는 데 한계가 있었다. 여기다가 미국이 갖고 있던 아프가니스탄에 대한 기본 인식도 문제였다.[3]

2001년에 탈레반 정부가 무너지고 알카에다를 축출한 후 몇 년간은 아프가니스탄을 안정화하는 데 이느 정도 성과를 거두고 있었다. 그런대로 안정적인 정부 수립 과정을 거쳤지만 4년 남짓 지나면서 탈레반의 귀환이 시작되었다. 탈레반의 공격과 테러가 2005년경부터 다시 나타나기 시작하더니 시간이 갈수록 확대되었다.

탈레반 정권 붕괴 직후 아프가니스탄 주민들에게는 평화에 대한 기대가 넘쳤다. 2002년부터 파키스탄, 이란 등으로 피난했던 약 200만 명의 주민들이 돌아오기 시작했다. 수백만 명의 학

---

3 도널드 럼스펠드 국방장관은 "마음에 안 드는 정권을 무너뜨렸으면 됐다. 적당히 손을 떼고 문제가 생기면 또 전쟁을 일으켜 무너뜨리면 되는 것 아니냐!"라고 말했다. 미국의 네오콘이 갖고 있던 대외정책의 기조가 바로 이런 수준이었다.

생들이 남녀를 불문하고 학교로 돌아갔고, 그동안 탈레반 정부에서 인권유린에 시달리던 여성의 권리도 회복되기 시작했다.

아프가니스탄의 정치적 지형도 안정되면서 2004년 10월 선거를 통해 하미드 카르자이 정부가 정식으로 들어섰다. 아프가니스탄을 안정화하기 위한 유엔의 요청으로 각국으로부터 지원병력도 도착했다. 한국도 아프가니스탄에 공병지원부대인 다산부대와 의료지원단인 동의부대를 파병했다. 초기 카르자이 정부가 들어선 직후에 아프가니스탄 주민들은 카르자이 정부에 대해 높은 지지를 보냈고, 미국에 대해서도 매우 긍정적인 태도를 취하고 있었다. 무슬림 국가에서는 참으로 이례적인 반응이었다.

그러나 오랜 전쟁으로 폐허가 된 나라가 일시에 좋아질 수는 없었다. 무엇보다 먹고사는 문제가 해결되지 않았고, 억압적인 통치로 일관되었던 정치적 관행과 관료들의 부정부패가 쉽게 해결되지 않았다. 이런 상황에서 당연히 소수 상류층의 부만 늘어났고 이는 곧 사회적 반감과 불신의 원인이 되었다. 이러한 현상은 점점 확대되어 나갔다.

이 문제를 해결하기 위해서는 미국의 더욱 적극적인 정책이 필요했지만, 미국은 탈레반 정권의 붕괴에만 관심이 있었지 신정부를 세운 후 아프가니스탄에 대한 장기적인 안정화 계획을 수립하지는 않았다. 이로 인해 아프가니스탄의 치안, 경제성장, 군사적 안정 등은 여전히 미흡한 상태로 남아 있었다. 사회적 불만이 다시 누적되면서 계기가 있으면 다시 폭발할 우려가 커지는 상황이었다.

재정지원도 부족했고 주둔 병력도 불과 6,000명이었는데, 재정과 군사지원 모두 2차 대전 이후 미국이 점령한 국가에 투입했던 가장 적은 평화유지 병력이었다.[4] 미국은 이라크라는 보다 시급한 전선 때문에 비교적 안정적이었던 아프가니스탄을 후순위에 둘 수밖에 없었고, 아프가니스탄 상황은 점점 나빠졌다. 경제적인 기반은 취약했고, 이로 인한 아프가니스탄 주민들의 삶 또한 어려움이 커지고 있었다. 미군에 의존하는 군사력의 공백도 있었다. 이 공백을 파고든 것이 탈레반이었다. 2005년경부터 파키스탄에 근거지를 두고 아프가니스탄으로의 진출을 노리던 탈레반의 귀환이 시작되었다. 이제 아프가니스탄은 미국에게 또 하나의 이라크로 변하고 있었다.

탈레반의 귀환

미국에게 쫓겨 물러난 후 탈레반은 비교적 안정적인 근거지를 확보하고 전열을 정비할 수 있었다. 그것은 바로 파키스탄이라는 안정적인 배후지가 있었기 때문이다. 탈레반은 인구 비율 42%에 달하는 아프간 최대 종족인 파슈툰족을 기반으로 형성된 집단이었는데, 파키스탄 또한 파슈툰족의 비율이 16%나 되는 나라였고 이들은 주로 아프간과의 국경에 거주하고 있었다. 아프간과 파키스탄은 힌두쿠시 산맥을 가로지르는 2,640km에 달하

---

4 미국은 이후 아프가니스탄에 대한 지원금액을 대폭 확충했다. 아프가니스탄 안정을 위한 기본적인 인프라 구축 없이 체제의 안정을 기할 수 없다는 판단에서였다. 그러나 이러한 지원금의 상당수가 비효율적인 집행, 단기적인 효과에 집착한 재정 투여, 그리고 관료들의 부정부패로 인한 중간유실 등으로 효과적인 지원이 되지 못했다.
그렇게 미국은 2021년 철군까지 군사비용을 포함하여 총 2조 2500만 달러(약 2,600조) 정도를 아프가니스탄에 쏟아부었지만, 결국 탈레반 정부의 수립을 막지 못했다.

는 국경선을 맞대고 있었는데, 이 경계선을 따라 거주하고 있는 파키스탄의 파슈툰족은 탈레반의 회복을 위한 중요한 기반이 되었다.

탈레반의 귀환은 아프가니스탄 주민들, 특히 주민 대다수인 농민들의 경제적 어려움을 파고들며 이루어졌다. 아프가니스탄 농민들의 주요 작물 중 하나는 양귀비이다. 탈레반 정부는 내전 당시 농민의 경제적 어려움을 보호한다는 측면에서 마약의 원료가 되는 양귀비 재배를 통제하지 않았다. 양귀비 재배를 오히려 장려하기까지 했다.

아프가니스탄 정부와 미국은 양귀비가 마약의 원료이기 때문에 강하게 금지했다. 이렇게 되자 불만은 높아졌고, 차라리 탈레반 시절이 좋았다는 여론이 형성되기 시작했다. 탈레반은 농민들의 이런 불만을 자양분으로 삼아 지방의 작은 마을을 중심으로 양귀비 재배 농민을 보호해주면서 점점 세력을 확대해 나갔다. 이렇게 세를 확대하는 동안 파키스탄으로 피신해 있던 탈레반들이 하나둘씩 무리를 지어 아프가니스탄으로 들어오기 시작했다.

파키스탄은 파키스탄과 아프가니스탄 접경지역에 머무르던 탈레반을 사실상 방치하고 있었다. 파키스탄은 미국과 우호 관계를 맺고 있기는 했지만, 탈레반은 사실 자신들이 보호하고 성장시켰던 조직이었다. 게다가 이슬람주의 국가인 파키스탄이 나서서 이들에게 적대적인 행위를 한다면 파키스탄 주민들의 반발도 클 것이었다. 오히려 보호하고 있는 형국이었다고 해야 할 것이다. 탈레반, 알카에다와 빈 라덴이 미국의 추적을 피해 오랜 기간 은신에 성공할 수 있었던 데는 이런 배경이 있었다.

이렇게 2005년을 지나면서 탈레반의 아프가니스탄 진입은 점점 확장되었고, 점차 아프가니스탄 요소요소에 세력을 형성했다. 처음 미군에 대한 산발적인 공격과 자살폭탄 테러가 이어지다가 2007년경에 이르러서는 반군이라고 부를 수 있는 규모로 확대되었고, 이후 미군과 전면적인 전투를 벌이는 양상으로 변했다.

미국과 영국은 본격적으로 병력을 증파하여 탈레반에 대한 공격을 감행했는데, 이런 공격은 필연적으로 민간인을 포함한 무차별 공격 양상을 띠었다. 특히 단 한 명의 테러리스트를 공격하기 위해 수십명의 목숨을 앗아가는 드론 공격은 아프가니스탄 주민에게 공포와 분노의 대상이었다. 당연히 주민들의 반감은 커졌고, 이러한 공격은 탈레반에 대한 주민들의 기대를 높이는 역효과를 가져오고 말았다. 이렇게 2006년 이후 다시 아프가니스탄에서는 미군과 탈레반의 끝없는 전투가 이어지게 되었다.

탈레반의 테러와 공격은 미군이나 아프기니스탄 주민은 물론 외국인도 가리지 않았다. 한국 또한 큰 홍역을 치르게 된다. 2007년 7월 19일 샘물교회 선교단 23명이 탈레반에게 납치되었다. 43일간 억류 후 2명이 살해되고 나머지가 귀환하는 것으로 마무리되었지만 이 사건은 한국인들에게 큰 충격을 주었다. 그렇지 않아도 점점 심각해지는 아프가니스탄 상황에서 철군을 검토하고 있던 한국은 이 사건 이후 2007년 12월에 다산과 동의부대를 철수시켰다.

이라크 상황이 더 심각하기는 했지만 미국은 이렇게 두 나라에서 모두 같은 시기에 고전을 면치 못하고 있었다. 그렇게 2005년 이후 다시 아프가니스탄에서는 긴 내전이 이어진다. 그

사이 아프가니스탄 민중의 고통은 끝이 없었다. 미국 드라마를 보다 보면 아프가니스탄에서 돌아온 병사들의 이야기, 이라크에서 돌아와 전쟁의 트라우마를 겪는 청년들의 이야기가 심심찮게 나온다. 바로 이 시기에 그곳에 있었던 군인들의 이야기이다.

오바마 정부의 등장과 미국의 이라크 철군 결정

이렇게 이라크와 아프가니스탄에서 고전을 면치 못하고 있던 미국은 이 사태를 종료시키기 위한 대책에 골몰하게 된다. 미국은 우선 이라크에 대하여 전면공세를 통한 사태 해결에 나선다. 2007년 1월, 미국은 2만 명의 병력 증강을 통해 이라크 사태를 종식하겠다는 계획을 발표했다. 이 시기 이라크에도 정세 변화가 일어났다.

먼저 나타난 현상은 이라크 국민들의 태도 변화였다. 길고 긴 전쟁과 폭력에 지친 주민들은 부족별로, 지역별로 수니-시아를 불문하고 질서유지를 위한 시민운동을 전개하는 한편, 미군 당국과 협조하며 지역 안정을 위해 노력하기 시작했다.

또 자르카위의 사망과 내분이 겹치면서 가장 큰 변수였던 알카에다 지부가 점점 힘이 약해지고 있었던 것도 정세 변화에 영향을 끼쳤다. 알카에다 이라크 지부는 이런 상황에서 그 이름을 이라크 이슬람국가로 변경하면서 새로운 활로를 찾기 위해 노력했지만 그 세력은 조금씩 약해져 갔다. 여기에 미군의 병력 증강이 맞물리면서, 알카에다는 더욱 궁지에 몰렸다.

이렇게 2007년부터 점진적으로 미군이 정국의 주도권을 잡아

"이라크 전쟁은 멍청한 전쟁"

"미국의 가장 우선 과제는 알카에다와 그 동맹자들에 대한 전쟁이다"

"오사마 빈 라덴에 대한 체포에 최선의 노력을 다할 것"

"2010년 8월 31일 모든 전투를 종료하고 철수할 것이며 약 5만의 지원병력만이 남아 뒷수습을 하게 될 것"

가면서 이라크는 다소 안정을 찾았다. 이때 부시는 철수 방침을 수립하려면 지금 해야 한다고 생각했다. 누구보다 이라크 전쟁에 대한 원죄의식을 가질 수밖에 없었던 부시는 자신의 임기 내에 이라크 전쟁을 끝냈다는 성과를 내고 싶어 했다.

2008년 말로 사실상 재선 임기가 종료되는 부시는 민주당의 버락 오바마가 대통령으로 선출된 직후인 2008년 12월 4일, 이라크 정부와 미국-이라크 병력 지위협정을 체결했다. 이라크 주둔 미군에 대하여 2009년 6월 30일에 철수를 시작하여 2011년 12월 31일에 철군을 완료한다는 내용이었다. 그러나 상원의원 시절 이라크 전쟁에 대해 가장 비판적이었던 오바마는 취임하면서 부시 정부의 기조였던 전 세계를 대상으로 한 "테러와의 전쟁"을 접고 알카에다를 비롯한 테러조직에 집중할 것임을 분명히 했다. 그는 또 이라크 전쟁은 나쁜 전쟁(Bad War), 아프가니스탄 전쟁은 좋은 전쟁(Good War)으로 규정하며 이후 아프가니스탄의 안정화에 주력할 것임을 선언했다. 이는 이라크에서의 철수를 조기화하겠다는 의미였다.

그는 이라크 전쟁에 대해 2010년 8월 31일까지 모든 전투를 종료하고 철수할 것이며, 약 5만의 지원병력만이 남아 뒷수습 후 2011년까지는 모두 철수하겠다고 밝혔다. 오바마의 대 이라크 정책의 기조는 이렇게 분명했다. 이로써 미국의 이라크 침공은 역사의 페이지만을 붉게 물들이고 넘어가게 되었다. 미국은 그나마 다행으로 한숨을 내쉬었을지 모르지만, 미국이 떠난 이라크에서는 더 큰 불행의 역사가 시작되고 있었다.

오사마 빈 라덴의 죽음

오바마가 천명한 대로 이제 미국에 남은 가장 큰 문제는 알카에다의 수장 오사마 빈 라덴을 어떻게 체포할 것인가였다. 2001년 빈 라덴을 놓친 이후 미국 CIA는 그를 잡기 위해 가동할 수 있는 모든 정보와 인력을 동원하여 추적에 나섰지만 그의 행방은 한 마디로 오리무중이었다.

그동안에도 미국을 비롯한 서방 세계는 계속해서 알카에다 혹은 외로운 늑대로부터 테러 공격을 당하고 있었다. 미국으로서는 어떻게 해서라도 그를 잡아야 했지만, 빈 라덴으로 통하는 선을 잡지 못하고 있었다. 2001년부터 수많은 테러 용의자를 체포하고 그 배후를 추적하면서 빈 라덴까지 도달할 선을 찾아 헤맸지만, 언제나 마지막 순간 막다른 골목에서 길을 잃고 말았다. 알카에다의 수뇌급 여러 명이 체포되기도 했지만 이들을 통한 빈 라덴 체포는 성과를 내지 못했다. 그러다가 알카에다 요원들의 연락 장소이자 숙박 장소를 운영하던 아부 주바이다를 체포하게 되었고 그로부터 한 사람의 이름을 얻게 되었다. 바로 칼리드 셰이크 모하메드였다.

2003년 3월에 9.11테러를 기획한 칼리드 셰이크 모하메드가 체포되었다. 미 당국은 가혹한 심문을 통해 알카에다의 핵심이라는 아메드 알쿠와이티라는 인물을 알아냈다. 이 과정에서 183회의 물고문과 총 180시간에 달하는 수면시간 박탈 고문이 행해졌다.[5] 이후 미 당국은 그를 추적했지만 그 이름조차 가명이었음

---

[5] 칼리드 셰이크 모하메드에 대한 재판은 아직도 진행되지 않고 있다. 아무런 법적 절차 없이 20년 가까운 세월, 구금상태에 있다. 이는 9.11 테러 이후 제정된 군사위원회

이 확인되었고, 실명이 이브라힘 사이드 아메드라는 것을 알아낸 것은 2009년의 일이었다. 6년을 추적하고서 겨우 실명을 알았을 뿐이었다.

그사이 숱한 공작이 진행되었다. 빈 라덴의 아들을 풀어주고 그를 통해 빈 라덴을 추적했지만 그의 아들이 드론 공습으로 사망하면서 무위로 돌아간 적도 있었다. 체포된 지하디스트를 알 카에다 캠프에 보내는 역공작도 펼쳤으나 그는 오히려 정보를 들고 돌아오지 않고 폭탄을 품고 돌아와 자살폭탄테러를 일으켰다. 그동안 빈 라덴을 쫓던 담당 수사관을 비롯한 수많은 CIA 요원이 죽거나 부상당하는 일도 있었다. 온갖 작전이 검토되고 또 시행도 되었지만, 모두 무위로 끝났다.[6]

빈 라덴 추격의 실마리는 빈 라덴의 측근일 것으로 의심되었던 이브라힘 사이드 아메드의 추적 과정에서 풀리기 시작했다. 추적 1년이 되었던 시점인 2010년 8월경에 CIA는 감청을 통해 아메드의 소재를 파악할 수 있었다.

파키스탄 영토 내의 아보타바드라는 도시에 있는 3층 가옥이 그의 거주지였다. 거의 요새 같았던 그 가옥이 빈 라덴의 거주지일 가능성이 크다고 본 CIA는 8개월에 걸쳐 감시했지만 실제

법에 근거하고 있는데 이 법은 한 차례 대법원 판결에 의해 불법으로 판결이 났지만 그 직후 부시정부는 새로운 법을 제정하여 이를 합법화시켰다.
6 빈 라덴 체포작전은 헐리우드에서 여러 차례 영화로 제작되었다. 그중에서 〈제로 다크 써티〉는 빈 라덴 체포작전의 전모를 비교적 사실에 근거하여 잘 파헤친 영화로 평가된다. '제로 다크 서티'라는 말은 자정에서 30분, 즉 빈 라덴 체포 작전이 벌어진 시간을 일컫는다. 2010년에 아카데미 작품상 등 6개 부문을 수상한 작품 〈하트 로커〉를 감독했던 캐서린 비글로우가 메가폰을 잡은 이 영화는 실제 사건을 영화적으로 매우 긴장감 있게 담아낸 영화로 호평을 받았다. 물론 그 호평은 대개 미국인들의 것이었지만.

로 빈 라덴이 거주하고 있다는 확실한 증거를 찾지 못했다. 객관적으로 확인할 수 있는 사항은 원격카메라를 통해 빈 라덴과 신장이 비슷한 키 큰 사람이 거주하고 있다는 사실 정도였다. 이를 분명하게 확인하기 위해 CIA는 별의별 방안을 다 동원했다. CIA가 검토한 방안이 무려 서른여덟 가지였다고 하는데, 어느 것도 성공에 이르지는 못했다.

결론을 미리 이야기하자면 빈 라덴은 거기에 있었다. 나중에 밝혀진 바에 따르면, 빈 라덴은 처음 아프가니스탄을 탈출한 이후 4년 정도를 여기저기 몸을 피해 다녔다고 한다. 그러다가 2005년 말 아보타바드의 이 가옥으로 잠입해 들어왔다. 그때부터 미국이 이 가옥을 찾아낸 2010년 여름까지, 이어서 2011년 봄 사살될 때까지 이곳에서 지냈다.

6년이란 긴 기간 동안 빈 라덴은 이곳에서 그의 가족 대부분과 살았으며 아메드 알 쿠와이티, 즉 이브라힘 사이드 아메드의 가족도 함께 동거했다. 이곳에서 빈 라덴은 종종 TV 연설도 내보내고 알카에다를 지휘하는 활동도 수행했다. 이곳에서 머물면서 빈 라덴은 중동질서의 지형과 미국의 향배를 예의 주시하며 상황이 호전되기를 기다렸다. 때로 희망이 보이기도 했다. 미국은 이라크라는 수렁에서 헤어나지 못하고 있었고, 알카에다는 이라크에서 다시 세력을 넓히고 있었다. 아프가니스탄에서 탈레반도 다시 부상하고 있었다. 이런 상황을 지켜보며 빈 라덴은 미래에 대한 희망을 놓지 않았다.

빈 라덴의 10년 세월은 이렇게 흘러갔다. 2011년 체포작전을 시행할 때까지도 당시 미 정보국은 아보타바드의 3층 가옥에 빈 라덴이 확실하게 거주한다는 증거를 끝까지 찾지 못했다. 정황

'넵튠의 창' 작전을 지켜보는 백악관 상황실

상 가능성은 충분했지만, 누구도 이를 확신할 수는 없었기에 빈 라덴 체포작전을 둘러싼 논의는 늘 헛돌곤 했다. 이라크에 대량살상무기가 없어 세계인의 비난을 받았던 미국으로서는 확인도 안 된 상태에서 또 군사작전을 펴기에는 부담을 느꼈다. 파키스탄이라는 주권국가에서 작전을 펼쳐야 한다는 것도 큰 부담이었다.

2010년 말부터 백악관의 안보 관련 수뇌부 회의가 숱하게 열렸지만 갑론을박만이 이어졌다. 모든 작전계획이 다 검토되었지만 단 한 가지, 결행할 것인지 말 것인지에 대한 결론을 내지 못했다. 결국 2011년 4월에 오바마가 결단을 내렸다. 미국 시각으로 5월 1일, 파키스탄 시각으로 4월 30일 밤 11시로 작전 시간이 결정되었다. 작전명은 '넵튠의 창'이었다.[7]

백악관 상황실은 긴장한 채 생중계되는 화면을 바라보았고, 블랙호크 두 대가 아프가니스탄의 잘랄라바드 미군기지에서 출발하는 것을 보았다. 아보타바드 가옥에 접근한 두 대의 헬기가 근처 공터에 착륙하던 중 1대의 헬기가 담벼락에 날개를 부딪치며 기우뚱했다. 생중계를 보던 상황실에서 순간 악 소리가 나왔지만 다행히 불시착으로라도 착륙은 했고, 이내 작전이 전개되었다. 날이 바뀌어 막 5월 1일 자정을 넘긴 시간이었다.

기습작전은 성공했다. 잘랄라바드의 기지로 송신된 무전의 내용은 "신과 조국이여, 제로니모가 갔다. 제로니모, 제로니모!"였다. 이 무전은 즉각 백악관으로 전해졌고, 그 전문은 '제

---

[7] 넵튠은 로마신화에서 바다의 신이다. 그리스신화의 포세이돈에 해당한다. 포세이돈이 창을 한 번 휘두르면 온 바다가 일어나며 폭풍과 해일이 일어났다고 한다. '넵튠의 창'은 자신들의 공격이 바로 그런 창이라는 의미일 것이다.

로니모, EKIA(Enemy, Killed in Action)', 즉 '제로니모, 작전 중 적 사살' 이었다.[8]

기습작전이 끝나고 미군들은 헬기를 타고 사라졌고 그 직후 파키스탄 경찰이 가옥으로 달려왔다. 지역 경찰은 그날 처음으로 그곳에 빈 라덴이 살았고, 살해되었고, 시신을 미군이 헬기에 싣고 떠났다는 것을 알았다. 해병 특수부대가 잘랄라바드의 본대로 돌아온 시간은 파키스탄 시각으로 5월 1일 새벽 2시, 워싱턴 시각은 5월 1일 오후 6시 30분이었다. 작전 시작에서 끝까지 딱 3시간이었다. 이렇게 10년에 걸친 빈 라덴 추적은 끝이 난다.

이어 5월 1일 밤 11시 55분, 오바마는 "알카에다의 지도자이자 수많은 무고한 사람들, 어린이들 살해에 책임이 있는 테러리스트 오사마 빈 라덴을 사살했다."라고 보고하는 대국민 TV 연설을 했다. 일요일 심야임에도 불구하고 이 연설은 미국민 5,500만 명이 시청했다고 한다. 이는 오바마 재임 중 가장 많은 시청자가 본 연설이었다.

빈 라덴의 시신 처리에 대해 미국은 무덤을 남겨서는 안 된다는 원칙을 세웠다. 빈 라덴의 무덤이 이슬람 근본주의의 상징물이 되는 건 참으로 위험한 일이라는 판단에서였다. 미국은 사우디아라비아에 시신을 인수할 의향이 있냐고 물었지만, 사우디는 이를 거부했다. 미국은 최대한 무슬림을 자극하지 않는 방안

---

[8] 제로니모는 빈 라덴을 지칭하는 암호였다. 왜 빈 라덴에게 이 이름을 붙였는지는 좀 모호하다. 전설적인 미 원주민(미국인들의 표현에 따르면 '인디언') 전사였던 제로니모는 숱한 미군과의 전투에서 승리했지만, 결국 항복하고 '인디언 보호구역'에서 여생을 보냈다. 미군을 괴롭혔지만 결국 패배하고 체포되어 불운한 말년을 보내도록 하겠다는 의미인지 미국 정보당국은 끝까지 이 의미를 설명하지 않았다. 미 원주민들의 후손들은 자신들의 전설적인 전사를 최악의 테러리스트의 암호명으로 붙인 것에 대해 매우 불쾌해했고, 오바마 대통령에게 항의서한을 보내기도 했다.

빈 라덴이 은신하고 있던 건물

을 찾았고, 이슬람 전문가의 자문을 구한 후 빈 라덴의 시신을 아라비아해에 수장했다. 그의 나이 54세였다. 역사는 그 아라비아해가 무슬림이 참배하는 수중릉이 될지, 아니면 역사에 흔적조차 남지 못하는 곳이 될 것인지를 결정할 것이다. 아마도 더 긴 시간이 흘러야 할 것으로 보인다.

 이 작전에서 가장 의문으로 남는 것은 파키스탄 정부와 빈 라덴의 관계이다. 파키스탄은 빈 라덴이 거기에 있다는 것을 과연 알았을까? 많은 이들이 상식적으로 가졌던 의문은 파키스탄 정보당국의 협조 없이 그 오랜 세월 과연 파키스탄 땅에서 살 수 있었겠느냐 하는 것이었다. 빈 라덴 사후 파키스탄이 사실상 빈 라덴을 보호하고 있지 않았는가라는 의혹이 미국에서 제기되었지만, 파키스탄 정부는 빈 라덴의 소재를 알고 있었는지 끝까지 확인해 주지 않았다. 대미관계가 불편해지는 것을 원치 않았기 때문이다. 여러 정황상 파키스탄 정보당국이 빈 라덴이 아보타바드에 거주하고 있음을 파악하고 있었을 것이라고 유추할 만한 상황이었지만 미국 정부 또한 애써 이를 끝까지 확인하려 하지는 않았다. 미국도 이미 작전이 종료된 이상 파키스탄과의 외교 관계를 다치게 하고 싶지는 않았을 것이다.

 미국이 위성을 통해 세계의 모든 통신을 감청하고 있음이 밝혀져 큰 문제가 된 적이 있었다. 오래전부터 미국 정보당국이 각국 정부 수반들의 전화를 감청하고 있다는 의혹이 제기되었다. 2013년에는 독일의 메르켈 총리가 오바마에게 항의하는 일도 있었다. 풍문으로 돌던 미국의 감청은 2013년 6월에 CIA와 미 국가안보국(NSA)에서 근무했던 에드워드 조지프 스노든이 폭로함으로써 일정 부분 사실로 드러났다.

이런 사실들로 미루어 미국은 파키스탄 정보부가 빈 라덴의 소재를 파악하고 있음은 물론 나아가 보호하고 있다는 사실을 확인했을 수 있다는 추측은 충분히 가능해 보인다. 그러나 이런 사실을 서로 확인하는 것이 양국 정부에게 도움이 되지 않는다는 점 또한 알고 있었기 때문에 양국 정부는 노코멘트로 일관했다. 파키스탄 영토 내에서 벌어진 미국의 군사작전도 문제로 삼을 만한 일이었지만 파키스탄 정부는 대충 얼버무리며 넘어갔다.

빈 라덴의 죽음으로 21세기를 참혹한 비극으로 열었던 9.11 테러 사건은 사건 자체로는 종결되었다. 그러나 그 테러가 담고 있던 여러 가지의 의미는 10년 후가 되는 2011년부터 더욱 확장되어 나간다. 이교도를 물리치고 세계를 이슬람화하자는 지하드주의는 이라크 내전과 시리아 내전으로 확대되며 이슬람국가(IS)의 등장으로 나타난다.

나가는 글

아프가니스탄과 이라크에서 일어났던 한국인 납치사건은 비극적인 일이지만, 우리가 다른 종교와 민족에 대해 얼마나 알지 못했는지를 돌아보게 한다. 다른 문화에 대한 이해의 부족 달리 말해 타자에 대한 몰이해는, 어쩌면 물리적 폭력과 다르지 않다. 이 폭력이 부르는 혐오와 적대는 이슬람주의를 교조화하고 급진화하는 무장단체에 그치지 않는다. 우리 사회 내에도 무지나 이해의 부족으로부터 파생한 혐오와 적대는 있다. 아니, 많다.

7장
아랍의 봄, 시리아 내전, 이슬람 국가

2011년 8월, 이라크의 후세인 정권을 붕괴시키는 것이 곧 세계 평화라고 이야기했던 미국은 철군을 시작했다. 대량살상무기를 가지고 세계를 위협하는 후세인의 제거가 평화를 바라는 모든 세계인의 임무라고 했던 미국은 이라크 전쟁을 마무리한다. 알 카에다와의 연계도 대량살상무기도 없었던 이라크를 침공한 후 수많은 희생자와 난민을 낳은 전쟁을 뒤로하고, 미국은 도망치 듯 이라크를 떠났다. 그러나 그것이 끝은 아니었다. 더 큰 전쟁의 시작이었다.

아무런 명분도 없었던 이라크 전쟁, 오로지 미국의 이익을 위한 중동질서의 재편을 염두에 두고 밀어붙인 이 전쟁은 급진화된 이슬람주의 중에서도 극단을 불러오게 되고, 오늘 현재까지도 중동을 포연 가득한 땅으로 만들고 있다. 모진 삶을 이어가며 온 세상을 떠도는 2000만에 가까운 난민의 시작이 되었던 이 전쟁은 오늘도 그 불씨가 꺼지지 않고 있다.

미군의 이라크 철군

미국은 약속한 대로 이라크에서 철수했다. 빈 라덴이 사살되고

4개월 정도가 지난 후인 2011년 8월 31일에 미군 전투병력이 마지막으로 철수했고, 약 5만 명의 지원병력만이 남아 이라크군의 훈련과 자문역할만을 하게 되었다. 그리고 이 병력도 6개월 후인 12월에 모두 철수했다. 미국은 이라크 전쟁에서 상당한 인명피해와 물적 손실을 당했다.

미국인 사망자가 4,480명, 부상자가 3만 2000명이었고, 이라크 민간인 사망자는 13만 4000명이나 되었다. 미국의 이라크 전쟁비용은 2조 1900억 달러였다. 대략 2,400조 원을 쏟아부었던 것이었다. 한국의 2021년 예산이 558조 정도임을 고려하면, 엄청난 재정이 투여된 전쟁이었음을 알 수 있다.[1] 미국은 이런 희생을 입으며 막대한 예산을 투여했지만, 의도했던 목표는 전혀 이루어내지 못했다. 표면상 후세인 정권을 붕괴시키고 친미 시아파 정권을 세웠지만, 미군 철수 이후 끔찍한 내전이 일어났을 뿐이었다.

미국은 자신들이 떠나더라도 2006년부터 총리직을 이어오고 있는 시아파 출신의 누리 카밀 모하메드 하산 알말리키 총리가 수니파와 협조하며 정국을 잘 이끌 것이라고 기대했다. 전혀 혼란이 없었던 것은 아니지만, 어쨌든 표면적으로 이라크는 그 전에 비하면 상대적으로 안정을 찾은 편이었다. 그런데 미군이 철수하자마자 바로 상황은 급변했고, 이라크에서 시작된 혼란은 중동 전체를 격동의 회오리 속으로 몰아넣었다.

그 격동의 한가운데에 있었던 것이 중동지역 전체를 뜨겁게 강타했던 '아랍의 봄'이라는 민주화 투쟁이었고, 이슬람주의를

---

1 브라운대 왓슨 국제문제연구소 추정

극단으로 밀어붙인 '이슬람국가(IS)'는 바로 이 과정에서 탄생했다. 미군의 이라크 철수보다 먼저 일어났던 아랍의 봄은 중동 지역 전체의 지형을 바꾸어 놓으며 이라크 내전과 만나고, 이어 시리아 내전으로 이어진다.

중동의 민주화 투쟁, 아랍의 봄

아랍의 봄이라 불리는 민주화 투쟁, 거기서 이어진 시민혁명은 매우 의미 있는 사건이었다. 군사쿠데타에 의한 정권 전복, 민족주의로 포장된 독재와 철권통치, 인권의 압살, 왕가와 기득권을 중심으로 형성된 부와 사회적 불평등 등이 그때까지 중동의 모습이었다고 말할 수 있다. 시민들의 자발적인 민주화 투쟁은 아랍 역사에서는 찾아보기 쉽지 않은 사건이었다.

이란에서 시민혁명이 있었지만, 그 종착점이 이슬람 혁명으로 귀결되어 전통적인 의미의 시민 민주주의 혁명이라고 보기는 어려웠다. 지금까지 살펴보았던 것처럼 중동의 역사는 민중들에게 참으로 슬픈 역사였고, 이 속에서 민중 스스로 단결하여 투쟁한 예를 찾는 일은 쉽지 않았다.

그런 의미에서 2010년 12월부터 시작된 중동의 민주화 투쟁, 시민혁명은 새로운 중동질서의 수립이라는 측면에서 매우 의미 있는 사건이었다. 중동의 전면적인 변화에 대한 기대가 세계의 뉴스를 장식했다. 미국이나 서방 세계는 아랍 각국의 민주화가 중동질서의 안정을 가져오면서, 자연스럽게 친미·친서방 정권의 탄생으로 이어질 것이고 이를 통해 자신들의 영향력이 커질 것을 기대했다.

하지만 결과적으로 이 혁명은 부분적인 성과에 머물렀다. 민주화 투쟁의 성과는 곳곳에서 다시 군사쿠데타로 사라졌고, 또 수백만의 난민까지 발생하게 되었다. 이런 결과가 민주화 투쟁의 책임은 아닐 것이다. 이렇게 된 데에는 여전히 독재 권력을 부여잡고 있으면서 민중의 요구를 압살하는 정권들, 거듭되는 경제실패와 민생위기, 이 틈을 타 자국의 이익을 챙기려는 강대국들, 그리고 혼란기를 틈타 무섭게 다시 성장한 근본주의로 무장한 이슬람주의 무장단체 등의 책임이 컸다. 결국 아랍의 봄을 거쳐 시리아 내전이 일어나고 이슬람국가가 탄생하면서 중동은 걷잡을 수 없는 혼란에 빠지게 되었다.

재스민혁명, 튀니지의 시민혁명

재스민 혁명은 튀니지에서 불붙었던 민주화 투쟁이 정권을 무너뜨린 혁명을 일컫는 말이다. 재스민은 튀니지의 국화이자 튀니지에서 가장 흔하게 보는 꽃이라서 튀니지 혁명을 재스민 혁명이라고 불렀고, 이후 튀니지에서 시작되어 전 아랍으로 확산한 민주화 투쟁을 '아랍의 봄'이라고 불렀다.

2010년 12월 17일 튀니지의 중부 소도시인 시디부지드에 살고 있던 노점상 청년 모하메드 부아지지가 몸에 기름을 붓고 분신자살을 시도했다. 그는 당국의 노점상 단속으로 물품을 압수당하자 주 청사로 달려갔다. 그리고 물품 반환과 지사 면담을 요청했지만 거절당하자 온몸에 기름을 붓고 거리 한가운데

◀재스민 혁명 (튀니지 시민혁명)

에서 "당신들은 내가 어떻게 생계를 유지할 것이라고 생각하는가?"라고 절규하며 몸에 불을 붙였다.

부아지지는 그 전부터 지속적인 경찰 단속에 시달렸고 급기야 200달러의 빚을 얻어 마련한 물품마저 압수당하자 죽음으로 항거했던 것이었다. 오랜 독재 속에서 사회적 불평등은 확대되었고, 그 속에서 삶의 벼랑으로 몰리게 된 중동 민중의 전형적인 삶의 모습이었다. 역사 속에서 늘 이런 아픈 일들을 겪었던 한국인들에게 부아지지의 분신은 다른 나라의 일만은 아닐 것이다.

분신 이후 몇 시간이 지나지 않아 시디부지드 시민들의 항의 시위가 시작되었다. 경찰이 발포했고, 이어 항의 시위는 튀니지 전국으로 번졌다. 당연하게도 시위는 반정부 시위, 정권 타도 시위로 발전해 나갔다.

84년생으로 당시 26살의 부아지지는 1987년에 쿠데타로 집권해 23년간 독재를 휘둘러 온 제인 엘 아비디네 벤 알리 대통령과 같은 시대를 살았지만, 그들 둘의 삶은 중동의 명암을 상징했다. 벤 알리는 허둥대며 수습하려 했지만 이미 불꽃은 타올랐고 들불로 번졌다. 부아지지는 이듬해인 2011년 1월 4일 끝내 병원에서 숨을 거두었다. 시위는 SNS를 통해 튀니지 전역으로, 아랍 전 지역으로 퍼져나갔다.

튀니지 민중들이 일어났다. 노동자들은 총파업으로 독재정권에 맞섰다. 벤 알리는 결국 부아지지의 분신 후 1개월도 되지 않았던 2011년 1월 14일에 사임을 발표하고 사우디로 망명했다. 재스민 혁명의 성공이었다. 중동에서 시민혁명으로 독재자를 축출한 최초의 시민혁명이었다. 튀니지 민중들은 부아지지의 죽음을 잊지 않았다.

튀니지에서 시작된 민주화 투쟁은 튀니지에서 멈추지 않았다. 억눌렸던 자유와 민주에 대한 욕구, 불평등과 빈곤에 대한 강력한 항의를 담으며 민주화 투쟁은 전 아랍으로 확대되기 시작했다.

확산되는 아랍의 봄

두 번째로 시민들의 항쟁이 시작된 곳은 이집트였다. 부아지지의 분신 다음 날인 2010년 12월 18일, 이집트 의회 앞에서 한 남성이 분신했고 연이어 다섯 건의 분신이 이어졌다. 시위가 벌어지기 시작했고, 벤 알리의 사임 소식은 이집트의 민주화 투쟁을 더욱 타오르게 했다.

처음에 내걸었던 내무부 장관 사임, 부패 척결의 구호는 정권 타도로 바뀌었다. 호스니 무바라크, 1981년 사다트 암살 이후 집권해 30년이나 독재를 휘둘렀던 무바라크는 벤 알리와 다르게 완강하게 버텼고, 이집트에서는 유혈이 낭자한 시위가 계속되었다. 중동 국가 중 미국과 가장 강한 동맹을 형성하고 있던 이집트에서 벌어진 이 사태에 대해 갈팡질팡하던 미국은 마침내 시위의 정당성을 천명하면서 무바라크의 사임을 종용하였다.

이내 이집트 정권의 보루였던 군대도 시위대에 무력을 사용하지 않겠다고 선언했다. 여기에 이집트 국민에게 가장 큰 영향력을 미치고 있던 무슬림형제단도 그동안의 침묵을 거두고 시위대의 손을 들어 주었다. 무바라크는 결국 2011년 2월 11일에

▲이집트 혁명

사임했다. 이렇게 이집트의 민주화 투쟁도 승리를 거두었다. 아랍의 봄은 이제 아랍 전 지역으로 퍼져나갔다.

그 뒤로 아랍의 봄은 예멘, 시리아, 리비아 등으로 번지며 곳곳에서 민주화 투쟁의 불꽃이 타올랐다. 미국은, 중동의 이 거대한 변화가 과거와는 전혀 다른 형태의 시민혁명이었고, 이는 미국에 우호적인 지형을 만들 것으로 기대했다. 그러나 상황은 미국이 예상한 대로 흘러가지 않았다. 아랍 각국으로 들불처럼 번졌던 민주화 투쟁은 아랍지역이 갖고 있던 여러 가지 독특한 환경 때문에 민주화의 문턱에서 멈추게 된다. 고질적인 군사쿠데타의 악습, 경제정책의 실패로 인한 불평등과 민생파탄, 수니와 시아의 뿌리 깊은 종파 분쟁 등이 민주화의 걸림돌이 되었다.

아랍의 봄 10년

중동 역사에서 보기 드문 사건으로 기록되는 시민민주주의 혁명, 민주화투쟁은 10년이 지난 현재 미완의 혁명으로 기록될 수밖에 없는 상황이다. 거리를 뜨겁게 달구었던 자유와 민주주의를 향한 민중의 함성은 다시 등장한 권위주의 정부에 의해서, 강대국의 개입 때문에, 그리고 온갖 모순이 충돌한 전쟁으로 인해서 묻혀 버리고 말았다.

2011년 10월에 시민혁명과 내전으로 카다피를 축출한 리비아에는 신정부가 들어섰지만 이슬람주의 세력과 세속주의 간의 대립으로 다시 내전에 빠졌다. 이슬람주의 세력의 트리폴리 정부와 세속주의 세력의 토브룩 정부가 각기 정통성을 주장하는 가운데, 이 틈을 타고 급진적인 이슬람주의 조직인 안샤르 알 샤리아 등이 세력을 키웠고 내전은 더욱 확대되었다. 최근 양 정부가 급진적인 이슬람주의 세력을 제외하고 연립정부 구성에 합의하기는 하였지만, 2011년 이후 끝없는 내전 속에서 리비아의 시민혁명은 표류하고 있다. 2021년 12월 24일, 리비아 시민혁명의 마지막 기회가 될 지도 모를 통합정부를 위한 대통령선거가 모든 내전 세력이 참여한 가운데 치러진다. 그렇지만 그동안의 과정으로 미루어 선거 이후 내전이 종식되고 통합정부가 구성될지는 불투명한 상태이다.

이집트는 호스니 무바라크 정권이 물러난 후 2012년 무슬림형제단 출신인 첫 민선 대통령 무함마드 무르시가 집권했으나 계속되는 경제난과 높은 실업률로 인해 국민의 불만이 높아졌고, 더구나 이슬람주의에 입각한 헌법 개정을 추진하면서 정국의 혼란이 계속되었다.

정권교체 1년 만인 2013년에 무르시 대통령이 쿠데타로 축출된 뒤 이집트는 다시 군부정권으로 회귀했다. 국방부 장관 출신으로 대통령이 된 압델 파타 엘시시는 이후 무슬림형제단을 비롯한 야권을 대대적으로 탄압했고, 권위주의적 통치로 인권을 억누르고 언론과 표현의 자유를 억압하면서 장기독재의 꿈을 꾸고 있다. 2019년 4월 대통령의 연임 제한을 완화한 헌법 개정안이 국민투표를 통과하면서 엘시시 대통령은 장기집권의 채비를 마쳤다.

2012년 예멘은 시민혁명으로 34년간 집권한 압둘라 살레 대통령을 축출했다. 그 뒤 국민투표로 압드라보 하디를 대통령으로 선출하였으나 예멘이 고질적으로 갖고 있던 남북예멘 갈등, 수니-시아의 종파 분쟁 등으로 바로 내전 상태에 들어가면서 시민혁명의 성과는 물거품이 되고 말았다. 예멘은 2021년 현재에도 내전 중이다.

아랍의 봄 발원지였던 튀니지는 그나마 가장 성공적인 민주화 이행 절차를 거쳤다. 23년간 독재를 휘둘러 온 벤 알리 정권을 축출하는 데 성공한 튀니지는 2014년 1월 종교의 자유와 인권보장을 명시한 신헌법을 통과시켰고, 이 헌법에 근거하여 2014년 말에 총선과 대선을 치러 평화적으로 신정부를 수립했다. 이러한 성공의 배경에는 국민과 함께 튀니지의 민주화 이행을 주도해 온 시민단체 연합체인 '국민4자대화기구'가 있었다. 이후 튀니지는 비교적 안정된 체제를 구축하고 2018년 5월 지방선거를 성공적으로 치렀고, 2019년에는 대통령 선거를 통해 카이스 사이에드를 대통령으로 선출했다. 튀니지의 민주화 성공은 아랍의 봄을 통해 시민혁명을 일으킨 모든 나라 중 가장 모범적인 사례로 평가되었다.

그러나 2017년부터 튀니지는 계속되는 시위 때문에 민주화로 가는 과정에서 홍역을 앓고 있다. 정치적으로는 대통령과 제1야당인 이슬람주의 정당 엔나흐다가 민주화와 세속주의 개혁을 놓고 갈등을 벌이고 있는 가운데, 경제적으로는 경제침체와 실업, 불평등으로 국민들의 불만이 높아지고 있다. 이런 상황은 코로나가 겹치면서 더욱 나빠졌고 시민들의 시위 또한 빈번하게 발생하기 시작했다. 2021년 7월 사이에드 대통령은 이런 상황을 타개하겠다는 명분으로 엔나흐다 출신 총리를 해임하고 의회 기능을 정지시켰는데, 이로 인해 사이에드 대통령 지지와 반대 시위가 연일 계속되며 정국 혼란이 이어지고 있다. 유일하게 민주화 이행에 성공한 튀니지의 앞날도 예측하기 어려운 상황이다.

아랍의 봄의 물결을 탔던 중동의 다른 나라들은 대부분 시민혁명으로 나가지 못한 채 좌초되었고, 이라크와 시리아는 내전 때문에 민주화 투쟁은 온데간데없이 사라지고 혼란만 남은 상태이다. 이러한 민주화 투쟁의 실패는 오히려 중동의 보수화를 촉진하기도 했고, 아랍은 다시 겨울 속으로 들어가고 있다.

아랍의 봄이 미완의 혁명으로 남은 이유로 몇 가지가 지적된다. 가장 중요하게 거론되는 원인은 아랍세계의 본질적인 문제인 종파 분쟁, 나아가 이슬람 근본주의의 영향, 강대국의 이권을 노린 개입, 민주주의 전통의 부재와 군사쿠데타의 악습이다.

이런 이유 외에 지적할 수 있는 것은 먹고사는 문제를 해결하지 못하고 있는 중동 경제의 구조적인 문제와 정부의 무능이다. 중동지역은 아랍의 봄 이후 인구가 7,000만 명 증가했으며, 2030년까지 1억 2,000만 명이 더 늘어날 것으로 예측된다. 이런 상황에서 민주주의가 자리를 잡지 못하면서 독재자의 부정부패, 경제정책의 실패가 이어지고 있다. 국제노동기구(ILO)에 따르면 지난 10년 동안 중동의 청년 실업률은 2012년 32.9%에서 2020년 36.5%로 증가한 것으로 나타났다.

게다가 이 지역은 2015년 유가 하락이 시작된 이후 소득, 투자, 고용 감소에 직면해 있다. 또한 코로나의 습격은 걸프 국가 원조에 의존해 온 아랍 지역 경제에 전반적으로 악영향을 미치고 있다. 국제통화기금(IMF)에 의하면 중동과 북아프리카 각국의 1인당 GDP는 떨어지고 있다. 2010년 당시 1만1417달러로 어지간한 중진국 수준이었던 리비아의 1인당 GDP는 현재 3282달러로 3분의 1 이하로 급감했고, 예멘 역시 절반 수준인 925달러로 하락했다. 물론 이런 문제의 근저에는 중동을 자기들의 이권에만 이용하는 강대국의 개입과 경제적 식민화 문제도 있다.

아랍의 봄이 시작된 이유가 바로 이것이었는데, 아랍의 봄 이후 들어선 정부들 또한 이 근본적인 문제를 해결하지 못하고 있다. 이 문제는 물론 단지 중동의 문제만은 아니다. 이는 자본주의 체제가 가지는 근본적 문제가 발현된 것이며, 이로 인해 나타나고 있는 전 지구적인 체제 위기와 불평등 심화와 동일선상의 문제라고 할 수 있다. 중동문제를 단순히 종파 분쟁이나 근본주의로 인해 파생된 사회적 혼란으로만 볼 수 없는 이유이다.

하지만 아랍의 봄을 미완의 혁명이나 실패한 혁명으로만 기억할 수는 없다. 민주화는 이런 역사적 경험의 축적으로 이루어진다는 점에서 아랍의 봄이 중동 역사에 새로운 지평을 열었다는 점 또한 평가해야 한다. 아랍의 봄은 시민의식이 새롭게 성장하고 인권에 대한 감수성이 확장되는 계기였고, 여성 인권에 대한 법과 제도들이 새롭게 제정되었으며 여성들 스스로 운동의 주체로 일어서고 있다는 점도 잊지 않아야 한다. 무엇보다도, 중동 역사에서 볼 수 없었던 시민들에 의한 민주주의 요구는 이후 중동의 새로운 질서를 만들어가는 자양분이 될 것이다.

시리아라는 나라

지금의 시리아 영토는 오스만 제국의 붕괴 후 제국주의 열강들이 중동지역을 분할하는 과정에서 프랑스가 지배권을 보유한 지역이었다. 제국주의 열강의 이해관계에 따라 마음대로 줄이 그어지고 분할되면서 종교도 다르고 역사적 배경도 다른 민족들이 하나로 묶였고, 시리아가 1941년 2차 대전 중에 프랑스로부터 독립하면서 이러한 지형은 고스란히 독립 국가로 이전되었다. 독립 국가 시리아는 이런 이유로 다양한 정체성을 가진 부족들이 지역별로 나뉜 나라가 되었고, 당연하게도 "시리아인"이라는 국민적 정체성은 취약할 수밖에 없었다.

통상적으로 아랍인이라고 규정할 수 있는 부족들이 90%였지만, 북동부지역에는 10%의 쿠르드족이 거주하고 있었다. 종교

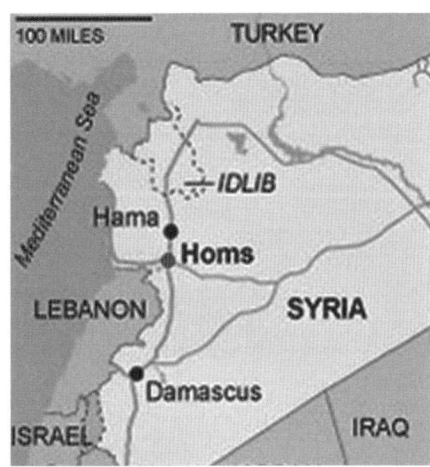

시리아지역▶

▼레빈트 지역 (해가 뜨는 지역)

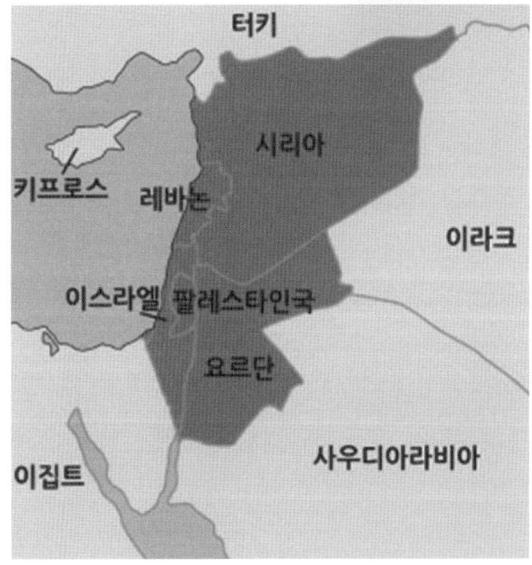

적으로는 더 복잡했다. 다수파는 수니파였지만 권력은 시아파에 있었고, 그중에서도 인구의 13% 정도인 알라위파가 권력 상층부를 차지하고 있었다. 시아파도 단일한 종파가 아니었고 알라위파, 드루즈파, 이스마일파, 12이맘파 등이 다양하게 분포하고 있었기 때문에 국가적 통일성은 취약할 수밖에 없었다.

더구나 독립 이후 시리아 권력의 핵심은 늘 군부였고, 그래서 민주주의나 인권은 항상 뒷전이었다. 21년째 집권하고 있는 바샤르 알 아사드 대통령의 아버지인 하페즈 아사드가 1970년 군사쿠데타로 집권했는데 그 이후 강력한 독재정치를 펼침으로써 민주주의는 매우 취약했다.

2000년 하페즈 아사드가 사망한 이후 그의 아들인 34살의 바샤르 알 아사드가 대를 이어 대통령이 되었다. 민주주의를 희생시킨 군사 정권의 개발독재에 힘입어 표면적으로는 경제성장을 어느 정도 이루었다. 이런 과정에서 필연적으로 일부의 상류 기득권층이 형성되었고, 중산층도 일정한 정도 확대되어 정권은 비교적 안정적인 기반을 가졌던 편이었다. 따라서 시리아 사회의 기본적인 모순은 종파 간의 분열보다는 경제성장 혜택을 누리는 집단과 소외된 집단 간의 갈등이었다. 집권세력은 시아파였지만 수니파 중산층들은 종파와 관계없이 정부에 대해 우호적이었고, 이들은 종파가 다름에도 불구하고 아사드 정권의 지지기반이 되어 주고 있었다.

시리아가 위치한 곳은 소위 레반트 지역이라 일컬어지는 곳이다.[2] 지정학적으로 중요한 곳으로, 중동의 정중앙에 있으며 이

---

[2] 라틴어로 '떠오르다'를 뜻하는 'levare'에서 유래한 말로 '해가 떠오르는 곳', 즉 동쪽에 있는 나라라는 뜻이다. 대체적으로는 팔레스타인와 시리아 지역을 가리키는데

라크, 터키, 요르단, 레바논, 이스라엘과 국경을 마주하고 있고, 그래서 복잡한 중동의 정치적 변수를 흡수하는 역할도 하고 있었다.

시리아는 이라크의 쿠웨이트 침공 당시의 걸프전에서는 후세인에 대해 반대 입장을 견지하며 후세인 정권을 견제했고, 가장 강력한 세속주의 정부로서 급진적인 이슬람주의의 확산을 저지하는 역할도 하고 있었다. 그래서 시리아에서는 종파 분쟁이 없었고 이슬람주의도 뿌리를 내리기가 쉽지 않았다. 그런 측면에서 시리아는 서방의 이해관계에도 부합하는 균형추 역할을 하기도 했다.

시리아는 이렇게 전형적인 세속주의 정부로 종파 갈등은 크지 않았지만, 독재정치가 이루어지고, 경제 사회적으로는 개발독재에 따른 외형적 성장과 사회적 불평등이 함께하는 곳이었다. 박정희 정권 아래 한국의 60~70년대 상황과 비슷했다고 할 수 있다. 한국과 다른 점이 있다면, 시리아는 오랫동안 외교적으로는 친소 노선을 택하고 있었고 소련 붕괴 후에도 러시아와 가까운 편이었다. 당연히 미국이 늘 주의를 기울여야 하는 국가였다.

시리아의 민주화 투쟁과 내전의 발발

대략 그 범위는 북쪽으로 타우루스 산맥, 서쪽으로 지중해, 남쪽으로 아라비아 사막, 동쪽으로 북서 이라크를 경계로 하는 지역이다. 팔레스타인, 이스라엘, 레바논, 요르단, 시리아, 넓게는 북서부 이라크, 이집트의 시나이반도가 대체로 여기에 해당한다.

70년대 한국이 그랬듯이 시리아에도 민주화에 대한 요구들이 잠복하고 있었다. 튀니지에서 발화한 민주화 투쟁이 시리아에 닿은 순간 잠복하던 국민들의 불만이 터져 나왔고 시리아의 민주화 투쟁은 일순간에 타올랐다. 시리아의 민주화 투쟁은 2011년 3월 15일에 수도 다마스쿠스와 알레포에서 일어난 대규모 반정부 시위가 본격적인 시작이었다. 3월 초에 학생들이 써서 붙인 낙서 "의사, 다음은 네 차례다!"가 그 출발이었다. 이는 영국 유학 중 의학(안과)을 전공한 아사드 대통령을 가리키는 말이었다.

아사드 정부는 체포한 학생들에 대한 고문과 폭행을 저질렀고 벽보 한 장에 대한 처벌로는 과도한 형을 내렸다. 이는 아랍의 봄에 두려움을 느낀 아사드 정부가 아예 그 시작부터 싹을 자르겠다는 발상 속에 한 짓이었지만, 시민들은 오히려 여기에 크게 분노했고 구속자 석방과 내무장관 사임을 요구하는 집회가 잇따르기 시삭했다. 정부가 이를 폭력적으로 진압하자 집회는 20년째 장기독재를 하고 있던 아사드 정권 타도를 내세운 전국적인 시위로 번져 나갔다. 그리고 마침내 이 시위는 정부에 대한 무장투쟁으로 이어지고 내전으로 확대되어 나갔다.

아사드 정권은 시아파 정권이기는 했지만, 처음에는 종파간의 대결양상이 아니라 민주 대 반민주의 단일한 전선으로 투쟁이 진행되었다. 2011년 여름이 되자 반군 무장세력들은 자유시리아군으로 통합되었고 민주화를 주장하는 정치세력, 사회세력은 시리아 국민회의로 결집하였다. 이처럼 시리아 민주화 투쟁은 한편으로는 무장투쟁, 한편으로는 대중적인 민주화 운동이 병행하면서 전국적으로 확대되고 있었다.

그러나 중동의 다른 민주화 투쟁과 달리 시간이 지나도 시리아 상황은 좀처럼 가닥이 잡히지 않았다. 완강하게 버티는 아사드 정부로 인하여 내전은 격화되기만 했고, 민주화 운동 또한 이렇다 할 성과를 얻지 못하면서 싸움은 장기화 국면으로 들어섰다. 그리고는 이내 상황은 전혀 예상치 못한 방향으로 이어졌다.

시리아 상황이 중동의 여타 민주화 투쟁과 다른 양상으로 전개된 것은 외부세력의 개입이 결정적이었다. 2011년 여름을 넘어서면서 정부군과 반군을 주변의 열강들이 지원하면서 내전 상황이 걷잡을 수 없이 혼란스러워지기 시작했다. 이 상황에서 근본주의로 무장한 지하디스트들이 시리아를 또 하나의 성전의 무대로 삼아 곳곳에서 몰려들었다.

이미 언급한 바와 같이 시리아는 아사드의 강력한 세속주의 정책으로 이슬람주의의 기반이 약했고, 그래서 국내적인 조건만으로는 종파 분쟁으로 발전할 개연성이 적었다. 그런데 내전이 길어지고 강대국의 이해관계가 맞물리면서 내전은 통제 불가능한 상태로 빠져들었다.

중동 분쟁은 그 안을 들여다보면 아랍 대 서방-이스라엘 사이의 분쟁, 세속주의 대 이슬람주의 분쟁, 다수민족 대 소수민족 분쟁, 제국주의 세력 간의 분쟁, 수니파 대 시아파의 종파 분쟁, 독재정권에 대한 민주화 투쟁 등으로 그 갈래가 아주 복잡하게 얽혀 있음을 언급한 바 있다. 그런데 시리아에서는 이 모든 분쟁이 중층적으로 결합하여 한꺼번에 나타났다. 시리아 내전은 이런 결합으로 나타난 다양한 변수로 인하여 훨씬 더 길고 참혹한 과정을 거치게 된다.

시리아 내전의 첫 번째 변수, 종파 분쟁

그 복잡한 실타래의 첫 마디를 풀어보자. 첫째, 종파 분쟁과 주변 아랍국가의 개입으로 인해 복잡해진 지형이다. 시리아의 민주화 투쟁이 사회적 불평등에 대한 저항과 민주화 요구를 중심으로 진행되면서 처음에는 종파 간의 구분이 없었다. 그렇기는 해도 시아파 정부에서 더 많은 혜택을 누린 시아파보다는 다수파임에도 불구하고 상대적 박탈감을 느끼고 있던 수니파가 아무래도 반 아사드 경향성이 더 강할 수밖에 없었다.

처음에는 이런 종파적 갈등이 드러날 여지가 없었지만, 상황이 길어지면서 시아파 아사드 정권은 민주화 투쟁 전선을 흩트리기 위해 수니파에 대한 경계를 강화하면서 종파 분쟁을 은근히 부추겼다. 그동안 철저하게 탄압했던 급진적인 이슬람주의 성향의 수니파 무슬림들을 석방한 조치가 바로 그런 것이었다. 아사드 정권은 그동안 국정을 운영하면서 전체 인구의 14% 정도밖에 되지 않는 시아파의 분파인 알라위파를 중심으로 정국을 운영해왔다. 당연히 내부적으로 종파 갈등이 없을 수 없었지만 아사드는 이를 폭력적으로 통제해왔다. 그런데 민주화 투쟁으로 위기에 몰리자 오히려 아사드는 종파 갈등을 부추겨 민주화 투쟁의 전선을 혼란스럽게 하고자 했다. 이렇게 아사드 정부가 종파 갈등을 은근히 부추기고 주변국들이 시리아 내전에 적극 개입하면서 종파 분쟁은 급격하게 파도를 타기 시작했다.

내전이 장기화하고, 2012년부터 본격적으로 주변 아랍국들의 개입이 시작되고 수니-시아의 종파 분쟁이 나타나면서 시리아의 민주화 투쟁은 전혀 다른 방향으로 전개되었다. 시리아의 수니-시아 종파 분쟁은 그동안 한 나라 내부에서 벌어졌던 종파 분쟁이 국제적인 양상으로 나타난 전형적인 사례였다. 그전에 수니-시아의 종파 분쟁이 국제적으로 확대되는 출발이 되었던 것은 이라크 내전이었다. 그동안에는 이슬람과 세속정부와의 대립이 분쟁의 양상이었다면, 이라크 내전을 기점으로 이슬람 내부의 종파 분쟁이 국제적인 종파 분쟁의 성격으로 변하게 되었다.

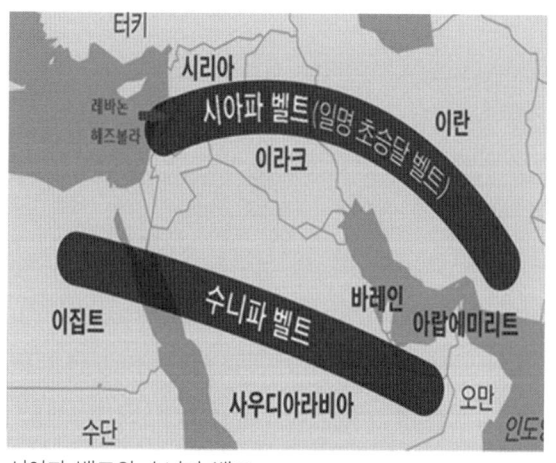

시아파 벨트와 수니파 벨트

이라크의 후세인 정권이 붕괴하고 시아파 정권이 들어서면서 중동지역에는 이란-이라크-시리아 그리고 레바논의 시아파 민병대 헤즈볼라로 이어지는 소위 시아파 초승달 지대가 형성되었다.

　이러한 상황은 수니파 주변국들 즉 사우디, 쿠웨이트, 터키 등에 위협으로 다가왔다. 자국의 시아파를 자극해 자국의 정치 불안이 일어날 수 있다는 우려가 있던 상황에서 수니파 각국 정부는 시아파 아사드 정권이 무너진다면 이러한 위험요인이 제거될 거라고 판단했다. 이에 따라 수니파 국가인 사우디, 터키 등이 다양한 방식으로 시리아 반군에 대한 지원을 은밀하게 시작했다.

　수니파를 지원한 나라는 이들만이 아니었다. 중동 전체에서 다수였던 다른 수니파 국가들도 시리아의 반군을 지원하기 시작했다. 심지어는 다시 아프가니스탄에 자리를 잡으며 아프가니스탄의 친미 정부와 내전을 치르고 있던 수니파 탈레반들도 지원병을 꾸려 반 아사드 대열에 합류했다. 이제 수니-시아의 종파 분쟁은 한 나라를 넘어 국제적인 분쟁의 양상으로 변화했다. 반면 시아파 연대를 통해 새로운 중동질서를 꿈꾸던 시아파 국가들에게는 이런 수니파 국가들의 반군 지원이 좌시할 수 없는 위험으로 다가왔다.

　가장 적극적으로 나선 것은 이란이었고, 이어 레바논의 헤즈볼라도 아사드 정부를 지원했다. 여기에다 수니파와 치열한 내전을 치르고 있어서 겨를이 없던 이라크 정부 또한 시아파 민병대 일부가 시리아 내전에 가담하여 아사드 정부에 힘을 보태기도 하였다. 이렇게 시리아 내전은 수니-시아의 종파 분쟁이면서 동시에 아랍국들이 참전한 내전으로 확대되었다.

두 번째 변수 :
급진화된 이슬람주의의 확산과 이슬람국가(IS)

시리아 내전이 장기적인 내전으로 복잡하게 진행된 두 번째 요소는 이슬람주의를 극단으로 밀어붙이며 이슬람주의를 폭력과 테러 그 자체로 인식하게 만들었던 '이슬람국가'의 등장이다. 이슬람국가, 정확한 명칭으로는 이라크 레반트 이슬람 국가(ISIL, 이하 IS 혹은 이슬람국가로 표기)라는 이름의 무장단체가 시리아에 등장한 것은 2013년 4월이었다. 이 단체의 모체는 이라크 내전 당시 결성되었던 자르카위의 알카에다 이라크 지부였다. 알카에다의 이라크 지부로 출발하여 이라크와 시리아의 영토의 반을 차지하며 국가를 선포했던 IS는 시리아 내전의 가장 중요한 변수로 작동하게 된다. 이라크 내전으로 다시 돌아가 보자.

2011년 12월에 미군의 최후 병력이 철수하고 난 바로 다음 날인 12월 18일에 이라크의 앞날을 예고하듯 혼란스러운 상황이 발생한다. 미국이 나서서 시아파를 중심으로 하면서 수니파까지 껴안고 만든 누리 카밀 모하메드 하산 알말리키 정부는 미군 철수 바로 다음 날, 수니파 출신의 부통령 타리크 알하시미를 정부 관료 암살 기도 혐의로 체포했다. 미군이 나가자마자, 미국의 눈치를 보며 그동안 억지로 협조했던 시아파 정부가 수니파에 대한 공격을 시작한 것이다.

말 그대로 이라크의 시아파는 하루를 못 참았다. 수니파 부통령 체포에 맞서 당연히 수니파는 정권에 대한 전면적인 참여 거부를 선언했다. 그 후 12월 22일에 바그다드 전역에서 차량폭탄 테러가 연쇄적으로 일어났다. 하루 내내 폭탄 테러의 물결이 이어졌다. 미군이 떠난 뒤 벌어진 이 테러는 명백히 시아파 정부에 대한 공격이었다.

테러 직후 자신들이 저질렀음을 당당히 밝힌 세력이 등장했다. 바로 이라크 알카에다 지부에서 이름을 바꾼 이라크 이슬람국가였다. 이 사건은 수니-시아 종파 분쟁의 본격적인 시작을 알리는 테러였다. 그동안 미군의 위세에 약해졌던 수니파 반군들이 이 테러에 고무되면서 일제히 들고 일어섰다. 이라크는 미군 철수 후 하루 만에 다시 격렬한 내전으로 빠져들었다.

미군 철수 후 두 달 동안 1,000명이 사망했으니 얼마나 끔찍한 테러와 전투가 있었는지를 상상할 수 있다. 이후 이라크에서는 전면적인 내전 상황이 오랜 기간 이어졌고, 이라크 이슬람국가는 시아파 정부에 맞서는 가장 강력한 수니파 반군세력으로 성장했다. 그동안 흩어져 있던 수니파 반군의 대부분은 이 과정에서 이라크 이슬람국가로 흡수되었다.

이라크 이슬람국가의 성장에는 여러 가지 요인이 작용했다. 먼저 그동안 강력한 군사력으로 그들을 억제하던 미군의 철수가 결정적이었다고 할 수 있다. 그러나 보다 더 결정적인 이유는 알말리키 정부의 종파적 운영과 이에 반발하는 여론의 확산이었다. 알말리키 정부는 미군 철수 이후 수니파 출신 장교들을 해임하면서 시아파 일색으로 군대를 재편했다. 게다가 수니파 부통령을 체포함으로써 불만을 더욱 커지게 했다. 이런 일련의 정책은 국민의 소수였지만 오랜 집권 기간으로 기반이 튼튼했던 수니파의 분노를 불러왔고, 이를 틈타 세력 회복을 노린 이라크 이슬람국가가 폭탄테러로 주가를 높이면서 반 알말리키, 반정부 투쟁의 선봉으로 등장했다.

2010년 미군의 전면 공격으로 이라크 이슬람국가는 조직이 상당히 무너진 상태였다. 이라크 이슬람국가의 지도부는 몸을 낮추고 조직을 강화하는 것이 필요한 때라고 판단하고, 철군 발표 이후부터 미군의 철군을 기다리며 은밀하게 세력을 넓히고 조직을 정비해 왔다. 알카에다 중앙과 긴밀하게 연락하는 한편, 자르카위 사후에 새롭게 지도부를 꾸리면서 향후 전략을 가다듬고 있었다. 이를 총괄하면서 이라크 이슬람국가의 새로운 지도자로 등장한 사람이 아부 바크르 알바그다디였다.

이처럼 국경을 맞댄 두 나라 시리아와 이라크는 2011년 들어 모두 격렬한 내전의 혼란 속에 있었다. 이 내전의 과정에서 가장 핵심적인 분쟁으로 등장한 것은 수니-시아 종파 분쟁이었다. 이 두 나라에서 나타난 종파 분쟁은 이슬람주의를 통한 신정국가를 추진하던 지하디스트들에게 최고의 무대가 된다. IS, 즉 이슬람국가의 건설은 바로 이런 배경에서 이루어진 일이었다.

이슬람국가(IS)의 등장과 성장

이라크 이슬람국가의 조직을 추스르며 새롭게 지하드를 계획하던 알바그다디는 2011년 여름부터 시리아에서 수니-시아의 종파 분쟁이 시작되고 내전이 격화되자 이라크와 시리아를 연결하는 새로운 지하드를 구상하였다. 2011년 8월에 알바그다디는 시리아에 알카에다 지부를 만들기 위해 아부 모하마드 알골라니를 리더로 하는 8명의 알카에다 대원을 시리아에 파견했다.

2011년 8월에는 미군이 아직 철수하지 않은 상황이어서 이라크에서는 비교적 조심스러운 행보를 하고 있었지만, 알바그다디는 수니-시아의 분쟁이 확장되고 있는 시리아야말로 수니파를 묶어 새롭게 알카에다 조직을 확대할 수 있는 최적의 장소라고 보았다. 이때부터 이라크 이슬람국가는 한편으로는 이라크 내부 조직을 확장하고, 또 한편으로는 시리아에서 만들어지는 시리아의 알카에다 조직을 지휘하면서, 두 나라를 묶어 지하드주의에 입각한 이슬람주의의 새로운 조직적 흐름을 만들어가기 시작했다.

알바그다디는 이라크에서는 2011년 12월 미군 철수 후 그동안 모았던 조직력으로 강력한 테러를 통해 내전의 중심으로 등장하며 수니파들을 포괄해 나갔고, 시리아에는 알골라니를 파견하여 시리아의 토착 이슬람주 무장단체와의 연대를 통해 시리아 내전의 주도권을 쥐어 나갔다. 시리아의 알카에다 조직은 알 골라니가 시리아에 입국한 지 4개월 만인 2011년 12월 27일, 다마스쿠스의 시리아 정부안보청사를 공격하면서 첫 모습을 드러냈다. 이 사건을 통해 그들은 시리아 내전의 중요한 세력으로 일약 등장했다. 이렇게 알카에다의 새로운 조직, 다시 말해 이라크 이슬람국가는 수니-시아 종파 분쟁 국면을 통해 양국에서 점차 조직을 강력하게 세워갔다.

마침내 시리아의 알카에다 조직은 해가 바뀐 2012년 1월 23일에 알누스라 전선이라는 이름으로 공식적인 조직 결성을 공표했다. 알누스라는 우리말로 '승리의 전선'이라는 뜻이다. 이들은 독재정권이자 무슬림을 탄압하는 정권인 아사드 정권에 저항할 것이며, 모든 반 아사드 세력과 연대하여 자유 시리아를 위해 투쟁할 것임을 선언했다.

▲아부 무함마드 알 골라니
▶알누스라 전선의 깃발

실제로 알누스라 전선은 내전 과정에서 세속주의 반군과 연대하고 자신들이 점령한 지역에서도 엄격한 이슬람 계율을 강제하지 않으면서, 저변을 확대하는 전략을 펼쳐 나갔다. 그러면서 알누스라 전선은 대 아사드 전쟁에서 가장 강력한 투쟁력을 보임으로써 내전에서 급속하게 세력을 확장해 나갔다. 그러나 그들은 자신들이 알카에다와 연계된 시리아의 조직이라는 것은 철저하게 비밀에 부쳤다.

알카에다의 9.11테러, 탈레반 정부의 극단적인 교조주의, 자르카위의 잔인한 살인 행위 등은 수니파라 하더라도 비판적이었고, 그들은 이것이 이슬람주의의 근본적 가치를 확산시키는 데 걸림돌이라는 사실을 염두에 두었던 것이었다. 그리고 무엇보다도 알카에다의 지부라는 것이 확인될 경우 미국의 집중적인 공격을 피할 수 없다는 판단도 있었다. 이슬람주의를 극단까지 밀어붙인 근본주의 무장단체들은 표면적으로는 이렇게 진화하고 있었다.

미국은 새롭게 등장하며 시리아 내전의 핵심으로 부각한 알누스라가 이내 알카에다의 조직임을 확인하고, 교묘하게 정체를 숨기고 있지만 알카에다의 시리아 테러조직에 불과하다고 공식적으로 발표했다.

미국은 이런 발표를 통해 알누스라 전선의 활동을 제약하고자 하였으나, 상황은 미국의 의도대로 흘러가지 않았다. 시리아 주민들은 오히려 반미 시위를 전국적으로 벌이면서 알누스라 전선에 대한 지지를 선언했다. 수십 개의 수니 반군 조직들도 "우리 모두 알누스라 전선이다."라고 선언하며 알누스라 전선과의 연대를 확인했다.

미국의 뜻하지 않은 도움까지 얻으며, 알누스라 전선은 이제 시리아 내전에서 가장 영향력 있는 조직으로 성장하였다. 이런 긍정적인 분위기 속에서 그들은 수니파 반군 세력들을 속속 규합하는 데 성공했다. 알누스라 전선은 2012년 말에는 시리아의 알레포와 이들리브 등을 점령하여 세력을 넓혔고, 2013년 3월에는 시리아 동부의 가장 큰 도시인 락까를 점령하여 기세를 올렸다. 이들은 그렇게 시리아 내 가장 강력한 반군조직으로 성장했다.

때맞춰 이라크에서도 이라크 이슬람국가가 연일 승리하며 이라크의 주요 도시들을 점령해 나가고 있었다. 이렇게 2013년 초에 이르면 알카에다의 이라크, 시리아 조직은 양국에서 가장 강력한 세력으로 성장했다. 9.11 테러 이후 그리고 빈 라덴의 사망 이후 미국에 의해 세력이 상당히 약해졌던 알카에다는 이렇게 부활했다. 그러나 이라크와 시리아의 알카에다 지부는 거기서 멈추지 않았다. 이 조직은 알카에다와의 관계를 정리하면서 전혀 새로운 근본주의로 무장한 조직으로 탈바꿈했다.

2013년 4월 13일 이라크 이슬람국가의 지도자 알바그다디는 "알누스라 전선은 알카에다 이라크지부인 이라크 이슬람국가에서 파생한 조직이며, 이제 이 두 조직인 이라크 이슬람국가와 알누스라 전선을 묶어서 이라크 레반트 이슬람국가(ISIL)로 통합한다."라고 선언했다. 한 마디로 폭탄선언이었다.

우선 알누스라 전선이 알카에다로부터 나온 조직임을 공개적으로 밝힌 것도 충격이었고, 이 두 조직의 통합을 알카에다의 중앙 조직이 아니라 일개 지부의 리더가 발표한 것 또한 놀라운 일이었다. 이 선언은 그동안 시리아에서 차근차근 기반을 쌓아가던 알누스라 전선에도 당혹스러운 일이었다. 알카에다 조직이 아닌 척하면서 쌓아 온 기반이 무너질 우려가 생긴 것이다. 이것이 현실이 된다면 중동의 이슬람주의 무장세력의 지도를 바꾸는 대변화를 만드는 일이 될 것이었다.

시리아 알누스라 전선의 지도자 알골라니는 즉각 이를 부인하고 통합을 거부했다. 그리고 빈 라덴이 죽은 후 새로 알카에다의 지도자가 된 아이만 알 자와히리에게 이것을 바로 잡아달라고 요청하였다. 알카에다의 지도자 자와히리는 이 요청을 받고 숙고한 후 답을 내놓았다. 그 내용은 알누스라 전선이 알카에다의 시리아 지부임을 인정하며, 이라크와 시리아의 지부는 각각 자신의 지역에 집중하고 통합은 없다는 것이었다. 자와히리는 알바그다디가 중앙과 상의 없이 통합을 결정한 것은 잘못이라고 분명히 못박았다.

이에 대해 알바그다디는 즉각 반박성명을 발표했다.[3]

"이라크 레반트 이슬람국가는 우리 핏줄이 뛰고 눈을 깜박이는 한 존재하게 될 것이다. 우리는 죽을 때까지 타협하거나 포기하지 않을 것이다. (중략). 아이만 알 자와히리의 서한에 있던 알라에 반하는 명령보다는, 알라의 명령을 따를 것이다."

알바그다디는 알카에다의 권위에 대해 정면으로 도전하면서 새로운 판을 짜겠다고 천명한 것이다. 그는 이라크 이슬람국가가 이라크와 시리아에서 거둔 성과에 고무되어 있었다. 무엇

---

3 〈이슬람 전사의 탄생〉 정의길, 한겨레 출판

보다도, 이라크 레반트 이슬람국가 선언이 갖고 있던 큰 의미는 그 명칭이 '국가'라는 점이었다. 그냥 무장단체로 머무는 것이 아니라, 두 조직이 그동안 쌓은 성과, 즉 점령한 지역을 영토로 하는 국가를 세우겠다는 것이었다.

이는 알카에다에 대한 공개적인 도전이었다. 알바그다디는 그 옛날 이슬람으로 돌아가자고 주장하면서, 제국주의 세력이 마음대로 그어 놓은 국경에 갇혀 이라크와 시리아를 구분하는 것은 알라의 뜻이 아니라고 주장했다. 이 주장은 지하드를 위해 아랍 각국에서 몰려온 지하디스트들이 품었던 이상, 신정국가 바로 그것이었다. 당연히 알바그다디의 선언은 무슬림들에게 큰 울림으로 다가왔다.

사실 와하비즘에서 무슬림형제단을 거치며 그 이론적 토대를 구성한 이슬람주의의 종국적인 목표는 인종과 국경을 초월한 모든 무슬림의 나라, 무슬림의 공동체, 즉 옛 칼리파 제국을 복구하는 것이다. 이라크와 시리아에 몰려든 이슬람주의 무장단체의 무슬림들은 반미를 넘어, 그리고 시리아의 민주화를 넘어 더 큰 신념이 있었다고 할 수 있었다. 알바그다디는 그들에게 지향점을 분명하게 제시한 것이다.

알누스라 전선의 지도자 알골라니는 즉각 반발하고 나섰지만, 알바그다디의 선언은 알누스라 전선을 분열시켰다. 알누스라의 다수는 알바그다디의 명령을 따랐고 알누스라는 소수 무장단체로 전락했다. 이것뿐 아니라 시리아 내전에 참전한 대부분의 지하디스트들은 알바그다디의 명령에 따라 이라크 레반트 이슬람국가로 결집하기 시작했다.

이제 이라크 레반트 이슬람국가는 이라크와 시리아의 점령지를 묶어 새로운 국가의 형태로 나아가기 시작했다. 이라크 레반트 이슬람국가는 그동안 알누스라 전선이 장악했던 최대도시 락까에서 알누스라 전선을 물리치고 도시를 장악했다. 그리고 그때부터 본격적으로 국가의 체제를 갖추면서 샤리아에 의한 통치를 시작한다. 이미 아프가니스탄의 탈레반 정부에서 행해 졌던 이슬람 교리의 교조적인 적용과 무슬림이 아닌 이들에 대한 잔혹한 처벌 등이 행해졌다.

이런 문제점에도 불구하고, 시리아의 무슬림들은 이미 가장 강력한 세력으로 부상한 이라크 레반트 이슬람국가에 저항하기 보다는 투항했다. 일부는 이슬람국가가 주장하는 바에 대한 전적인 동의를 통해서, 다른 일부는 수니파의 단결이 이라크 레반트 이슬람국가를 통해서만 가능하다는 현실적 판단에서, 수니파 세력들은 하나둘씩 이라크 레반트 이슬람국가로 뭉치게 되었고 IS는 이라크와 시리아를 통틀어 가장 강력한 조직이 되었다. 그리고는 마침내 이라크 레반트 이슬람국가는 출범 3개월 후인 2014년 6월 29일에 다음과 같은 성명을 발표하면서 국가수립을 공식적으로 선포했다.

"칼리파가 통치하는 새로운 이슬람국가를 선포하며, 아부 바크르 알바그다디를 칼리파로 추대한다."

칼리파라는 명칭은 무함마드가 죽은 후 그 후계자를 칭하던 명칭이었다.[4] 이라크-시리아 국경을 무시하고 양국의 점령지를

---

4 칼리파는 '뒤따르는 자'라는 뜻의 아랍어로 무함마드가 죽은 후 움마(이슬람 공동체) 혹은 이슬람 국가의 지도자를 일컫는 칭호이다. 칼리파의 역사는 서기 632년에 무

이슬람국가의 무장한 병사들

함마드가 죽은 후 이슬람 공동체의 지도자로서 제1대 칼리파로 아부 바크르가 선출되어 "알라의 사도의 대리인"을 칭했던 것에서 시작되었다. 오스만 제국까지 이슬람국가의 최고지도자의 호칭으로 사용되었으나 오스만제국이 붕괴된 후 뒤를 이은 터키에서 1924년에 폐지되었다.

묶는 새로운 국가, 이슬람국가는 이렇게 탄생했다. 이슬람국가는 짧은 시간에 비약적으로 성장해 나간다. 무슬림들의 가슴 깊은 곳에 자리 잡은 신정국가에 대한 이상, 강력한 군사력 등이 우선적인 성장 요인이었다. 그러나 여기에는 몇 가지 더 중요한 이유도 자리하고 있었다.

가장 중요한 요인은 주민들, 즉 이라크와 시리아 주민들의 태도였다. 아프가니스탄에서 그랬듯이 길고 긴 전쟁은 주민들의 삶을 극한의 고통으로 밀어 넣는다. 이런 조건에서 주민들이 가장 바라는 것은 안전과 평화가 될 수밖에 없다. 주민들의 최대의 바람은 민주화도 아니고, 수니나 시아의 나라도 아닌 삶 그 자체가 되는 것이다. 아프가니스탄 주민들이 극단적인 이슬람주의를 내걸었던 탈레반을 용인했던 것도 같은 이유였다. 이라크 레반트 이슬람국가가 세력을 확대하고 특정한 지역, 락까 같은 도시를 통치하게 되자 주민들이 이곳으로 유입되기 시작했다. 이유는 단순했다. 그곳이 가장 안전한 곳이었기 때문이다. 주민들의 유입은 이슬람 국가의 가장 중요한 토대가 되었다. 주민의 존재는 모든 정치세력의 가장 강력한 기반이 되기 때문이다.

IS의 성장 요인에는 아사드 정권의 급진적인 이슬람 근본주의 무장단체를 이용하겠다는 전략도 있었다. 아사드 정부는 이들 무장단체와의 교전은 되도록 피하고 다른 전선에 병력을 우선 배치했다. 이를 통해 첫째 아사드 정부는 전선이 민주 대 반민주 혹은 아사드 정부군과 반군이라는 단일한 전선으로 가지 않고 복잡하게 만들고자 했다. 반 아사드 반군의 전력을 분산시키겠다는 의도를 가졌던 것이었다.

둘째로, 그들은 IS를 이용하여 급진적인 이슬람주의 세력에 대한 공포심을 자극하려 했다. 실제로 아사드 정권은 정권이 무너지면 바로 탈레반이 통치하는 것과 같은 나라가 될 것이라며 계속해서 주민들의 공포심을 자극했다. 미국 등의 서방에 대해서는, 그들이 가진 이슬람 근본주의에 대한 우려를 자극하면서 아사드 정부의 패배는 곧 또 다른 이슬람 율법에 의한 근본주의 정부 수립으로 이어질 것이라고 경고했다. 이런 경고를 통해 아사드 정부는 미국과 서방이 반 아사드 반군에 지원할 명분을 뺏고 전황을 유리하게 끌고 갈 수 있다고 보았다. 아사드 정부가 IS를 이렇게 이용하는 가운데 IS는 비교적 수월하게 성장할 수 있었다.

이슬람 국가가 선포된 후 서방 세계와 아랍 나라들 그리고 이라크의 알말리키 시아파 정부와 시리아의 아사드 정부는 일개 무장 테러조직이 나라를 참칭했다며 비판했다. 서방과 아랍 나라들은 IS를 멸칭인 '다에시'라고 부르며 애써 무시하고자 했다.[5]

이슬람국가의 건설을 터무니없는 일로만 치부할 수는 없다. 그것은 무슬림의 오랜 이상의 구현이었다는 점에서도 그렇지만 나라의 수립에 무슨 특별한 조건이 있는 것은 아니기 때문이다. 세계사에 나타난 건국의 과정은 원래 있는 나라를 쿠데타나 반란, 봉기로 장악하거나 아니면 어느 한 부족이나 세력이 땅을 넓혀 가다가 국가를 선언하고 힘을 갖고 자리를 잡는 과정이었다. 따지고 보면 대체로 나라의 건국이라는 것이 그런 것이다.

---

5 다에시는 이슬람국가의 아랍어 표기의 약칭일 수도 있지만, 그 단어의 뜻이 '짓밟다'라는 뜻이어서 멸칭으로 쓰인다. 그래서 이슬람국가는 이 말을 사용하는 것을 절대 금했다.

이슬람국가(IS) 장악 지역 (2014 하반기)

왕건의 고려는 나라로 남았지만 묘청과 홍경래의 건국 과정은 난으로 기록되는 것이 역사다. 이슬람국가가 살아남았다면 민족과 인종을 초월한 무슬림들의 칼리파 국가가 될 수도 있었을 것이다.

실제로 나라를 선언할 당시 이슬람국가는 국가를 칭할 정도의 상당한 물적 기반을 확보했다. 시리아 동북부를 상당한 정도 점령했고, 이라크에서는 팔루자와 모술 등을 점령하면서 영국보다 더 큰 영토를 갖게 되었다. 여기다가 모술 중앙은행에서 확보한 5억 달러의 현금 등 20억 달러의 자산을 지녔고 최소한 매달 1,200만 달러의 세금과 석유 밀매를 통해 얻는 엄청난 수입도 있었다.

아사드 정부군이 버리고 간 탱크와 헬기 등 첨단 군사 장비 또한 보유했고 자신들의 영토로 밀려드는 주민들과 이슬람 전사들도 있었다. 대단한 세력을 갖고 있었고 나라를 선언할 만한 힘이 있었다고 볼 수 있었다. 이슬람주의 무장단체의 새로운 진화였던 IS의 등장은 시리아 내전을 길고 복잡하게 만들었고 참혹한 비극을 불러왔다.

세 번째 변수 : 쿠르드족의 독립투쟁

IS의 등장에 더하여 시리아 내전에서 또 하나의 중요한 변수로 작동한 것은 쿠르드족의 독립투쟁이었다. 몇 차례 언급했지만, 쿠르드족은 과거에 쿠르디스탄이라고 불렸던 지역에 살았던 민족인데, 제국주의 열강이 멋대로 중동지역을 나눌 때 쿠르디스

쿠르드족 거주 지역

탄을 여러 나라로 쪼개어 나누어주며 국경을 그어 버렸다.

쿠르드족은 독립된 국가를 갖지 못한 채 터키, 이라크, 시리아, 이란, 아르메니아, 그루지야 등에서 나라 없는 소수민족으로 살면서 갖은 박해와 차별을 받았다. 늘 독립을 꿈꾸며 각 나라에서 독립투쟁을 했지만, 나라별로 쪼개져 있는 상황에서 그 투쟁은 쉽지 않았다.

3,300만이나 되는 쿠르드족이 나라를 갖지 못하고 있었기 때문에 쿠르드족은 자신들이 거주하는 나라에서 정국이 불안해지거나 전쟁에 휘말리면 기회로 생각하고 떨쳐 일어났다. 그때마다 강대국에 이용만 당하고 참혹한 보복을 당하기 일쑤였다.

시리아 인구의 10%인 쿠르드족은 시리아 내전에서도 예외 없이 또 한 번 독립을 꿈꾸며 일어났다. 쿠르드족은 내전이 장기화하던 2011년 말부터 본격적으로 활동을 개시하여 쿠르드족 거주지역이었던 북동부 지역 최대 거점이자 유전지대인 로자바를 점령하고 로자바 자치공화국을 선포했다. 이 지역은 유전이 있어서 그 경제적 기반으로 전쟁자금을 형성할 수 있는 곳이었고 터키와 접해 있어서 전시 물자를 들여오기도 쉬운 지역이었다. 또 밀수업자들의 통로로 사용되므로 통과세를 받을 수도 있어 모든 세력이 탐내는 지역이었다. 말하자면 전략적 요충지였다.

그런데 아사드 정부는 이 전략적 요충지를 뺏기고도 이 지역에 대한 탈환을 시도하지 않았다. 아사드 정부는 쿠르드족 반군과 전투하기보다는 다른 지역의 반 아사드 반군과의 전투에 주력했다. 아사드 정부는 전략적 요충지인 이 지역을 방치하면 이 지역에 눈독을 들이고 있는 다른 반군들이 몰려올 것이고 그렇게 되면 쿠르드족과 다른 반군, 즉 반 아사드 반군끼리의 전투가 벌어질 것이라고 본 것이다. 실제로 이 지역은 시리아 내전 내내 쿠르드족 반군과 IS가 치열한 전투를 벌인 곳이 되었다.

또한 쿠르드족 반군은 시리아 내전에 개입한 터키와도 복잡하게 얽히게 되었다. 쿠르드족이 거주하는 국가 중 가장 강력하게 쿠르드족을 탄압하던 터키는, 국경과 맞닿은 지역에 터를 내린 시리아의 쿠르드족이 자국의 쿠르드족과 연대한다면 터키에도 위협이 되기 때문에 이곳에 쿠르드족이 자리 잡는 것은 용납할 수 없었다. 아주 오랜 기간 터키 쿠르드노동자당(PKK)을 탄압하며 쿠르드족의 독립투쟁을 잠재웠던 터키에게 시리아 쿠르드족의 로자바 자치공화국은 적지 않은 위협이었다. 반아사드 반군 편에 섰던 터키는 이 지역에 개입하면서 같은 반아사드 입장이었던 쿠르드족과 일전을 벌이게 되었다.

이렇게 시리아 내전은 아사드 정부군과 반군이라는 구도로만 진행되지 않은 싸움이 있다. 모두 각자의 이해관계에 따라 아사드 정부군 대 반아사드 반군으로 싸우다가도, 어떤 경우에는 반아사드 진영끼리 싸우는 뒤죽박죽의 싸움이 진행되었다. 이슬람 근본주의 세력들인 이슬람국가와 알누스라 전선이 전투를 벌이다가, 다시 아사드 정부군과 싸우고, 그러다 다시 쿠르드족과 IS가 싸웠다. 터키와 쿠르드족이 싸우다가 다시 터키군과 IS가 싸우기도 했다.

시리아 내전은 이렇게 적과 아군의 구분이 뒤죽박죽인 전쟁이었다. 그래서 시리아 내전의 양상과 구도를 단순화시키기가 여간 어려운 것이 아니다. 어쨌든 쿠르드족의 거점이었던 로자바 지역은 이후 쿠르드족과 터키, 이슬람국가 간의 물고 물리는 전투가 가장 치열하게 벌어지는 곳이 된다.

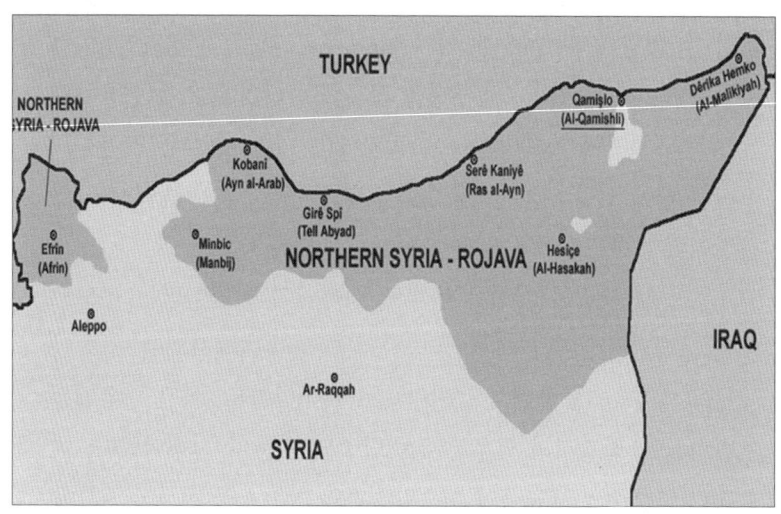

북시리아-로자바 자치공화국

네 번째 변수 : 주변 강대국의 개입

시리아 내전을 복잡하게 만든 주변 아랍국들의 개입과 이에 따른 수니-시아의 종파 분쟁, 이슬람국가의 등장, 쿠르드족에 이어 추가적인 변수가 또 있었다. 그것은 미국과 러시아를 비롯한 주변 강대국들의 개입이었다.

미국은 시리아 내전이 발생하면서 한동안 어정쩡한 상태로 머물러 있었다. 시리아 내전이 막 불붙기 시작한 2011년 하반기에 미국은 그 지긋지긋한 이라크에서 간신히 철수한 상태였고, 다시 시리아 내전에 파병하는 것은 정치적으로 부담이 될 수밖에 없었다. 그래서 2012년까지는 그저 민주화 운동 지지와 아사드 정부의 퇴진을 언급하면서 경제 제재를 하고, 내전 종식을 위한 국제 평화회담을 제안하는 등 비군사적 행동에 주력하였다.

사실 내전 초기 반군들의 최대 관심은 미국의 참전이었다. 초기 아사드 정부가 반군에게 밀려 거의 정권을 내놓을 지경까지 몰렸던 것도 미국의 참전을 둘러싼 여러 가지 '간보기'가 있었기 때문이었다. 그러나 시간이 흐르면서 미국이 참전하지 않는 것이 확인되자 러시아를 비롯한 나라들의 아사드 정부에 대한 지원이 집중적으로 이루어졌고, 이런 흐름 속에서 반군 세력은 주춤할 수밖에 없었다.

그러나 2013년에 IS가 등장하고 이 조직이 알카에다와 연계된 조직임이 확인되자 미국은 그저 수수방관할 수만은 없게 되었다. 더구나 IS가 미국이 관장하고 있던 이라크 지역까지 묶어서 가장 강력한 세력으로 부상하자 미국은 소규모라도 군사행동에 나설 수밖에 없었다. 미국은 지상군은 투입하지 않았고, 이라크와 시리아의 쿠르드족에 대한 무기지원과 공군의 공습 정도를 시행했다. 그것도 아사드 정부군이 목표가 아니라 IS가 목표였다. 2015년에 250명 정도의 지상군을 파병하기는 했지만 그것은 그저 특공대 수준이었다.

참 헷갈리는 내전이었다. 미국은 아사드 정부의 패배를 바랐지만, 아사드 정부와 전투를 벌이고 있는 IS를 공격했던 것이었다. 어찌 보면 미국의 이런 입장이 결과적으로 아사드 정부의 승리로 귀결되는 시리아 내전의 운명을 결정했다고 보아야 할 것이다.

러시아는 어떤 생각을 하고 있었을까? 시리아 내전 당시의 러시아 대통령은 드미트리 메드베데프였다. 그러나 널리 알려진 것처럼, 블라디미르 푸틴이 대통령 연임규정에 막혀 대통령이 아닌 총리직을 수행하고 있었지만 실권은 푸틴이 갖고 있었다.[6] 푸틴은 이라크 정권을 붕괴시킨 미국을 보면서 중동에 대한 러시아의 영향력이 줄어들까 우려하고 있었다.

그런 상황에서 아랍의 봄이 터지면서 튀니지, 이집트, 리비아 등지에서 연쇄적으로 시민혁명이 벌어지고 친서방 성향의 새로운 정부가 들어설 가능성이 커지자 러시아는 고민스러웠다. 이

---

6 푸틴은 2000년 처음 대통령으로 선출된 후 2008년까지 4년 임기로 두 차례 대통령직을 수행했다. 2008년에는 헌법 조항 때문에 출마하지 못하고 총리로 재임했지만, 여전히 러시아의 최고 권력자였다. 다시 2012년에는 6년으로 임기가 늘어난 대통령 선거에 출마하여 당선되었고, 2018년에 다시 네 번째로 당선되어 2024년까지 대통령을 맡게 되었다. 헌법에 연임 조항을 삭제했기 때문에 그 이후에도 대통령에 출마해도 문제는 없다. 옛 소련을 포함하여 푸틴보다 장기 집권을 한 사람은 스탈린뿐이다. 스탈린은 1922년부터 1953년까지 31년간 공산당 서기장직을 수행한 바 있다.

드미트리 메드베데프(1965-)과 블라디미르 푸틴(1952-)

때 시리아 내전이 벌어지자, 러시아는 이를 발판으로 미국의 영향력을 차단하겠다고 생각했다. 더구나 시리아는 이전의 하페즈 아사드 대통령 시절부터 소련과 우호적인 관계를 맺어 온 나라였다.

소련의 개입 결정에 영향을 준 것은 시리아 내전에 등장한 IS의 존재였다. 러시아 또한 체첸의 이슬람 분리주의 무장단체의 테러로 골치가 아팠는데 이슬람국가의 등장은 이런 세력을 부추길 우려가 있었다.[7] 그래서 러시아는 이란과 함께 아사드 정부의 가장 강력한 원군이 되었다. 시리아 내전이 결국 아사드 정

---

[7] 1990년 소련 붕괴 후 각 민족이 독립 국가 건설에 나서면서 소련은 러시아연방을 포함하여 15개의 나라로 분리되었다. 이러한 분리독립 과정에서 러시아 연방공화국 내 카프카즈 산악 지역에 살던 이슬람권의 체첸인들도 독립 체첸공화국을 선포하였다. 러시아는 이를 받아들이지 않았고 1994년에 체첸공화국을 전면 공격했다. 이후 체첸공화국은 끈질긴 저항을 시도했지만 결국 진압되고 만다. 이 전쟁이 진행되는 동안 체첸인을 지원하기 위하여 이슬람권의 자원병들이 대거 몰려와 러시아는 힘겨운 전쟁을 치러야 했다. 체첸인들 일부는 지금도 반군을 구성하고 독립투쟁을 지속하고 있다.

부의 승리로 종료된 데는 미국의 소극적 개입과 러시아의 적극적 개입이라는 변수가 영향을 미쳤다고 봐야 할 것이다.

터키와 이란, 이스라엘의 개입

시리아 내전에 개입한 나라들은 미국과 소련만이 아니었다. 인접국인 터키, 시아파 국가의 리더격인 이란, 시리아와 국경을 맞대고 있었던 이스라엘 등도 시리아 내전에 뛰어들었다.

시리아 내전의 처음부터 끝까지 만만찮은 변수가 된 나라는 터키였다. 터키의 입장은 처음과 나중이 달라서 더욱 시리아 내전을 복잡하게 만들었다. 터키가 대놓고 아사드 정부 편에 선 적은 없었다. 그러나 처음에는 명확하게 반아사드 입장을 택한 것에 비해, 나중에는 결과적으로 아사드 정부를 이롭게 하는 일을 많이 하게 되었다. 그러다가 최근에는 시리아 내전이 거의 아사드 정부의 승리로 기운 상황에서 아사드 정부를 물고 늘어지며 최대의 골칫거리가 되고 있다.

시리아 내전의 주 전선은 시간이 지나면서 반아사드 전선을 중심으로 형성되지 않고, 참전한 세력이나 국가들이 시리아 땅에서 각자 어떤 이득을 취할 것인지를 중심으로 변화한다. 말하자면, 시리아는 모든 나라, 모든 세력의 이해관계에 따라 처참하게 유린당하는 땅이 되고 만 것이다.

터키는 처음에는 미국과 함께 분명한 반아사드의 입장이었고 반군들을 지원하며 내전에 개입했다. 터키는 원래부터 시리아와 매우 좋지 않은 관계였다. 수니 국가와 시아 국가라는 차이가 있었지만 둘 다 세속주의 정부였기 때문에 종파가 달라서 대립했다기보다는, 정치적인 이해관계의 차이가 컸다. 터키가 상대적으로 서유럽과 미국 중심의 동맹 관계를 맺고 있었다면, 시리아는 기본적으로 사회주의를 지향하며 소련과 가까웠다.

여기에다 시리아 내전 시기에 집권한 터키의 레제프 타이이프 에르도안 대통령은 오스만 튀르크의 영광을 되찾자며, '신오스만주의'를 내세웠다. 에르도안은 원래 시리아도 터키가 계승한 옛 오스만 제국의 일부였다고 언급하며 시리아 내전에 개입하기 시작했다. 터키는 은밀하게 민주화 운동을 지원하는 역할을 했다. 초기 시리아 민주화 운동의 전국단체인 시리아 국민회의, 자유시리아군 등이 모두 터키 영토 내에서 결성되어 출범하였고 터키는 이를 적극적으로 지원했다. 이로 인해 두 나라 사이의 관계는 더욱 냉랭해졌다.

시리아 내전 초기에 터키는 지상군을 동원한 적극적인 군사 개입은 하지 않았다. 그런데 쿠르드족이 터키와 접경지역인 로자바에 터를 잡고 자치공화국을 선포하자, 터키는 가장 큰 골칫거리인 쿠르드족 독립문제가 다시 불거질 것을 심각하게 우려할 수밖에 없었다. 독립투쟁을 하던 쿠르드노동자당을 완전히 제압하고 그 지도자였던 압둘라 오잘란을 영구히 감옥에 처넣은 터키에게 시리아 쿠르드족의 로자바 자치공화국은 심각한 위협이었다. 특히 미국이 이 지역의 IS를 격퇴하기 위해 쿠르드족을 지원하는 상황은 터키로서는 용납하기 어려운 일이었다. IS가 격퇴되고 또 아사드 정권이 붕괴하면 쿠르드 독립 국가가 현실이 될 가능성이 컸기 때문이다. 터키는 결국 전격적으로 시리아 내전 개입을 선언했다.

쿠르드노동자당(PKK)과 압둘라 오잘란

1923년 터키 공화국의 수립과 함께 세속주의 근대화를 통한 국민국가 건설을 추진하던 케말 파샤(무스타파 케말 아타튀르크)는 소수민족의 정체성을 인정하려 하지 않았다. 분리독립을 주장한 쿠르드족을 터키 정부는 강력하게 진압했다. 지도자였던 셰이크 사이드를 처형하고 수많은 쿠르드족을 학살했다.

진압에 성공한 터키 정부는 아예 쿠르드족 말살 정책을 추진했다. 터키어를 공용어로 하여 쿠르드 언어의 사용을 금지했고, 강제이주 정책으로 쿠르드족을 소개하거나 오지로 격리했다. 이로 인해 쿠르드족의 민족적 전통과 문화는 거의 소멸하였다. 이런 정책의 배경에는 경제적 이유도 있는데 쿠르드족의 거주지가 터키의 유일한 유전지대였기 때문이다.

그러나 1960년대에 이르러 터키에 민주적인 정당정치가 자리를 잡으면서 쿠르드족은 합법적인 정치 공간에서 자신들의 권리를 찾기 위한 노력을 시작했다. 1965년에 창당된 터키노동자당은 마르크스주의에 입각한 사회주의를 지향하며 소수민족에 대한 포용을 기본적인 방향으로 삼았는데, 쿠르드족의 청년과 지식인들은 이 당을 통해 쿠르드족의 권리를 찾기 위한 운동을 전개했다. 터키 정부는 터키노동자당의 활동을 제한하다가 급기야 지도부를 체포하고 당을 해산시켰다.

마르크스주의 정당이었던 터키노동자당 해산의 영향으로 1970년대 들어 쿠르드족의 민족운동은 급속하게 사회주의적 이념과 결합하며 급진적인 운동으로 나가기 시작했다. 특히 쿠르드족 청년들은 마르크스주의 학생조직을 결성하고 터키 혁명을 통한 쿠르드족의 해방이라는 목표를 추진해 나갔다. 이 운동을 끌고 갔던 청년이 압둘라 오잘란(1947~)이다.

압둘라 오잘란은 이 운동의 힘을 모아 1978년 쿠르드족의 거주지에서 쿠르드노동자당(PKK)를 창당했다. 오잘란은 쿠르드 독립국가 건설은 물론 쿠르디스탄에 산재한 모든 쿠르드족을 묶는 통일민족국가 건설을 목표로 삼았다. PKK는 점차 독립투쟁을 위한 무장단체로 발전해 나갔다. 터키 정부에 대한 테러와 암살 등이 이어지면서 터키 사회는 쿠르드족의 독립투쟁으로 심각한 위협을 받았다.

터키 정부는 PKK에 대해 전면적인 공세를 취했고 터키의 쿠르드족 전체에 대한 군경 합동작전을 통해 PKK 말살을 시도했다. PKK는 결국 터키 밖으로 이동하여 터키 정부와 각을 세우고 있던 하페즈 아사드 정부의 호의로 시리아의 쿠르드족 거주지에 근거지를 마련했다. PKK는 이곳을 근거지로 하여 지속적인 독립투쟁, 무장투쟁을 벌여 나갔다.

이런 상황이다 보니 터키 내의 쿠르드족에 대한 터키 정부의 통제와 탄압은 더욱 강력해질 수밖에 없었다. 터키 정부는 경제, 사회 전 영역에서 쿠르드족에 대한 차별, 억압을 더욱 강화했다. 이로 인해 터키는 인권탄압국이라는 국제여론의 따가운 눈총을 받게 되었다. 더구나 내정과 치안의 불안으로 관광산업이 심각한 타격을 받게 되어 경제적으로도 어려운 형편이 되었다. 반면 엄혹한 탄압에 시달리던 쿠르드족에게 PKK는 희망으로 자리하게 되었다. 이렇게 쿠르드족의 독립투쟁은 터키 정부의 최대 현안이 되었고 오잘란은 터키의 제1의 공적이 되었다. 이때쯤부터 터키와 우호적인 관계를 맺고 있는 나라들, 즉 미국을 비롯한 서방국가들 일부는 PKK를 독립투쟁을 위한 조직이 아닌 테러단체로 규정하였다.

1980년대 내내 이런 상황이 이어졌는데, 그러다가 변화의 계기가 찾아왔다. 어머니가 쿠르드족이었던 투르구트 외잘이 1990년에 터키 대통령에 당선되면서 터키는 쿠르드족 문제를 해결하기 위하여 유화정책을 쓰기 시작했다. 새 정부는 쿠르드어를 합법화하고 쿠르드족에 대한 차별정책을 철회했다. 이어 PKK와 터키 정부 사이의 평화협상도 진행되었다.

그러나 이 짧은 평화는 외잘 대통령의 급서(암살설이 제기되고 있다)로 끝나고 말았다. 터키는 다시 긴장 상태로 들어갔고, 쿠르드족에 대한 유화정책도 중단되었다. 터키는 내전에 해당하는 상태로 들어갔고 터키 정부는 PKK에 대한 전면적인 군사작전을 벌였다. 그러나 소탕 작전은 한계가 있었다. PKK가 터키 영토 내에 있지 않았기 때문이다. 터키는 계속해서 시리아에 PKK 추방을 요청했지만, 시리아는 이를 거부했다. 그러나 1991년 소련의 붕괴와 걸프전에서 보인 미국의 군사력을 보면서 두려움을 느낀 시리아는 결국 터키와 미국의 요구에 굴복하여 PKK 추방을 결정했다.

1991년에 PKK는 시리아에서 철수하여 이라크의 쿠르드족 거주지로 본부를 옮기고 독립투쟁을 계속 이어나가고자 했다. 이때 마침 이라크의 쿠르드족은 걸프전에서 미국을 도와준 공으로 쿠르드족 자치를 부여받았다. 후세인은 이를 용납할 수 없었으나 미국에 의해 이 지역이 비행금지구역으로 선포되고 미국이 이들을 보호하고 있는 상황에서 걸프전에서 패배한 후세인으로서는 어찌할 도리가 없었다.

그러나 PKK의 이라크 이주에 대해 터키가 군사력을 동원하여 압박하고 미국도 이에 대해 묵인하는 태도를 보이자 이라크의 쿠르드족은 자신들의 자치에 위협이 될까 두려워 PKK의 이주를 완강히 거부했다. PKK가 이를 무시하고 이라크에 이주해 오기 시작하자 급기야 쿠르드족 사이에 전투가 벌어지게 되었다. 차별과 억압을 받으며 수십 년을 살아온 쿠르드족이 서로 죽고 죽이는 사이가 된 것이다.

PKK는 결국 이라크에 완전히 정착하지 못하고 시리아와 이라크의 산간지역을 떠돌며 조직을 유지하는 힘든 세월을 보내게 되었다.

오잘란은 시리아와 이라크를 오가며 PKK를 지휘하던 중 1998년 시리아 정부로부터 최종적으로 시리아 영토 밖으로 완전 추방을 통보받았다. 오잘란은 이후 망명길에 올라 러시아, 이탈리아, 그리스 등을 전전하며 도피처를 찾았지만 터키와 미국의 압력을 이기지 못한 각국 정부는 오잘란을 받아들이지 않았다. 나라 없이 떠도는 쿠르드족의 운명을 오잘란 또한 그렇게 겪고 있었다. 그리스 정부의 주선으로 케냐로 떠나기로 했지만 이는 그리스 정부와 미국 CIA의 거래였고, 오잘란은 결국 케냐의 나이로비 공항에서 체포당했다. 그의 체포에 전 세계의 쿠르드족과 국제 인권단체들이 분노했다. 각국에서 반대 시위가 있었고 터키 내에서는 PKK의 공격이 벌어지기도 했다.

체포된 오잘란에게 터키법원에서 사형이 선고되었지만 EU 가입이 현안이었던 터키는 사형제 폐지와 함께 종신형으로 감형했다. 현재 그는 터키의 임랄리 섬의 감옥에서 23년째 복역 중이다.

오잘란 체포 후 지도자를 잃은 PKK는 어려움을 겪었다. 1999년 PKK는 일방적으로 휴전을 선언했지만 터키 정부는 이것을 받아들이지 않았다. PKK는 터키 정부의 완강한 태도에 맞서 여전히 투쟁을 이어가고 있다. 최근 들어 PKK는 분리독립이 아닌 쿠르드 지역의 자치권 확대, 쿠르드족에 대한 차별철폐와 인권보호 등으로 입장을 수정하고 정부와의 협상 의지를 밝혔지만 터키 정부는 강경한 탄압을 지속하고 있다.

터키와 미국은 전통적인 동맹이었다. 그런데도 터키가 미국과 선을 그으며 쿠르드족에 대한 공격에 나선 것은 자국에서의 쿠르드족 문제를 고려하면 불가피한 일이었다. 에르도안 집권 이후 변화하기 시작한 터키의 정책 변화도 공격의 한 요인이었다. 우선 국내정치를 살피면 에르도안은 권력 기반을 강화하기 위해서 민주주의를 훼손하고 인권에 대한 탄압을 강화했다. 또한 무슬림들의 지지를 받고자 전통적인 세속주의를 벗어나 이슬람주의에 입각한 국가로의 전환을 시도하는 정책을 펼쳐 나갔다.[8] 최근 이슬람과 기독교가 공존하는 역사적 유물인 성소피아 성당에서 기독교 색채를 지우고 이슬람 사원화하겠다는 방침은 바로 이런 맥락에서 이루어진 일이다.

대외적으로는 유럽과 미국 중심의 외교정책에서 벗어나 아랍국들과 러시아와의 협력을 강화하기 위해 노력했다. 이런 대외정책의 변화를 모색하는 과정에서 미국이 시리아 내전에서 쿠르드족을 지원하자 에르도안은 과감하게 미국과 각을 세우게 되었다. 터키의 군사 개입 이후 경제적으로 매우 유용한 지역인 로자바에서는 쿠르드족, IS, 시리아 정부군, 수니파 반군들 간의 물고 물리는 싸움이 벌어졌다. 그야말로 누가 아군이고 누가 적군인지, 누가 친아사드이고 누가 반아사드인지 불분명한 전선이 형성되었다. 시리아 내전은 이렇게 뒤죽박죽의 전쟁터가 되

---

8 1923년 오스만 제국을 이은 터키공화국은 아나톨리아 반도를 영토로 하여 건국했다. 터키 건국 전쟁을 이끈 무스타파 케말 파샤는 건국 이후 터키어의 로마자 개혁을 시작으로 이슬람 문화의 세속화, 히잡 금지, 그리고 서구식 근대화 조치 등 강력한 세속주의 정책을 펼치며 현대 터키공화국의 정체성을 확립했다. 국민 대다수가 무슬림인 나라에서 터키의 이런 정책은 에르도안 집권 이전까지 이어져 왔다. 이런 터키가 최근 에르도안 집권 이후 이슬람 색채를 강화하고 있다.

이스라엘이 점령한 시리아 골란 고원

고 있었다.

　시리아와 국경을 맞대고 있는 이스라엘은 시리아와 오랜 기간 군사적 갈등을 겪어 왔다. 이스라엘이 1967년 3차 중동전쟁에서 시리아 땅인 골란고원을 점령하고 이스라엘 영토로 선언한 이후 양국은 늘 군사적 긴장 관계 속에 있었다.

　또한 이스라엘은 국경을 접하고 있는 레바논의 시아파 이슬람주의 무장단체인 헤즈볼라[9]와 늘 티격태격 싸움을 하고 있었

9　정식 명칭은 우리말로 '레바논 이슬람 저항을 위한 신의 당'이다. 헤즈볼라는 1982년 레바논 내전에서 이스라엘이 레바논으로 근거지를 옮긴 PLO를 공격하자 이에 대응하기 위해 창립된 시아파 무장단체이다. 레바논의 식민화를 극복하고 레바논에서의 이슬람 공화국 건설을 목표로 내세운 헤즈볼라는 초기에는 무장 테러단체로 출발하였으나, 현재는 레바논 내의 합법 정당이자 사회운동단체로 아주 독특한 지위를 가지고 있다. 여전히 무장단체로 활동하며 레바논 정규군보다도 강한 군사력을 보유하여 미국을 상대로 한 공격을 벌이기도 한다. 또한 이스라엘과는 계속 교전 중이며, 중동의 다른 시아파 세력을 지원하는 전투에 참여하기도 한다. 그래서 미국과 서방 일부 국가는 헤

다. 그런데 헤즈볼라가 아사드 정부를 지원하기 시작하고 또 이라크의 후세인 정권 붕괴 이후 중동지역의 최대 주적이 된 이란까지 아사드 지원에 나서자 이스라엘은 아연 긴장할 수밖에 없었다.

아사드 정부가 러시아, 이란과 헤즈볼라의 지원으로 전세를 점점 역전시켜 나가자 이스라엘은 불안해지기 시작했다. 아사드의 승리로 전쟁이 끝나면 시리아에 주둔했던 이란군과 헤즈볼라가 이스라엘로 공격해 올 수도 있다는 우려가 있었다. 이스라엘도 결국 시리아 내전에 본격 개입했다. 지상군 병력은 투입하지 않았지만 수시로 공습을 감행하여 헤즈볼라와 이란군의 기지를 공격하였다. 그러자 이란과 헤즈볼라도 보복 공격을 감행하면서 시리아 내전에서 이들은 수시로 격돌하게 되었다.

이렇게 시리아 내전은 중동 대부분의 나라, 미국과 러시아, 그리고 쿠르드족과 이슬람 근본주의 무장단체 등이 모두 한꺼번에 달려드는 싸움판이 되었다. 시리아 내전은 누차 언급했듯이 역사상 존재했던 중동의 모든 분쟁의 양상이 한꺼번에 한 장소에서 나타났던 전쟁이었다.

시리아 내전의 현재 상황

시리아 내전은 이렇게 다양한 세력들이 개입해 피아 구분도 불

즈볼라를 테러단체로 규정하고 있지만 러시아와 아랍국가들은 정치단체로 인정한다. 레바논에서 주요 정치세력의 역할을 하고 있으며 정부 구성이나 선거에도 참여하고 필요할 경우 기독교계 정당과도 연대한다. 헤즈볼라는 종교나 종파와 관계없이 레바논 국민 상당수의 지지를 받고 있다.

분명한 상태로 10년을 이어갔다. 세속주의 아사드 정부의 독재와 인권유린, 경제적 불평등으로부터 시작된 민주화 투쟁은 사라지고 각 세력의 이해관계만이 남은 전쟁이 되었다.

시리아 내전 초기에는 유고슬라비아연방처럼 소국들로 공중분해되어 종교와 종파, 민족별로 사분오열될 가능성이 크다고 전망되기도 했었다.[10] 시리아 내전의 양상이 아사드 정부에 대한 찬반이 아니라 각 세력이 어떻게 이 땅에서 이득을 취할 것인지에 따라 변화했기 때문이었다.

그런데 2015년부터 러시아와 이란의 적극적 지원으로 시리아 정부군이 승기를 잡아가면서 시리아 분할론은 사실상 폐기되었다. 그러면서 지금은 시리아 정부를 유지하는 것이 그나마 각국의 이해관계를 수렴하는 대안이라는 판단을 하는 이들이 많아졌다. 시리아가 붕괴할 경우 수니-시아 내전이 계속되고 그 와중에 이슬람국가가 최후 승리자가 될 가능성도 있었다. 그래서 IS를 제거하는 조건으로 차라리 아사드 정부를 유지하되 일정 수준의 양보, 말하자면 통합정부를 아사드 정권이 받아들이는 식으로 사태를 정리하자는 의견이 등장했다.

---

[10] 유고연방은 2차 대전 후 요시프 티토의 주도하에 발칸반도 대부분을 영토로 하여 건국했다. 티토는 민족과 종교적 차이를 넘어 하나의 국가를 지향했고 연방 내 크로아티아, 슬로베니아, 보스니아-헤르체고비나, 마케도니아, 몬테네그로, 세르비아 등 6개 공화국 연방 체제로 국가를 운영했다. 그러나 티토 사후 각 공화국을 묶어 둘 구심이 사라지면서 연방 내의 민족 간 분쟁이 벌어지고 대립이 심화되었다. 마침 소련이 붕괴하자 민족별 독립 국가 건설을 놓고 내전이 벌어지며 참혹한 전쟁이 이어졌고, 최종적으로 세르비아, 슬로베니아, 크로아티아, 마케도니아 공화국, 보스니아 헤르체고비나, 몬테네그로로 분리 독립하게 되었다. 한편 세르비아 내 알바니아인의 자치구였던 코소보 또한 독립을 선언하였는데 이에 대해 세르비아는 잔인한 인종학살을 저질렀다. 이것이 코소보 학살이었다. 이후 UN의 중재 등으로 지금은 코소보도 독립 국가로 인정되고 있다.

현재 시리아 내전은 정리되는 국면에 있다. 시리아 정부군은 이란과 러시아의 전면 지원으로 시리아 전역에서 반군들의 거점을 무력화시키며 상당한 정도의 지역을 수복했다. 특히 한때 이라크와 시리아 영토 반을 차지하고 있던 IS는 현재는 대부분의 지역에서 패퇴하였고 상당히 약해진 상태이다. 2016년 말에 IS는 시리아 내전의 최대격전지였던 알레포 공방전에서 정부군에게 패배한 후 밀리기 시작했고, 그 이후에도 미국과 터키 등의 공세에 시달리며 2017년경부터 급격히 그 기반이 붕괴하며 몰락하기 시작했다. 2021년 하반기 현재 IS는 시리아 동남부 지역의 극히 작은 규모의 영토에서 명맥을 유지하는 수준으로 전락했다.

쿠르드족은 아사드 정권의 방치 혹은 미필적 고의와 미군의 지원을 등에 업고, 이미 점령하고 있던 시리아 북부지역을 거점으로 일정한 세를 확보하게 되었다. 한편 터키는 이 지역에서 한편으로는 반군을 지원하고 한편으로는 자국 내 쿠르드족과의 연대를 막기 위해 쿠르드족을 공격하면서 시리아 북부의 이들리브와 아프린 지역으로 지상군을 파병하여 시리아 영토의 일부를 점령하였다.

터키는 여기서 한발 더 나아가 최근 쿠르드족의 점령지역에서 쿠르드족을 완전히 몰아내기 위해 그들을 공격하겠다고 발표했다. 그런데 쿠르드족의 가장 중요한 지원세력이었던 미국이 시리아 내전에서의 철수를 언급하고 있다. 그동안 썼다 버리는 카드 취급을 당하며 고통을 당해왔던 쿠르드족은 또 같은 아픔을 겪을 가능성이 커지고 있다.

결론적으로 현재 시리아 내전은 모든 변수가 어느 정도 정리되었고, 터키와 터키 지원 반군을 한편으로 하고 아사드 정부군과 러시아, 이란 연합군을 다른 한편으로 하는 대치상태 그리고 쿠르드족의 불안정한 시리아 북부 점령으로 요약할 수 있다.

남아 있는 최대 변수는 터키의 태도이다. 터키가 시리아 내전에 발을 빼지 않고 완강하게 버티고 있기 때문이다. 여기에는 몇 가지 이유가 있다.

첫째는 과거 오스만제국의 영광을 되찾자는 민족적인 정서를 자극함으로써 국내적으로는 정치적 기반을 강화하고 대외적으로는 지역 내 강국으로서의 위상을 갖겠다는 터키의 전략이다. 시리아 영토 일부에 대한 점유권을 계속 유지하면 이후에도 시리아는 물론 이 지역에 대한 영향력을 가질 수 있다는 계산을 터키는 하고 있다. 또 내전을 끝내더라도 아사드의 계속 집권을 막도록 개입하고 새로 들어서는 정부에 대해서도 영향력을 갖겠다는 의도도 있을 것이다.

둘째는 쿠르드족 문제이다. 그냥 물러나는 경우 쿠르드족과 아사드 정부가 내전 중에 보였던 은밀한 관계가 유지되면서 터키 접경지역에서 쿠르드족이 일정한 자치권을 갖게 될 수 있고, 이는 터키에 치명적이기 때문이다. 그래서 끝까지 물고 늘어져 쿠르드족 문제를 지금 진행 중인 평화협상에서 다루고자 하는 것이다.

시리아 내전의 종식을 위한 협상이 진행되고 있다. 평화협상은 아사드 정부가 승기를 잡은 2017년경부터 정부군과 그 지원세력인 러시아와 이란을 한 축으로 하고 터키와 반군 측을 한 축으로 하여 진행되고 있다.

아사드 정부 혹은 아사드 정부를 잇는 정권을 수립하고자 하

▲아스타나 평화협상 1차 회의 (2017)
▼시리아 헌법위원회 (2019)

는 러시아와 이란 그리고 쿠르드족에 대한 견제와 이미 점령한 시리아 영토에 대한 영향력 강화, 반군 장악 지역에 대한 중립화 등을 염두에 둔 터키는 각각의 동상이몽 속에서, 그러나 최소한 아사드 정부의 실체는 인정한다는 조건에서 휴전협정을 논의해 왔다. 미국은 트럼프의 등장 이후 시리아 내전에 대한 관여를 IS에 대한 차단 정도 수준으로 제한하며 개입을 최소화했기 때문에 협정 당사자에서는 빠졌다. 협상은 러시아와 이란, 터키가 휴전 보증국으로 참여하고 시리아 정부와 반군 측이 평화협정의 당사자가 되어 진행되고 있다.

협상에서 종전을 위한 기본적인 입장들은 비슷하다. 반군이나 정부군의 완전 승리를 통한 내전의 종식이 아니라 평화적으로 내전을 중지하고 각 세력이 참여하는 과도정부를 구성하자는 것이다. 어떤 경우에도 IS를 배제하는 것은 전제조건이다. 이런 기조 속에서 논의가 진행되었지만 모두 동상이몽을 하고 있어 합의는 쉽지 않은 상태이다.

2017년 카자흐스탄의 수도 아스타나에서 평화회담을 개최한 이후 협상은 장기간 이어지다가 2019년 10월에 시리아 내전 종식을 논의하기 위해 아사드 정부와 반군 세력들이 함께 참여하는 시리아 헌법위원회를 발족시키는 것이 합의되었다. 하지만 새 헌법 제정은 이루어지지 않고 있다. 이런 상황에서 아사드 정부는 하루빨리 북부의 반군을 물리치고 종전을 선언해야 새 정부 건설도 가능하다고 보면서 계속 반군을 압박하고 있다. 그렇지만 터키가 반군의 뒤를 봐주면서 완강하게 버티고 있어 반군의 완전한 패배도 쉽지 않은 일이 되고 있다. 러시아는 터키와 관계가 악화하는 것을 원치 않아서 사태를 관망하고 있다.

현재 시리아 내전의 상황은 요약하면, 러시아와 이란의 지원을 받은 정부군의 화력이 강력하고, 미국은 한 발을 빼고 있고, 터키는 완강하게 버티고 있는 형국이다. 당분간 이런 교착국면은 이어질 것으로 예측된다. 그 사이 시리아 정부는 독자적으로 정국을 주도하면서 형식적으로 새로운 정부를 꾸리는 절차를 밟아가고 있다. 시리아 정부는 반군세력을 제외하고 시행한 반쪽 총선에서 여권이 압승하고 새로운 의회를 출범시키는 등 정권의 안정화 작업에 돌입한 상태이다.

나가는 글

아랍의 봄은 오지 않았다. 근대화와 경제발전, 외세로부터의 자주를 내세우며 종파 분쟁을 억제하고 이슬람주의에 거리를 두면서 짐짓 인민의 이름을 들먹였던 세속주의 정권들이 있었다. 미국과 서방 세계는 그들의 인권 탄압을 눈감아주며 적당한 거래를 나누었고, 그 정권들은 30년에서 40년까지 이어졌다.

그 독재정권들이 시민혁명으로 무너졌을 때 그 자리를 채운 건 민주주의, 자유와 평등, 인민의 생존권이 아니라 종파 분쟁, 종족 분쟁 그리고 근본주의로 무장한 극단적인 이슬람주의였다. 오랜 기간 역사를 거스르며 켜켜이 쌓인 제국주의의 폐해와 이를 이은 독재정치는 그렇게 중동지역에 불었던 아랍의 봄을 빼앗아 버렸다.

8장
IS의 패퇴와 탈레반의 재등장

시리아 내전의 생생한 모습을 담으며 칸 영화제에서 최우수 다큐멘터리상을 받았던 〈사마에게〉라는 영화는 이 다큐멘터리를 찍은 아이의 엄마 목소리로 시작한다.

> *자유를 꿈꿨지만, 전쟁으로 폐허가 되어버린 나의 도시 알레포.*
> *사마, 이곳에서 네가 첫울음을 터뜨렸단다.*
> *이런 세상에 눈뜨게 해서 미안해.*
> *사마, 왜 엄마와 아빠가 여기 남았는지,*
> *우리가 무엇을 위해 싸웠는지, 이제 그 이야기를*
> *들려주려 해.*

이 비극은 그러나 시리아에서만 일어난 것은 아니었다. 이라크에서도 아프가니스탄에서도 일어났고, 다른 이슬람 국가들에서도 앞으로 언제든지 다시 일어날 수 있는 일이다. 사마의 비극은 사실은 인류의 비극이다.

2010년대 중반부터 현재까지의 아랍지역과 아프가니스탄을 살피면서, 지금까지 논의해온 이슬람주의가 극단적인 경향성을 드러낸 모습 흔히 서방세계가 이슬람 근본주의라고 칭하는 현상의 흐름을 좀 더 깊이 들여다보자.

이라크 내전의 진행과 현재

현재 이라크 내전은 어느 정도는 진정된 상황이다. 2013년 6월 이라크 레반트 이슬람국가가 강력한 세력으로 등장하면서 한때 이라크 정권의 운명이 경각에 달리는 지경까지 갔었다. 알말리키 총리의 실정이 계속되자 2014년 8월, 미국 주도하에 알말리키 정부가 물러나고 하이다르 알아바디 총리 체제가 들어서면서 상황은 안정적인 국면으로 돌아서기 시작했다.

다시 발을 담그고 싶지 않았지만 전쟁을 일으킨 원죄의식에다 이슬람국가(IS)라는 이슬람주의 최악의 근본주의로 무장한 세력이 나타나자 미국은 결국 2014년 1,000여 명의 지상군을 다시 파병하게 되었다. 여기에다 시아파 이란 정부도 이라크의 시아파 정부를 지원하기 위해 지원병력을 보냈다. 시리아에서는 반대편에 섰던 미국과 이란이 이라크에서는 한 편이 되는 아이러니한 상황이었다.

게다가 이슬람국가 혹은 수니파 반군에게 밀려 정부가 붕괴할 경우 끔찍한 상황에 빠질 것이 분명했던 이라크 내 시아파들이 자발적으로 구성한 민병대가 커지기 시작했다. 이리하여 일방적으로 기울었던 전세는 2015년 이후부터는 균형을 찾기 시작했다. 그러나 시리아에서 밀린 IS가 이라크로 퇴각하면서 이라크의 IS 병력도 늘어나 전선은 팽팽한 교착상태가 되었고 전투는 더욱 치열해졌다.

전투 과정에서 이슬람국가와 수니파 반군은 매우 잔인한 방식으로 정부군은 물론 민간인들에게도 학살을 저질렀다. IS는 포로로 잡은 1,700여 명의 이라크 정부군을 참살했다며 이를 동영상으로 공개하기도 했다. 민간인들을 인간방패로 삼아 전투를 하는 만행도 저질렀다. 또 티그리트를 장악하자마자 후세인에게 사형선고를 내린 판사를 붙잡아서 이틀 만에 보복 살해하기도 했다.

IS의 행위 중 무엇보다도 잔인하고 야만적이었던 것은 여성들에 대한 폭력이었다. IS는 〈포로와 노예에 대한 문답〉이라는 책자까지 만들어 IS에 결합한 지하디스트들을 부추기며 성폭력을 저지르도록 부추겼다. 이 책자에는 "여자 포로와 노예는 재산이니 사고팔거나 선물해도 된다"라고 적혀 있었다.[1] 특히 IS가 야지디족에 저지른 끔찍한 성폭력에 대한 증언은 세계인의 분노를 불러 일으켰다.[2]

IS는 이런 끔찍한 학살과 영상 유포를 통해 이라크 정부군의 탈영을 유도하고 세계에서 몰려오는 지하디스트를 포섭하는 방편으로 삼았다. 2015년 초 우리에게 충격을 주었던 한국의 김모씨도 이런 과정을 통해 IS에 가담하였다.

---

[1] 〈Human Rights Watch 2015. 9〉 "여기, 사람의 말이 있다, 구정은/이지선, 후마니타스"

[2] 야지디족은 이라크 북부지역의 소수민족으로 조로아스터교를 뿌리로 하는 야지디교를 믿는다. 이들은 IS가 이라크 북부의 모술을 점령한 후 이교도라는 이유로 집단학살과 함께 참혹한 성폭력을 당했다. IS에 의해 붙잡혔다가 탈출하여 그들의 만행을 증언하고 이후 인권운동가로 활약하며 2018년에 노벨평화상을 받았던 나디아 무라드는 그 실상을 이렇게 증언한다. "담뱃불에 살이 타고, 강간과 윤간을 반복해 당하고, 성노예로 거래되고… IS는 야지디는 이방인이므로 죽어야 한다고 했다. 여성과 소녀를 죽이지 않고 전리품으로 팔거나 선물용으로 잡아갔다."

그러나 2016년에 들어서면서 이란과 미국의 지원, 시아파 민병대의 확산으로 이슬람국가는 점점 쇠퇴의 길로 들어섰다. 이라크 정부군은 2016년 팔루자 전투를 시작으로 이슬람국가와 수니파 반군의 점령지를 탈환해나갔고, 쿠르드족이 점령하고 있던 키르쿠크 유전지대까지 수복했다. 정부군은 2017년 7월 21일 IS의 최대 거점 모술을 완전히 탈환한 데 이어, 2019년 시리아 접경 국경 사막지대에서 IS의 마지막 저항을 물리쳤다. 이후 IS는 이라크 땅에서 거의 소멸했다.

시리아에서와 마찬가지로 이라크에서도 가장 넓은 영토를 가졌던 이슬람국가는 이렇게 운을 다해 가고 있다. 가장 광범위한 세력을 가졌던 이슬람국가의 패퇴와 함께 이라크는 현재 안정적인 국면으로 들어선 상황이다. 물론 IS의 잔존 세력과 수니파 반군들의 저항이 완전히 사라진 것은 아니다.

이라크의 쿠르드족 문제 또한 여전히 숙제로 남아 있다. 미국이 이라크를 침공할 때 쿠르드족이 협조했고, 이어 미국이 후원하는 시아파 정부가 들어섰다. 그래서 이라크 정부는 쿠르드족 거주지역에 일정한 자치권을 보장해 주었는데, 내전이 시작되면서 쿠르드족은 자신들이 거주하는 유전지대를 발판으로 독자적인 경제활동을 하면서 이라크 정부와 선을 긋고 내전의 혼란을 이용하여 독립을 시도했다.

이라크 정부는 워낙 자기 코가 석 자인 상황에서 쿠르드 민병대 페쉬메르가가 IS를 막아주었기 때문에 어쩔 수 없이 그들을 내버려 두었지만, 승기를 잡은 이후 이라크 정부군은 쿠르드족을 공격하기 시작했다. 현재 이라크 정부군과 쿠르드족의 대치 국면이 계속되고 있지만 정국이 완전히 정리되면 이라크 정부는 쿠르드족의 자치권을 박탈하겠다고 분명하게 밝히고 있는 상황이다.

아프가니스탄, 탈레반 정부의 재수립

미국이 예정대로 2021년 9월까지 철군을 계속 확인하는 가운데 탈레반은 아프가니스탄의 전 전선에서 승기를 잡으며 카불을 향해 진격해 왔다. 2021년 7월 중순에는 이미 아프가니스탄 영토의 90%가 탈레반의 수중으로 들어갔다. 탈레반은 카불 진입을 코앞에 둔 채 미국의 철군에 대한 최종 입장을 살피면서 공격의 수위를 조절하고 있었다. 미국은 예정대로 철군 작업을 진행해 나갔다. 미국은 탈레반의 전면적인 공세를 보면서 원래 9월 11일에 완료할 예정이던 철군 계획을 8월 31일로 당겼다.

미국은 아프가니스탄 정부의 붕괴를 기정사실로 받아들이고 있었다. 다만 미 정보당국은 철군 후 6개월 정도는 아프가니스탄 정부가 버틸 수 있을 것으로 예상했다. 그러나 전세가 이미 기운 데다 미군 철군이 본격화된 8월 초순 이후 정부군의 이탈이 진행되면서 전선은 급격히 붕괴했다. 미군 철군이 본격화되고 불과 10일도 지나지 않은 8월 15일 탈레반은 카불에 입성하며 아프가니스탄 이슬람 에미레이트(토후국)를 선언했다. 2001년 미국의 아프가니스탄 침공 이후 20년, 2005년 패퇴했던 탈레반이 다시 아프가니스탄으로 귀환하기 시작한 지 16년, 길고 길었던 내전은 이렇게 한순간에 종료되었다. 미국의 실패와 아프가니스탄 정부의 붕괴는 필연이었을까? 시간을 돌려 과거를 살펴보자.

　2005년 탈레반의 귀환 이후, 미국은 다시 탈레반과의 치열한 전투를 치러야 했다. 마침 미국이 이라크에 전념하느라 아프가니스탄 문제에 관심이 줄어든 틈을 타 탈레반은 파키스탄 접경지대 등을 기반으로 세력을 빠르게 키우면서 반격을 시작했다. 미군은 그들의 공격에 수세적으로 대응할 수밖에 없었고, 이 과정에서 미군 사상자가 속출했다. 이를 보복하기 위한 공격 또한 문제였다. 탈레반에게는 고정된 근거지가 없었기 때문에 그들을 공격하기 위해 한 마을을 상대로 공습을 벌이곤 했는데, 이 과정에서 민간인의 희생이 일어나고 주민들의 반미 감정은 더 높아지는 등 악순환이 반복되었다.[3]

　유엔이 아프가니스탄을 안정화한다는 명분으로 다국적군을 파견했지만, 상황은 크게 변하지 않았다. 이러는 사이 파키스탄을 거점으로 탈레반에 합류하는 무슬림들은 늘어만 갔고 탈레반의 병력은 수만 대군으로 커졌다.

　이런 상황이 계속되면서 탈레반은 점점 점령지를 넓혀 갔다. 2008년 오바마는 이라크에서 미군 철수를 천명하면서 빈 라덴 체포와 아프가니스탄 안정화를 위해 아프가니스탄에 병력을 증강했고, 실제 빈 라덴 체포 작전을 성공시키기도 했지만, 탈레반을 제압하지는 못했다. 정부의 통제범위 밖에 놓인 탈레반의 통치지역은 점차로 늘어났고 카르자이 정부의 무능과 부패까지 겹치며 아프가니스탄의 상황은 어려워져만 갔다.

---

[3] 아프가니스탄 주민들은 어차피 미군은 떠날 것이고 정부는 답이 없으니 그냥 탈레반에게 잘 보이기 위해 탈레반에 가담하거나 적어도 그들의 활동을 묵인하는 모습을 보였다. 2020년에 제작된 영화 〈아웃 포스트〉는 미군의 2009년 캄데시 전투를 소재로 한 영화인데, 아프가니스탄 주민들의 탈레반과 미국에 대한 태도가 잘 드러나 있다.

시리아 내전으로 이라크와 시리아에서 골머리를 앓고 있던 미국에 아프가니스탄의 상황 또한 매우 심각한 것이었다. 끈질긴 탈레반과의 끝이 없는 싸움 속에서 미국은 대책 마련에 골몰할 수밖에 없었는데, 결국 대책은 하나밖에 없었다. 철군이었다.

그런데 상황을 이렇게 만들어 놓고 무작정 철군할 수도 없었다. 아프가니스탄은 러시아를 견제할 수 있는 위치에 놓여있고 중동과 아시아 전략의 중요한 교두보인데, 그 곤욕을 치르고 그냥 철군할 수는 없었던 것이었다. 상황이 계속 어려워지는 가운데 또 다른 변수로 미국의 고민은 깊어질 수밖에 없었다. 2014년 말 다국적연합군(국제안보지원군)의 파견 기간이 공식적으로 종료되었기 때문이다.

처음부터 미국과 함께 행동했던 영국도 13년간 주둔하면서 453명의 전사자와 190억 파운드의 전비 지출을 감당한 후 결국 2014년 말에 철군했다. 미국도 발을 빼기 위해서는 결단을 내려야 한다고 생각했다. 미국이 생각해 낸 수는 평화협상이었다. 탈레반을 인정하고 탈레반과 평화협상을 하는 것은 사실 미국에 쉬운 일은 아니었다. 미국이 탈레반을 인정한다는 것은 아프가니스탄에서의 패배를 인정하는 것이나 마찬가지였고, 평화협상을 통한 철군은 미군의 베트남 철수와 비슷한 것으로 결국은 아프가니스탄 정부의 붕괴로 이어질 우려가 있었기 때문이다. 서방세계로부터 무책임하다는 비판을 받을 수밖에 없는 일이었다. 아프가니스탄 정부는 당연히 우려와 함께 협상에 반대한다는 것을 분명히 했다.

그러나 미국은 아프가니스탄 정부의 반대를 무시하고 협상에 나섰다. 그만큼 미국으로서는 아프가니스탄 철수가 절박했다. 베트남 철군 때처럼 철수하더라도 일부 군사고문단은 남기고 무기와 재정지원은 하겠다는 정도가 아프가니스탄 정부에 남길 수 있는 마지막 선물이었다. 카르자이 대통령으로서는 등에 칼을 맞은 격이었을 것이다. 그는 미국에 대해 목소리를 높이는 한편 베트남 꼴이 되지 않기 위해 탈레반과의 대화를 시도했다. 그러나 탈레반이 아프가니스탄에 실질적 영향력을 갖고 있지 못한 허약한 정부와 교섭할 이유는 없었다. 탈레반은 아프가니스탄 정부의 협상 요청을 공식적으로 거절했다.

카르자이와 갈등이 생기자 미국은 권력을 교체했다. 카르자이는 권력을 유지하기 위해 안간힘을 썼지만 2014년 여름에 미국의 지원을 받은 아슈라프 가니가 대통령에 당선되었다. 카르자이는 공식적인 퇴임 연설에서 분통을 터트렸다.

"아프가니스탄 전쟁은 우리에게 강요된 전쟁이었고, 우리는 미국의 이익을 위한 희생양이었다. 미국은 아프가니스탄의 평화를 원하지 않았다."

작심하지 않고는 할 수 없는 발언이었다. 이것은 미국의 대아프가니스탄 정책의 정곡을 찌른 연설이었다. 카르자이는 퇴임 연설에서 한 발 더 나아가 아프가니스탄을 지원했던 나라들에 감사한다며 인도, 중국, 한국 등을 언급하면서 미국은 언급조차 하지 않았다. 미국에 절대적으로 의존하면서 실정을 거듭한 카르자이가 이렇게 당당한 것도 좀 어처구니가 없는 일이었지만, 카르자이의 분노는 그렇게 컸다.

카르자이 대통령이 언급한 한국의 아프가니스탄 지원은 2010년 UN의 국제안보군 참여를 통해 이루어졌다. 한국은 미국이 아프가니스탄에서 탈레반을 몰아낸 직후 이미 미국의 요청에 따라 공병부대인 다산부대와 의료부대인 동의부대를 파견했다가 2008년에 철수한 바 있었다. 다시 UN이 2009년 10월 8일에 결의안 제1890호를 통해 UN 회원국들에 국제안보군 파병을 요청하자, 한국은 다시 2010년 2월 25일 파병결의안을 통과시킨 후 2010년 7월에 오쉬노 부대를 파견했다.[4] 역시 파병 반대가 있었지만 인도적 지원을 명분으로 이명박 정부가 밀어붙였다. 이 부대는 4년간 임무 수행 후 유엔이 종료로 정한 2014년에 철군했다.

미국의 대아프가니스탄 정책의 변화와 함께 평화협상이 곧바로 진행되었다. 2013년 6월에 시작한 평화협상은 싸움이 계속되는 가운데서도 단속적으로 이어졌다. 탈레반은 미군 철수가 선행되어야 한다고 주장했고 미국은 탈레반의 테러와 공격 중단이 먼저라고 주장했다. 당연히 이 주장들은 충돌할 수밖에 없었기에 평화협상은 평행선을 달렸다. 그러다가 2016년에 물라 오마르를 이어 탈레반의 지도자가 되었던 강경파 아크타르 물라 만수르가 드론 공격으로 사망하고 물라 하이바툴라 아쿤드자다가 새로운 지도자로 선출된 이후 평화협상은 조금씩 진전되기 시작했다.

---

[4] 오쉬노는 아프가니스탄 말로 친구라는 뜻이다. 아프가니스탄 파르완주의 바그람 공군기지에 주둔했고 주로 호송 업무와 함께 보건 및 의료, 교육, 농촌개발을 수행했던 한국 지역재건팀의 보호를 주요한 업무로 삼았다.

탈레반의 학정

진전 없는 평화협상이 이어지는 동안 탈레반은 군사공격을 통해 점령지를 넓혀나갔고, 도시에서는 자살테러를 포함한 폭탄테러를 끝없이 벌여 나갔다. 그 과정에서 미군은 물론 아프가니스탄 민간인들의 사상자는 걷잡을 수 없이 늘어갔다. 초등학교를 공격해 140여 명 어린이 사상자를 낸 적도 있고, 부활절 행사를 습격하여 400여 명의 사상자를 내기도 하는 등 탈레반의 테러는 끝없이 이어졌다.

> **말랄라 유사프자이**
>
> 2014년 14살이라는 역사상 가장 어린 나이로 아프가니스탄의 한 소녀가 노벨평화상을 수상한다. 2012년 10월 탈레반은 하굣길의 버스를 세웠고 그 소녀의 머리에 총을 쏘았다. 소녀는 의식불명의 중태에 빠졌다.
>
> 그 소녀의 이름은 말랄라 유사프자이였다. 여성의 교육기본권을 주장하며 2008년부터 방송에 출연하고 아프가니스탄 소녀의 삶을 기록하는 "여학생 일기"를 인터넷에 연재하며 억압받는 아프가니스탄 여성의 인권유린을 세계에 알리고자 노력했다. 아프가니스탄에서 여성이 이런 일을 공개적으로 하는 것은 목숨을 내놓아야 하는 일이었지만 말랄라 유사프자이는 굴하지 않았다. 탈레반의 계속된 경고에도 유사프자이가 활동을 멈추지 않자 탈레반은 아프가니스탄의 모든 여성에게 경고의 의미로 유사프자이에게 테러를 저지른 것이었다.
>
> 이 테러는 또 한 번 아프가니스탄 여성의 인권이 얼마나 심각한 상황인지 알리는 계기가 되었다. 전 세계가 분노했다. 유사

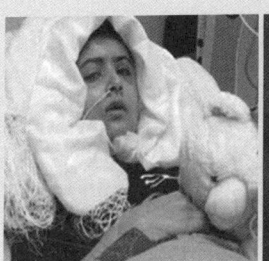 

유사프자이는 영국에서 수술을 받고 목숨을 건진 후, 아프가니스탄 여성 인권운동의 상징이 되어 전 세계를 상대로 아프가니스탄 여성의 권리를 위한 투쟁을 이어간다.

2014년 노벨상재단은 유사프자이를 평화상 수상자로 선정했다. 그 뒤로도 탈레반은 계속적인 경고를 보냈으나 유사프자이는 굴하지 않고 아프가니스탄 여성 인권을 위해 활동을 이어가고 있다.

탈레반이 점령한 지역에서는 쿠란과 하디스를 교조적으로 적용하며 엄격한 사회통제 정책이 시행되었다. 탈레반 점령지의 통치는 잔인했고 인권유린은 형언할 수 없을 정도로 참혹했다. 아프가니스탄 정부의 관리나 친정부 인사에 대한 잔혹한 학살이 이어졌고, 주민 중 아프가니스탄 정부의 정책에 따르는 주민들에 대해서도 잔인한 처벌이 행해졌다. 2014년 대통령 선거 당시에는 투표한 자들을 색출하기 위해 손가락에 잉크가 묻어 있는 주민들의 손가락을 자르기도 했다(아프가니스탄에서는 투표할 때 잉크를 묻혀 지장을 찍는다). 서양 문화는 이슬람 교리에 어긋난다는 이유로 일체 금지했다.

특히 여성들에 대한 인권유린은 더 심각했다. 여성들에 대한 강간과 살해가 끝없이 일어났고 여성에 대한 강제 할례가 행해졌다. 남성과 동행 없이 거리를 다니는 여성은 체포되었고, 남자 의사는 여성을 치료할 수 없다는 법으로 인해 많은 여성들이 치료도 받지 못하고 죽는 일이 다반사로 일어났다.[5] 또 내전을 거치면서 아프가니스탄의 양귀비 재배를 통한 마약유통 문제가 심각해졌다. 과거 양귀비 재배는 아프가니스탄 민중의 생계 수단이었고 탈레반은 이를 보호하면서 자신들의 기반을 확장하는 데 활용했었다. 그러나 내전이 본격적으로 이어지면서 그 수준 이상의 문제가 되었다.

양귀비 재배가 어떤 수익보다 크기 때문에 탈레반은 귀환한 후 아프가니스탄 남부에서 이 양귀비 재배를 가장 중요한 전쟁 자금원으로 삼기 시작했다. 양귀비를 마약, 즉 헤로인으로 제조하여 파키스탄을 통해 전 세계로 유통하기 시작했다. 그래서 지금 아프가니스탄은 전 세계에서 1~2위에 꼽히는 마약 공급국이 되었다. 이로 인해 아프가니스탄의 마약 중독자는 급격히 늘어나기 시작했고 탈레반은 막대한 자금을 확보할 수 있었다.

---

[5] 탈레반 통치 아래 아프가니스탄 여성의 고단한 현실을 이야기한 할레드 호세이니의 소설 〈천 개의 찬란한 태양〉에는 플라밍고(홍학) 그리기를 좋아하는 화가에게 플라밍고의 다리가 음란하니 플라밍고 다리에 옷을 입혀 그리든가 아니면 죽음을 택하라며 고문하는 장면도 나온다. 이는 허구가 아닌 아프가니스탄의 현실이었다.

탈레반과 파키스탄, 탈레반과 알카에다, IS

파키스탄은 이미 언급했듯이 아프가니스탄 내전에 개입하며 미국과 탈레반 모두에 적당한 등거리를 취하며 외교적 이익을 취해 왔다. 만약 미국이 완벽하게 아프가니스탄을 평정한다면 파키스탄의 영향력은 제한적일 수밖에 없었기 때문이다. 내전이 계속되는 한 미국은 파키스탄이 필요할 수밖에 없고, 이에 따라 미국의 원조도 받고 또 국제적인 영향력도 가질 수 있다는 계산을 파키스탄은 하고 있었다. 파키스탄은 불안정한 아프가니스탄 정세에서 탈레반을 미래를 위한 투자로 생각했다. 일찍이 파키스탄의 대통령 지아 울 하크가 말했던 "아프가니스탄은 적당히 끓어야 한다."라는 말은 이렇게 현실에서 작동하고 있었다.

실제로 파키스탄은 아프가니스탄에 분쟁이 있으면 가장 유력한 세력의 뒤를 봐주면서 아프가니스탄을 적당히 끓어오르게 했다. 소련 침공 때에는 헤크마티아르 반군을 지원했고, 다시 미국에 의해 새로운 정부가 들어섰을 때는 공식적으로는 미국과 아프가니스탄 정부와 협력하면서 한편으로는 은밀하게 탈레반을 도와주면서 내전을 부추겼다. 탈레반은 파키스탄에 거점을 마련하게 되었고, 파키스탄의 그런 지원이 결국 오늘날 탈레반 정부 재등장의 중요한 요인이 되었다고 할 수 있다. 미국이 빈 라덴을 사살했을 때 파키스탄 정보당국이 빈 라덴을 보호하고 있었던 것 아니냐는 의혹이 제기되었던 것은 바로 이런 배경이 있었기 때문이었다.

아프가니스탄의 마약이 전 세계 유통 물량의 1~2위가 되고 이를 통해 탈레반의 재정기반이 형성되었다는 것은 마약이 아프가니스탄을 떠나 어딘가를 통해 유통되었다는 의미이다. 파키스탄이 바로 이 통로가 되고 있다는 의혹은 계속되었다. 파키스탄의 그동안의 태도로 미루어 단지 추측이라고만은 할 수 없을 것이다.

탈레반의 귀환 이후 아프가니스탄 내전은 이렇게 복잡한 관계들이 맞물리고 있었다. 여기에 아프가니스탄 내전을 복잡하게 만든 또 하나의 요소가 있었다. 바로 아프가니스탄 내전에 개입하고 있는 알카에다와 IS의 아프가니스탄 조직이다. 시리아에서와 마찬가지로 이들은 탈레반과는 다른 목표, 즉 지하드를 통한 신정체제 구축이라는 자신들의 대의를 내세우며 아프가니스탄 내전에 개입하고 있었다. 한때는 같은 편이었지만 이들은 아프가니스탄에서의 입지 확보를 위해 탈레반과도 대립하면서 아프가니스탄 내전을 더욱 복잡하게 만드는 또 하나의 변수였다.

탈레반과 미국의 협상, 탈레반의 카불 장악

시리아도 그렇지만, 아프가니스탄 상황도 이처럼 적과 아군의 관계가 복잡했다. 이렇게 아프가니스탄의 평화가 자신들의 이익에 도움이 될 것인지 계산기를 두드리는 여러 세력의 이해관계가 충돌하고 있었기에 미국-탈레반의 평화협상은 헛돌 수밖에 없었다.

앞에서 언급한 여러 가지 요인들이 철군과 공격 중단의 복합적인 걸림돌로 작용하면서 오바마 정부에서 시작한 평화협상은 성과가 없었다. 오히려 뒤를 이은 트럼프 정부의 대외정책 기조가 바뀌면서 평화협상은 숨통이 트이기 시작했다. 트럼프 정부는 가능하다면 외국에 주둔하는 미군의 병력을 줄이거나 아니면 주둔국의 방위비 분담 비용을 늘릴 것을 강요하면서 세계전략의 변화를 모색했고, 이는 아프가니스탄 정책에도 반영되었다.

자신의 임기 중에 친미 아프가니스탄 정권이 붕괴하는 것을 원치 않아 쉽게 철군을 강행할 수는 없었지만 트럼프는 어떻게 해서라도 아프가니스탄에서 발을 빼야겠다고 생각했다. 이런 기조 속에서 마침내 2020년 2월 카타르 도하에서 2001년 미국의 아프가니스탄 침공 이후 18년 만에 탈레반과 미국은 잠정적으로 평화협정을 타결했다. 이 평화협정을 주도적으로 이끈 탈레반 측 인물이 바로 최근 구성된 탈레반 정부의 부총리를 맡은 압둘 가니 바라다르이다. 아프가니스탄 정부가 배제된 협상이기는 했지만 아슈라프 가니 대통령도 동의할 수밖에 없었다.

평화협정의 내용을 요약하면 아래와 같다.

1. 탈레반은 아프가니스탄에서 미군이나 아프가니스탄 정부를 상대로 테러 공격을 벌이지 않으며 알카에다와의 관계를 끊고, IS 퇴치 전쟁을 계속한다.
2. 미국은 아프가니스탄 주둔 미군과 NATO 연합군을 14개월 안에 모두 철수한다. 미군은 합의 이행 1단계로 135일 이내에 1만2천여 명에 달하는 아프가니스탄 주둔 미군 병력을 8600명까지 감축한다.
3. 양측의 포로를 상호 석방하고 이후 아프가니스탄의 안정과 평화를 위한 협상이 아프가니스탄 정부와 탈레반 사이에 진

미국-탈레반의 평화협정 체결(카타르 도하, 2020년 2월)

행되도록 한다.

2021년 8월 미군 철수가 시작되고 바로 이어 10일 만에 탈레반이 카불을 점령하게 된 것은 바로 이 평화협정이 있었기 때문이다. 처음에 이 협정이 체결되었을 때는 복잡한 아프가니스탄 내전의 지형으로 이 협정이 실제 지켜질 수 있을 것인지에 대해서 의구심이 많았다. 나중에 실제로 벌어진 일이 되고 말았지만, 이 평화협정이 무능한 아프가니스탄 정부의 붕괴와 탈레반 정부의 재등장으로 귀결될 것이라는 우려도 컸다. 또한 미국과의 평화협정 자체를 반대한 IS와 평화협정을 반대하지는 않았지만 탈레반과는 기본입장을 달리했던 알카에다가 내전을 더욱 혼란스럽게 만들 텐데, 과연 탈레반이 이들을 통제할 수 있을 것인가도 협정의 실효를 의심스럽게 만드는 요소였다.

아프가니스탄의 평화보다는 자국의 이익에 도움이 될 것인지가 우선이었던 주변 이해 당사국들의 입장도 변수였다. 실제 아프가니스탄 정부의 붕괴가 가시권에 들어와도 미군 철수가 예정대로 진행될지 문제였다. 더구나 새로운 양극 체제의 한 주역으로 떠오르는 중국이 호시탐탐 아프가니스탄으로의 진출을 노리고 있는 조건에서 친미 정부의 붕괴는 곧 탈레반과 중국의 협력으로 이어질 것이라는 우려도 있었다. 반대로 아프가니스탄 정부의 붕괴를 기정사실로 하고 미국이 탈레반 정부를 새로운 파트너로 하려는 것이 아니냐는 추측도 난무했다.

다른 나라도 협정과 관련하여 이해득실을 따지고 있었다. 중국은 탈레반과 우호 관계를 강화하기 위해 대책을 세우기 시작했고, 국경을 맞댄 이란은 미국이 아프가니스탄에 발이 묶이기를 바라면서 평화협정을 무산시키고 싶어 했다. 평화협정이 체결되고 미군이 철수할 경우 미국의 군사력이 이란으로 집중될 가능성이 컸기 때문이다. 파키스탄은 평화협정 체결을 반기면서 오랜 기간 우호 관계를 맺은 탈레반이 아프가니스탄에서 정국을 주도하게 되기를 내심 바라고 있었다.

아프가니스탄 정부는 이 평화협정을 반대했지만 받아들일 수밖에 없었는데, 치안 부재, 종파-종족 분쟁 해결 능력 부재, 정권 내부의 다툼[6], 실제 통치지역이 30% 정도에 불과한 한계, 코로나 방역의 실패 등 총체적인 정국 불안을 드러내고 있어 그 미래는 참으로 불안했다. 미국과 탈레반의 평화협정 후속 조치로 예정되어 있던 아프가니스탄 정부와 탈레반의 협상, 그리고 통합정부 구상도 이런 조건에서는 진척 없이 헛돌 수밖에 없었다. 아프가니스탄 정부의 붕괴는 시간이 문제일 뿐, 그 존속이 어렵다는 것이 모두의 예상이었다. 그리고 그 예상은 현실이 되었다.

평화협정이 체결된 뒤에도 미군과 탈레반의 전투는 계속되었고 도심에서의 테러 또한 멈추지 않았다. 하지만 미국은 수많은 미군 전사자와 엄청난 재정투입 등 아무런 실익 없이 진행되는 아프가니스탄 전쟁을 끝내야 함을 거듭 확인하면서 평화협정에 따라 미군 철수를 결행했다. 많은 변수로 인해 그 실효가 의심스러웠던 평화협정은 미군의 최종적인 철군 결정으로 급물살을 탔다.

---

[6] 2019년 9월에는 대통령 선거 부정시비로 대통령 두 명이 동시에 취임식을 하는 일이 일어났을 정도로 아프간 정부 내부에서는 갈등이 계속되었고, 이런 조건은 탈레반에 대해 효과적인 협상과 대응을 할 수 없게 만들었다.

미국의 조 바이든 대통령은 2021년 6월 25일 백악관에서 아슈라프 가니 아프가니스탄 대통령과 정상회담을 열고 미군 철수를 공식적으로 재확인했다. 원래 9.11 20주기에 해당하는 9월 11일을 철군 시한으로 정했던 미국은 철군 발표 이후 아프가니스탄 정부군의 전열이 급격하게 무너지고, 예상과 달리 탈레반의 카불 공세가 임박하자 철군 시기를 8월 31일로 당겼다.

미군이 철군을 시작한 지 채 10일이 되지 않은 8월 15일 탈레반은 카불을 점령했고 아슈라프 가니의 아프가니스탄 정부는 붕괴했다. 탈레반의 카불 입성 이후 미군의 철군 시한인 8월 31일까지 아프가니스탄에서는 철수하는 각국의 외교관과 교민들 그리고 피난을 떠나는 아프가니스탄 주민들로 걷잡을 수 없는 혼란이 일어났다.

아슈라프 가니 대통령을 비롯한 일부 정부 인사들은 망명길에 올랐지만 남이있는 중앙과 지방정부 관료들은 공포의 나날을 보내야 했다. 실제 탈레반은 곳곳에서 아프가니스탄 정부 관료들의 처형을 집행해 나갔고 주민들에 대해서는 이슬람 교리에 의한 통제와 처벌을 시행해 나갔다. 탈레반은 카불 점령 직후 대변인 성명을 통해 '개방적이고 포용적인 정부'를 세울 것이라고 천명했지만 아프가니스탄의 미래는 누구도 확신할 수 없는 상황이다.

이렇게 해서 1979년 소련 침공 이후 42년 동안 사실상 전시상태였던 아프간은 탈레반 재집권으로 새로운 국면에 들어섰다. 평화협정이라는 명분을 가지고 탈레반과 협상하여 철군을 결정했지만, 엄밀히 말하면 미군 철수는 20년 전쟁의 패배라고 볼 수밖에 없다. 미국 주도의 정권 안정화를 이루지 못하고 결국 탈레반에 밀려 나간 꼴이었다.[7] 미국이 그동안 전쟁 수행과 아프가니스탄 재건 사업 등에 사용한 비용은 무려 2조 2500만 달러(약 2,600조 원)에 달하고, 2,488명의 미군과 3만8천여 명의 아프가니스탄 민간인이 목숨을 잃었다. 2000년 이후 미국의 대중동, 대아프가니스탄 정책은 이렇게 실패의 연속이었다.

아프가니스탄에서 총성은 멎었지만 그 참혹한 시절을 견뎌낸 아프가니스탄 민중에게 평화가 올 것인지는 장담할 수 없는 상황이다. 탈레반이 겉으로는 개방적이고 포용적인 이슬람 정부를 선언했지만, 이후 탈레반이 어떤 정부가 될 것인지에 따라 아프가니스탄의 평화가 결정될 것이다. 1996년부터 2001년 처음 집권했을 때 탈레반 정부가 보였던 이슬람 교리에 입각한 사회통제와 인권유린이 다시 재현된다면 탈레반 정부의 미래는 어두울 수밖에 없고 아프가니스탄 민중의 삶 또한 비극이 될 것이다.

탈레반 정부의 현재와 미래

탈레반은 2021년 9월 7일에 모하마드 하산 아훈드를 총리로 하는 과도정부 내각을 발표하며 공식적인 정부로서 활동을 시작했다. 탈레반 정부의 내각 구성은 아프가니스탄의 미래를 가늠하는 첫 번째 기준이 된다는 측면에서 관심이 집중될 수밖에 없

---

[7] 2021년 7월 8일 조 바이든 대통령은 미군 철군을 재차 확인하는 대국민 연설을 통해 아프가니스탄에 민주정부를 세우는데 최선을 다하겠다던 그동안의 미국 입장을 뒤집으며 아프가니스탄에 대한 미국의 책임을 부정하는 발언을 한다. "우리는 국가를 건설하러 아프가니스탄에 간 것이 아닙니다. 얼마나 많은 미국 국민들이 더 죽어야 합니까?"

었다. 첫 집권 당시의 학습효과를 통해 현실적인 정상국가를 지향할 것인지, 아니면 과거와 같이 이슬람주의를 극단으로 밀어붙인 정책 기조를 유지할 것인지가 모두의 관심사였다.

'개방적이고 포용적인 정부'를 공개적으로 표방했지만, 카불 점령 이후 탈레반 정부가 발표한 일련의 방침은 근본주의와 현실주의 사이의 동요를 그대로 드러냈다. 샤리아에 의한 신정정치를 기본 이념으로 하는 탈레반 정부가 사회·문화정책, 그중에서도 여성 인권 문제에 대한 기본 기조를 어떻게 가지고 갈 것인지는 매우 중요했다. 여성 정책은 이 정부에 대한 국제사회 평가의 바로미터가 된다는 측면에서, 탈레반 정부를 국제사회의 일원으로 받아들일 것인지를 가늠하는 기준이 된다는 점에서 귀추가 주목되는 부분이었다.

카불 입성 이후 발표한 탈레반의 몇 가지 공식 입장을 통해 탈레반 정부의 이후 국정 방향을 가늠해 볼 수는 있지만 아직은 이런 정책들이 분명한 모습으로 나타나지 않고 있어 속단하기는 이르다. 탈레반은 이슬람 율법에 의거한 개방적이고 포용적인 정부라는, 쉽게 조화를 이루기 어려운 말로 정권의 정체성을 밝혔다. 좋게 해석하면 이슬람 율법을 통치의 기본이념으로 하되 과거와는 다르게 유연하고 합리적인 정책을 펼쳐 나가겠다는 의미가 될 수 있을 것이다.

탈레반의 최고지도자인 하이바툴라 아쿤드자다[8]는 과도정

---

8 첫 번째 탈레반의 지도자였던 물라 오마르를 이어 지도자가 된 아흐타르 만수르가 2016년 미국의 드론 공격으로 사망한 후 최고지도자로 추대됐다. 지도자가 되기 전 15년 동안 파키스탄 남서부 지역에서 이슬람 교리를 가르치는 평범한 학자였다. 지도자가 된 후 파벌 대립과 갈등을 해소시키고 탈레반의 통일을 이룬 지도력을 평가받고 있다. 그동안 공개석상에는 거의 모습을 드러내지 않았고 1년에 한 번씩 메시지를 발표한

부 조각 발표와 함께 "정부는 인권과 소수민족의 권리, 소외된 집단의 권리를 보호하기 위해 진지하고 효과적인 조치를 취할 것"임을 천명했다. 그 전에 이미 탈레반 정부는 과거와 같은 여성 교육의 전면금지는 없다고 선언하면서 교육현장에서 남녀 분리는 하겠지만, 여성 교육은 시행할 것이라는 점을 밝힌 바도 있었다. 여성의 부르카 착용은 이슬람 율법에 의해 필요하지만, 여성 교육과 여성의 취업을 보장하겠다는 것도 밝혔다. 덧붙여 아슈라프 가니 정권에서 일했던 사람들에 대한 사면령도 발표했고 정부 관료들의 직장 복귀 또한 적극적으로 종용하고 있다.

이러한 일련의 방침에는 탈레반 정부의 고민이 배어있는 것으로 보인다. 샤리아에 의한 통치와 현실주의 사이의 균형점을 잡기 위해 안간힘을 쓰고 있는 모습이며, 동시에 정권 내부에서 강온파가 대립하고 있다는 점을 보여주는 증거이기도 하다. 따라서 이후 탈레반이 어떤 방향을 나갈 것인지는 여전히 물음표 상태이다.

9월 7일에 발표된 내각 구성 또한 이러한 탈레반 내부의 고민을 반영하고 있는 것으로 보인다. 하산 아훈드를 총리로 임명했다는 것은 지향과 현실의 타협이자 강경-온건파 대립의 산물이라고 할 수 있다. 그는 과거 1차 탈레반 정부 시절 외교부 차관을 맡았던 인물로 탈레반 내부에서의 비중은 높지 않은 것으로 알려져 있다. 대표적인 온건파로 미국과의 평화협상을 이끈 압둘 가니 바라다르 부총리와 강경파인 하카니 네트워크의 리더인 내무장관 시라주딘 하카니, 탈레반의 첫 지도자인 물라 오마

정도였는데 이후 그가 어느 정도 통치에 간여할지가 주목되고 있다.

르의 아들인 국방장관 무하마드 야쿠브가 탈레반 정부를 실질적으로 이끌어 갈 것으로 예측된다.

현실주의와 근본주의 간의 균형이 이들 사이에서 어떻게 조율될 것인지가 이후 탈레반 정부의 방향을 결정할 것이라고 예상된다. 탈레반이 내세운 개방적이고 포용적인 정부의 흔적은 우즈베크족 출신인 알둘 살람 하나피의 부총리 선임 외에는 찾아보기 어렵다. 과거 정부 인사나 다른 소수민족 그리고 여성의 이름은 보이지 않는다.

탈레반 정부 내부의 긴장과 정치적 안정도 문제지만 더 큰 문제는 이후 경제적, 사회적 안정을 과연 만들어 낼 수 있을 것인가이다. 지난 수십 년의 전쟁으로 아프가니스탄의 경제 상황은 매우 심각하다. 민생의 위기는 곧 정권의 위기가 될 수밖에 없다는 점에서 경제난을 극복하는 것은 매우 중요한 과제이다. 이를 극복하기 위해서는 국제사회로부터의 지원이 필요한데 이를 위해서는 정상국가로 인정받는 조치가 선결되어야 한다.

현재 탈레반 정부의 가장 중요한 경제적 현안은 미국이 동결하고 있는 90억 달러(약 10조 7,000억 원)의 아프가니스탄 정부 자산을 확보하는 것이다. 미국과 탈레반 정부는 2021년 10월 9일 카타르 도하에서 정부 수립 후 처음으로 회담을 열었다. 여기서도 이 문제는 가장 중요한 현안이었고 미국은 이를 매개로 탈레반과의 이후 관계를 어떻게 설정할 것인지를 고민하고 있다. 미국은 나아가 탈레반 정부의 인권 정책, 포용적인 정부 구성 등을 압박하는 무기로 이 자산을 활용할 것으로 보인다. 탈레반 정부가 현실주의와 근본주의 사이에서 위태로운 줄타기를 할 수밖에 없는 상황인 것이다.

국가 운영을 위한 기본적인 인력 운용도 문제가 되고 있다. 탈레반 정부는 정상적인 정부의 역할을 위해 필요한 각종 행정업무는 물론, 공항 운영이나 의료기관 운영 등에 필수적인 인력 확보에 어려움을 겪고 있다. 탈레반 정부에 대한 의구심을 떨치지 못한 아프가니스탄 주민들의 우려가 그 원인이다.

사회적 안정과 관련하여 가장 큰 문제는 알카에다와 이슬람국가(IS)를 어떻게 통제할 것인가 하는 점이다. 탈레반은 "우리는 다에시(이슬람국가의 아랍어 명칭)를 독립적으로 제어할 수 있다."라고 공식 입장을 밝히며 서방국가와 아프가니스탄 주민들을 안심시키려 하지만 탈레반 정부 수립 이후 이들에 의한 테러가 수차례 발생하고 있다. 알카에다는 그 세력이 약하고 또 전통적으로 탈레반과도 우호적인 관계를 맺고 있어 현재로서는 탈레반의 통제가 가능한 것으로 보인다.

그러나 이슬람국가의 아프가니스탄 지부인 호라산(IS-K)은 처음부터 미국과의 평화협상에 대한 반대를 분명히 밝히면서 평화협상 기간에 미국은 물론 탈레반에 대한 공격도 서슴지 않았다. 미군 철수가 이루어지고 탈레반이 카불에 입성한 이후에도 공항 자살폭탄 테러 등 숱한 테러를 저질렀다. 10월 8일에는 아프가니스탄 북동부 쿤두즈의 시아파 사원에 대해 자살폭탄 테러를 저질러 62명을 사망케 했다. 이 폭탄 테러는 한편으로는 시아파를 자극하여 수니파인 탈레반과 싸우게 만들어 수니-시아의 종파 분쟁을 유도하는 것이기도 하지만 더욱 중요하게는 중국과 탈레반과의 관계에 균열을 일으키려는 시도라고 볼 수 있다.

테러 공격 후 호라산은 자신들의 소행임을 밝히면서 이 자살테러의 순교자는 위구르족 출신이라고 덧붙였다. 그들은 신장위구르 자치구 무슬림들의 독립투쟁으로 골치를 앓고 있는 중국에 이슬람 정권인 탈레반 정부의 등장은 신장위구르의 무슬림을 자극할 수 있음을 말하고자 이 테러를 저질렀다. 이를 통해 탈레반 정부 수립 후 우호적 관계를 만들어가고 있는 두 나라의 관계를 헝클어버리겠다는 의도에서 이루어진 테러였다. 따라서 탈레반 정부에게 호라산의 통제는 사회적 안정을 위해서만이 아니라 국제사회에 테러조직과 분명하게 선을 긋고 있다는 걸 확인시켜야 하는 문제이기도 하다.

그러나 현실적으로 탈레반이 호라산을 통제할 수 있을지는 의문이다. 호라산이 내세운 근본주의, 즉 지하드와 신정국가 건설이라는 가치가 탈레반 정부가 취약해질 경우 무슬림의 사회적 불만과 결합할 가능성이 존재하기 때문이다. 이라크와 시리아에서 IS의 성장은 이런 배경이 결정적이었다는 점에서 아프가니스탄에서의 또 다른 내전의 가능성을 원전히 배제할 수는 없다.

하카니 네트워크와 호라산

하카니 네트워크는 1979년 소련의 아프가니스탄 침공 즈음에 잘랄루딘 하카니가 만든 파슈툰족 계열의 무자헤딘 무장단체이다. 탈레반보다 오래된 조직으로 일정한 독자성을 가졌던 것으로 알려져 있다. 소련의 아프가니스탄 침공에 맞서 싸우면서 세력을 키웠고 특히 당시 반군을 지원하던 미국으로부터 집중적인 지원을 받았다. 마수드를 중심으로 한 카불 정부와는 선을 그은 상태에서 탈레반과 함께 내전을 치렀다. 이 과정에서 하카니 네트워크는 자연스럽게 탈레반 내의 한 분파로 자리 잡았고, 탈레반 정부 수립 후에는 잘랄루딘 하카니가 각료로 참여하는 등구 탈레반 정부와 처음과 끝을 같이 했다.

이들은 미국에 의해 탈레반 정부가 붕괴한 후에도 탈레반과 함께 무장단체로서 아프가니스탄 친미 정부와 미국을 상대로 싸움을 벌여왔다. 이 과정에서 하카니 네트워크는 가장 전투적인 그룹으로 활동하면서 탈레반의 테러와 공격의 상당 부분을 담당하는 역할을 하게 되었다. 하카니 네트워크는 탈레반의 분파로서 활동하면서도 일정하게 그 조직적 틀과 독자성을 유지해 오고 있다. 탈레반 정부의 방향과 관련해서는 근본주의에 가까운 태도를 지녀 강경파로 분류되고 있다. 이런 이유로 미국은 하카니 네트워크가 탈레반의 분파이기는 하지만 독립적인 조직이라고 보고 일찍부터 테러단체 리스트에 올렸고 UN도 마찬가지로 보고 있다.

호라산은 이슬람국가(IS)의 아프가니스탄 지부이며 보통 이슬람국가 호라산(IS-K)으로 불린다. 이라크, 시리아에서 세력을 확장하던 IS는 점차 중앙아시아의 이슬람 국가로 눈을 돌리기 시작했고, 그때 그들의 눈에 들어온 것이 아프가니스탄과 파키스탄 지역이었다. 미국과 교전 중인 아프가니스탄은 IS가 활동하기에 최적의 장소였다. 아프가니스탄의 낭가하르주를 근거지로 잡은 호라산은 2015년 이후 파키스탄과 아프가니스탄의 근본주의자들 그리고 미국과의 평화협상을 진행하는 것에 불만을 품은 탈레반의 일부 대원을 흡수하며 세력을 넓히기 시작했다.

호라산은 미국에 대해서는 탈레반과 입장을 같이하며 전투를 치렀지만, 탈레반에 대해서도 부정적이었다. 그것은 탈레반이 아프가니스탄에서의 이슬람 정부 수립을 목표로 하는 것에 반해 호라산은 오래전부터 IS가 지향해 온 입장에 따라 아프가니스탄을 거점으로 한 중앙아시아 전체를 아우르는 신정정치를 추구했기 때문이다. 이는 이들의 명칭이 호라산인 것에도 확인할 수 있다. 호라산(Khorasan)은 이란~우즈벡~아프칸~파키스탄 일대를 망라하는 광범한 지역을 일컫는 말이다. 이는 과거 이슬람제국이 지배했던 땅으로 호라산을 이름으로 삼은 것은 중동과 서남아 일대에 이슬람 칼리프 제국을 세우겠다는 의지를 표명한 것이라 할 수 있다.

이렇게 생각이 달랐기 때문에 호라산은 탈레반에 대해서도 공격적인 태도로 일관했다. 특히 탈레반이 미국과 평화협상에 나선 2016년 이후에는 탈레반과 숱한 교전을 벌였다. 2017년 이후 IS-K와 탈레반은 아프가니스탄 34개 주 가운데 낭가하르주를 비롯한 14개 주에서 207회 정도 충돌한 것으로 나타났다. 이런 충돌의 연장선에서 호라산은 미군 철군 과정 혹은 이후에 카불공항 테러를 비롯하여 수많은 테러를 저지르고 있다.

가장 관심을 끄는 대목은 하카니 네트워크와 호라산의 관계이다. 호라산과 하카니 네트워크는 긴밀한 관계이며 하카니 네트워크가 호라산의 뒤를 봐주고 있고 상황이 전체적으로 정리되면 하카니 네트워크가 탈레반 내에서 주도권을 쥐기 위해 호라산과 연대할 가능성이 있다는 견해들이 있다. 이 근거로는 하카니 네트워크가 근본주의에 가까운 입장을 가진다는 점, 최초로 IS가 아프가니스탄으로 왔을 때 하카니의 지원이 있었다는 점, 현재 호라산의 지도자가 하카니 네트워크 출신의 샤하브 알 무하지르라는 점 등이 제시되고 있다.

그러나 하카니 네트워크의 지도자인 시라주딘 하카니가 미국과의 협상에 대해 공개적으로 찬성을 해왔고, 알 무하지르가 호라산의 지도자가 된 것이 두 조직의 연대 차원에서 이루어진 것이 아니었고, 미국과의 평화협상에 반발하여 하카니 네트워크를 탈퇴한 것이라는 점에서 이는 분명한 근거가 될 수는 없다. 더구나 호라산의 연이은 테러에 가장 곤혹스럽고 책임을 져야

> 할 조직이 치안을 책임진 하카니 네트워크 그룹임을 고려하면 두 조직이 연계를 맺고 있다는 주장이 설득력이 높지는 않다. 물론 그들의 활동 일체가 대개 비공개적으로 진행되어 온 것이어서 그 속내를 지금 정확하게 알기는 어렵다. 그들의 생각은 이후 탈레반 정부의 국정운영 과정과 탈레반의 호라산에 대한 기본 정책을 조금은 지켜봐야 확인될 것으로 보인다.

탈레반 정부의 사회 안정을 위해 선결되어야 할 또 하나의 과제는 판지시르 계곡에 자리를 잡은 아프가니스탄 국민저항전선 문제이다. 아프가니스탄 정부의 부통령이었던 암룰라 살레와 아흐마드 샤 마수드의 아들인 아흐마드 마수드 주니어를 중심으로 한 국민저항전선은 과거의 북부동맹을 재현하며 탈레반 정부에 대항하고 있다.

탈레반 정부는 계속 판지시르를 평정했다고 발표하고 있지만 판지시르 계곡의 특성상 완전한 점령이 어려운 상태에서 교전이 계속되고 있는 것으로 보인다. 국민저항전선은 내전이 아닌 평화적 해결을 통한 연합정부 구성 논의도 가능하다는 입장을 표명하고 있다. 정국 장악도 필요하고 사회적 안정도 중요한 과제인 탈레반 정부가 내전을 이어갈지 아니면 미국 등 주변국과의 관계를 고려하여 연합정부에 대한 논의를 수용할지 아직은 지켜봐야 할 상황이다.

탈레반 정부는 이런 문제 외에도 첫 집권 때와는 다른 국민적 저항에 부딪힐 가능성도 배제할 수 없다. 아프가니스탄의 젊은 청년세대는 이전 탈레반 정부를 경험하지 못한 세대이다. 새로운 문화적 환경에서 성장한 이들 세대는 탈레반 정부의 억압적인 정책에 순응하기보다는 저항을 선택할 가능성이 있다. 최근 탈레반 정부의 등장이라는 엄혹한 상황에서도 젊은 여성들이 거리 시위에 나선 것은 아프가니스탄의 시민의식이 예전과는 다르다는 것을 보여주는 증거이다.

이런 문제에 대해 탈레반 정부가 폭력적으로 대응한다면 탈레반이 공을 들이고 있는 국제사회로의 진입과 경제적 안정은 상당한 어려움을 겪을 수밖에 없을 것이다. 탈레반 정부가 이런 여러 가지 문제를 어떻게 극복할지, 이를 넘어서기 위해 어떤 정책을 수립할지는 아직은 좀 더 지켜봐야 할 것이다.

다만 주변국과의 관계에서는 비교적 좋은 조건에 있다고 할 수 있다. 탈레반 정부의 수립은 적어도 국내에서의 세력 관계에 따른 정권교체라는 측면에서 어떤 나라도 그 정통성을 함부로 부정하기는 어렵다. 다만 옛 탈레반 정부가 보였던 여러 가지 행태에 대한 우려가 있지만 그것이 지금의 탈레반 정부를 부정하는 근거가 되기는 어렵다.

문제는 탈레반 정부가 이런 상황에서 정상적 외교 관계를 신속히 만들고 각국으로부터 공식적인 인정을 받을 수 있느냐이다. 과거 탈레반 정부가 수립되었을 때 파키스탄과 사우디아라비아 그리고 아랍에미레이트는 즉각적으로 탈레반 정부를 인정한 바 있었다. 그리고 그것이 어떤 의미에서는 탈레반의 극단적이고 잔인한 통치의 면죄부 역할을 한 측면도 있었다. 현재 대개의 나라는 탈레반의 향후 행보를 지켜보고 있지만, 상황이 부정적이지는 않다.

미국은 탈레반의 교전 상대였지만 아프가니스탄이 갖는 여러 지정학적 조건을 고려할 때, 또 그동안 미국이 공을 들였던 사업인 천연가스관 사업의 지속을 위해서[9], 미국에 대해 테러를 일으켰고 앞으로도 위협이 될 호라산의 통제를 위해서, 무엇보다도 중국에 대한 일정한 견제를 위해서도 아프가니스탄과의 정상적인 외교 관계 수립을 거부하지는 않을 것이다. 더구나 그동안 러시아에 대한 견제나 중동 중심의 대외전략이 중국을 주적으로 한 전략으로 바뀐 것도 아프가니스탄 철군의 한 원인이라는 측면에서 앞으로 미국이 다시 아프가니스탄에 대해 적대적인 정책이나 전략을 채택하지는 않을 것으로 보인다.[10] 오히려 내심 아프가니스탄과의 관계정상화를 모색해 나갈 것으로 예상된다.

중국은 탈레반 정부 등장으로 신장위구르 지역의 무슬림들의 분리주의 운동이 더 커질 것을 우려하고 있다는 예상이 있지만 이는 과도하게 부풀려진 분석이다. 중국은 오히려 호라산이

---

[9] 투르크메니스탄의 천연가스를 아프가니스탄을 거쳐 파키스탄으로 수송하는 천연가스관 건설 프로젝트이다. 이것은 미국이 아프가니스탄 점령을 통해 실질적인 경제적 이익을 얻고자 추진한 사업으로, 미국의 아프가니스탄 침공 이유 중의 하나로 거론될 정도의 비중을 갖는다. 이 프로젝트는 현재 파키스탄을 거쳐서 인도까지 확장되어 공사가 진행되고 있다. 미국은 탈레반 정부와 협력하여 이 공사가 계속 진행되기를 바랄 것이다.

[10] 미국의 최근 대외정책 변화를 확인시켜 주는 것은 쿼드(QUAD) 와 오커스(AUKUS) 이다. 쿼드는 미국, 인도, 일본, 호주 등 4개국이 참여하고 있는 비공식 안보회의체이고 오커스는 영국, 호주와 함께 출범시킨 외교 안보 3자 협의체이다. 특히 오커스를 통해 미국은 호주가 핵추진 잠수함을 보유할 수 있도록 지원했다. 2020년부터 미국이 공을 들이고 있는 이런 국제안보기구는 모두 중국을 겨냥한 것이다. 조 바이든 미국 대통령도 아프가니스탄 철수를 설명하면서 '중국에 집중하기 위해서' 라고 밝힐 만큼 미국은 이제 주적(?)을 중국으로 상정하는 외교 안보 전략을 최우선의 과제로 추진하고 있다. 이런 미국의 외교정책이 향후 중동과 아프가니스탄에서 어떻게 나타날 것인지도 귀추가 주목된다. 과거 '안보는 미국, 경제는 중국(안미경중)' 을 대외정책의 기본으로 삼던 한국과 여러 서구 국가의 대외정책 또한 변화가 불가피해지고 있다.

신장위구르 지역의 무슬림을 자극하더라도 탈레반 정부와의 관계 개선을 통해 효과적으로 통제할 수 있다고 볼 것이다. 중국은 그동안 중요한 국가정책으로 펼쳐 왔던 일대일로 정책을 아프가니스탄에 연계할 수 있다고 보고 탈레반과의 관계를 강화해 나갈 것으로 예상된다.

그 외 전통적인 후견 국가인 파키스탄은 말할 것도 없고 러시아, 중동국가들도 탈레반 정부와 긍정적인 외교 관계를 맺는 것을 주저하지 않을 것이다. 이런 조건에서 탈레반 정부의 국제관계가 정상적으로 풀려나갈 수 있느냐의 관건은 탈레반의 국내정책에 달려있다. 현실주의와 근본주의의 모순과 동요를 어떻게 해결해 나가는지가 앞으로 탈레반 정부의 미래를 결정할 것이다.

나가는 글

미국의 월간지 내셔널 지오그래픽은 1985년 6월호와 2002년 4월호의 표지에 같은 인물의 사진을 실었다. 사진작가 스티브 맥커리(Steve McCurry)는 1985년 소련군의 공습으로 부모를 잃고 페샤와르 난민촌에 있던 12살 아프가니스탄 소녀의 사진을 찍은 후 17년이 지나고도 그 소녀의 불안하고 두려운 초록색의 눈망울을 잊지 못했다. 그리고 2002년 미국의 침공으로 탈레반 정부가 무너진 후 이름도 챙기지 못했던 소녀를 수소문하여 다시 사진을 찍었다. 12살의 소녀는 29살, 세 딸의 어머니가 되어 있었으나 여전히 그 초록색의 눈망울은 여전했다.

샤르바트 굴라, 그녀의 유일한 희망은 자신의 딸들이 교육받는 환경이라고 말했다. 그리고 2021년. 이제 48살이 된 그녀와 그녀의 세 딸들은 그 참혹한 내전의 한가운데서 어떤 세월을 보냈을까? 탈레반 정부가 들어서고 여성들의 내일이 걱정스러운 오늘, 12살 소녀 샤르바트 굴라의 초록색 눈동자에 언제 한 번 두려움이 아닌 평화가 담긴 적이 있었을까? 그 소녀는 지금 어디에 있을까?

9장
**이슬람주의의 급진화가 미친 영향과
이후 전망**

와하비즘에서 탈레반까지 이슬람주의의 과거와 현재를 통해 중동의 변화 그리고 그것이 세계에 미친 영향들을 살펴보았다. 이슬람주의가 지하드를 앞세워 급진화되고 폭력화된 이념으로 무장하며 근본주의로 불리게 된 것은 과거의 일만은 아니며, 이러한 이슬람주의는 오늘도 여전히 무슬림과 세계인의 일상에 깊은 영향을 미치고 있는 이념이다. 이슬람주의의 현재 상황과 그 의미 그리고 미래에 관해 이야기해보자.

난민 문제

코로나19 대유행이 발생하기 이전에 유럽의 가장 큰 이슈는 난민 문제였다. 최근 10년 사이에 유럽에서 급부상한 각종 극우파 정치세력들도 바로 이 난민 문제를 기반으로-나라별 극우세력들 주장에 약간의 차이는 있지만-성장했는데, 이들의 공통점은 '반난민' 특히 '반이슬람' 정서를 자극하는 주장을 강하게 제기한다는 점이다.

이전의 유럽에도 많은 나라가 언어-인종적으로 밀접하게 연결되어 있어서 난민과 이주민 문제가 있었지만, 그 숫자는 감당할 수 있는 정도였는데 2015년을 전후한 시점에서는 그 규모도 수백만 명에 이르렀고, 대규모 난민 유입이 언제 끝날지도 모르는 상황이 되면서 문제가 더 복잡해지고 심각해졌다.

2003년 이라크 전쟁 이후 수십만 명의 난민들이 생겨났지만 그 이동이 유럽으로까지 이어지지는 않았다. 그런데 2011년 아랍 민주화 시위의 후폭풍과 특히 2015년 시리아 내전의 영향으로 난민 규모는 수백만으로 급증했다. 지중해를 통해서 유럽으로 탈출하는 난민 행렬이 이어졌고 지중해에서 난민을 실은 배들이 침몰하고 수천 명이 목숨을 잃는 일이 자주 발생하면서 이 문제는 국제적으로 뜨거운 감자가 되었다.[1]

2015년 11월 기준 유엔난민기구(UNHCR)의 자료에 따르면, 2015년 초부터 지중해를 거쳐 유럽에 도착한 난민의 국적은 시리아가 52%로 1위였고, 아프가니스탄이 19%, 이라크가 6%였다. 전쟁이 난민 문제의 가장 큰 이유임을 알 수 있다. 그리고 그 전쟁이 이슬람주의의 급진화를 매개로 한 전쟁이었다는 점에서 이러한 흐름과 난민 문제와의 관계를 결코 간과할 수 없다. 전쟁에서 난민의 발생은 필연적이지만 최근 난민이 폭증하는 이면에는 그 전쟁의 특수한 잔혹성 그리고 그 이면에 종교적 근본주의와 인종 문제, 외세의 개입이 얽혀 있다는 것을 알 수 있다.

유럽에는 솅겐 조약과 더블린 협약이 있다. 솅겐 조약은 유럽의 26개 국가가 맺은 것으로, 그 나라들 사이에서는 한번 비자를 받으면 자유롭게 국경을 넘나들 수 있는 국경개방 조약이다.

---

[1] 난민의 숫자가 수백만 명이라는 것은 자기가 살던 고향을 떠날 수밖에 없었던 실향민(수동적 난민이라고도 할 수 있다)은 그 10여 배인 수천만 명에 이른다는 것을 의미한다.

중동지역 난민

더블린 협약은 난민이 첫발을 디딘 국가에 난민 신청을 해야 하고 해당 국가가 난민 신청을 처리해야 한다는 것을 규정한 협약이다.

이는 난민이 도달할 가능성이 큰 이탈리아와 그리스 등 지중해와 인접해 있는 나라들이 가장 큰 부담을 지는 것이기에 해당 국가들은 반발할 수밖에 없다. 또 감당할 수 있는 규모를 넘어서는 사태에 대해 유럽연합 차원에서 인구수, 경제 지표, 과거의 난민 신청 수치 등 여러 요인을 고려하여 국가별로 수용할 난민 쿼터를 대안으로 실행하고 있지만, 이 또한 적지 않는 나라들이 반발하고 있다.

이런 심각한 난민 문제와 관련하여 각 나라 내부의 정치·경제·사회적 갈등과 문제점을 난민과 이주민 탓으로 돌리는 배외주의와 국수주의가 강해졌다. 이를 기반으로 10여 년 전부터 유럽에서 극우파 정치세력들이 급부상했다. 영국이나 프랑스 등 유럽 강대국들이 과거에 중동과 아프리카를 식민지로 지배했고 그 이후에도 정치·경제적 영향력을 강하게 가지고 있었다는 점에서, 난민이 유럽으로 향하는 것은 과거에 대한 사후복수라는 주장도 있다. 결국 유럽의 난민 문제는 난민 발생의 원인이고 출발점이었던 중동과 아프리카의 분규, 갈등, 내전에 관한 국제적 해법과 밀접하게 연결될 수밖에 없는 것이다.

그런데 중동지역의 난민들을 중동지역의 다른 나라들, 특히 부유한 산유국인 사우디아라비아, 쿠웨이트, 카타르, UAE 등에서 적극적으로 수용하고 있는가? 전혀 그렇지 않다. 난민 관련 국제기구에서 일하는 전문가들은 "중동에서 고통 분담은 없다. 걸프 국가들은 수표를 끊어주고 그 돈으로 다른 사람이 일하면

된다고 생각한다."라고 비판하고 있다. 부유한 중동의 산유국은 비용만 내면서 실질적 난민 수용은 거부하고 있다. 다만 요르단, 바레인 등은 난민을 상대적으로 많이 수용하고 있는 편이다.

서유럽에 국한하지 않고 전 세계적인 난민 상황을 살펴보면 더 심각하다. 유엔난민기구(UNHCR)에 따르면 2019년 현재 전 세계 총 난민은 대략 8천만 명에 이른다고 한다. 이는 남한(5천 178만 명)과 북한(2천577만 명) 인구의 합을 넘어선 것이고, 유럽연합의 소속국 중 8천만이 넘는 인구 규모를 가진 나라는 독일이 유일하다는 점에서 그 규모를 상상할 수 있다. 난민은 전 세계 인구의 약 1%에 해당한다. 이렇게 난민이 많아진 것은 최근의 중동 분쟁의 여파가 매우 컸기 때문이다.

이 중 시리아 난민이 1,300만 명 정도로, 대략 전 세계 난민의 1/6이지만 중동지역 전체의 난민까지 합하면 그 비중은 훨씬 높아진다. 그중 상당 부분이 유럽으로 몰린 것도 사실이지만 난민의 전체 규모로 보면 단지 시리아 내전과 서유럽의 난민 문제로만 볼 수 없는 좀 더 근본적인 문제가 있다.

근본적으로 난민 문제는 경제적 이유가 제일 크다. 자본주의 체제가 가지는 불평등의 심화와 여전히 절대적 빈곤으로 고통받는 현실이 이 문제의 근저에 깔려 있다. 이런 경제적 어려움을 더 극한으로 내모는 것이 바로 전쟁이다. 그런데 최근의 난민 문제는 좀 더 깊이 들여다볼 필요가 있다. 물론 여전히 전쟁 혹은 내전이 난민 발생의 가장 중요한 이유이지만 최근의 사태 전개에서는 전쟁이나 내전만이 아니라 종교와 인종 문제를 둘러싼 '적대와 혐오'를 확인할 수 있다. 인종적, 종교적 적대와 혐오가 극단적으로 나타났던 이슬람주의의 극단적 현상이 불러온 후폭풍이다.

　20세기 말에서 21세기 초반까지의 기간에 발생한 수많은 전쟁과 내전, 인종분쟁, 종교분쟁 그리고 혐오와 적대의 확산에 이슬람주의의 극단화가 미친 악영향이 매우 컸다. 이슬람주의가 갖고 있던 본연의 정신에서 일탈하여 근본주의로 무장한 이슬람주의는 혐오와 적대의 민낯을 노골적으로 드러내며, 그것이 발을 들이는 곳 어디에서나 상황을 심각하고 극단적으로 내몰았다.

　근본주의는 가까스로 긴장을 유지하고 있던 세계의 인종과 종교분쟁 지역의 상황을 전쟁과 내전의 악순환으로 내모는 촉진제 역할을 했다. 그전에도 종교적 인종적 혐오와 적대가 없었던 것은 아니었지만, 이슬람주의를 극단으로 밀어붙인 근본주의 조직들, 알카에다, IS의 등장은 이교도들을 절멸시켜야 할 존재로 규정하며 차별과 폭력, 적대감을 극한으로 끌어올리고 또 이를 정당화시켰다.

혐오와 차별의 확산

중동의 수니파와 시아파의 분쟁은 오래된 갈등이기는 했지만, 지금은 그 양상이 훨씬 심각해졌다. 또한 이슬람이 주축인 곳에서는 비이슬람 세력에 대한 적대와 혐오가, 다른 종교와 인종이 주축인 곳에서는 이슬람에 대한 혐오와 적대가 커지고 있다. 원래부터 인종·종교적 차이가 존재하는 국가에서는 그 갈등이 훨씬 심각해졌다.

이슬람주의가 테러로 무장하기 시작한 이후 발칸지역에서의 분쟁, 아프리카의 소말리아와 나이지리아 내전을 비롯한 각종 인종분쟁 그리고 해결은커녕 더욱 심각해지는 팔레스타인 분쟁 등이 줄을 이어 분출하고 발생했다.

그리고 그 양상도 훨씬 잔인하고 참혹했다. 더욱 심각한 것은 한 나라에서 일어난 인종·종교분쟁이 다른 나라로 파급되고 있다는 것이다. '분쟁의 세계화'가 진행되고 있는 양상이다. 아프가니스탄, 이라크, 시리아 내전으로 빚어진 종교분쟁의 여파로 발생한 난민들은 인근 중동 지역으로 이동했고, 이로 인해 인접국의 주민들은 독재로 시달리는 가운데서 일자리마저 위협받게 되었다. 그러자 한편으로는 난민에 대한 혐오와 적대가 생겨나고 또 한편으로는 생존권을 위한 반정부 투쟁이 벌어지기도 했다. 아랍의 봄이라 일컬어졌던 중동 민주화 투쟁의 원인에는 난민의 대거 유입과 경제적 불안이라는 요인도 있었다.

이런 일은 인접국에만 미친 것은 아니다. 9.11 테러 이후 세계 각국에서는 이슬람에 대한 근거 없는 비방과 혐오가 줄을 이었고, 이슬람이 소수로 존재하는 국가에서는 무슬림에 대한 잔인한 공격들이 줄을 이었다. 특히 9.11 직후에는 미국에서 미국민 중 상당수의 비중[2]을 차지하고 있는 무슬림들에 대한 혐오와 적대가 심각한 양상으로 확산되기도 했었다. 오랜 기간 힌두와

---

[2] 미국 내 무슬림의 영향력과 규모는 작다고 할 수 없다. 무슬림의 미국 이주는 대략 1860년대부터 시작되었는데 주로 시리아와 레바논으로부터 온 난민들이었다. 현재 미국에는 600만의 무슬림과 1,500여 개의 이슬람 사원이 있다. 최근 반이슬람 분위기는 다소 누그러져 2018년에는 최초로 두 명의 무슬림 여성이 연방 하원의원에 당선되기도 하였다. 〈이슬람〉 이희수 외, 청아출판사

이슬람이 긴장 관계를 이어 왔던 인도에서는 9.11 테러 직후인 2002년에 힌두교도들이 약 1000여 명의 무슬림을 학살한 구자라트 학살 사건이 터졌고, 정권은 이런 혐오를 최대한 정치적으로 이용하여 권력 기반을 강화하는 방편으로 활용했다. 현재의 인도 총리인 나렌드라 모디가 당시 구자라트 주지사였는데 그는 이를 자신의 정치적 출세의 발판으로 삼았다.

또 오랜 기간 인종분규가 있던 곳에서는 다수 종족의 소수 종족에 대한 공격이 심각하게 벌어졌다. 미얀마 군부의 로힝야족 학살이나 중국의 소수민족 탄압 또한 이런 흐름과 무관하다고 볼 수 없다. 유럽 사회의 이슬람에 대한 혐오, 미국의 인종 차별, 세계 각국에서의 이주민 차별 등도 같은 맥락이라고 볼 수 있다. 한국에서의 예멘 난민 논쟁 또한 이런 흐름과 무관하다고 볼 수 없다.

예멘 내전과 예멘 난민

예멘이 지금의 영토를 중심으로 마지막으로 하나의 통일국가를 형성했던 시기는 대략 14세기 전후였다. 예멘지역은 1517년 이후에는 오스만제국의 지배하에 들어갔는데 1839년에 영국이 남예멘 지역을 무력으로 점령한다. 이렇게 되면서 남북이 자연스럽게 분단되었다. 북예멘 지역은 오스만제국의 지배를 받고 있었지만 시아파의 이맘이 왕처럼 통치하는 신정체제였다.

1918년 오스만제국이 1차 세계대전에서 패하면서 북예멘이 독립했다. 독립 후 국가체제는 과거와 같이 이맘이 통치하는 신정체제를 유지했는데 1962년 살레가 군사쿠데타를 일으키고 공화국을 선포했지만 오랜 기간 내전을 벌이게 되었다. 1970년 내전이 종결되면서 비로소 북예멘은 공화국으로서 안정을 찾게 된다.

한편 남예멘은 2차 대전이 끝나고도 계속 영국의 지배를 받다가 1967년 소련의 지원을 받아 사회주의 공화국으로 독립 국가를 세웠다. 같은 지역이라고 하지만 남북예멘은 역사적 동질성이 크지 않았다. 하나의 통일국가를 가졌던 것이 거의 500년 전의 일이니 서로 다른 나라나 다름없었다. 동서독이나 남북한의 분단과는 전혀 다른 성질의 것이었다.

두 나라는 냉전 기간 내내 이데올로기를 달리하며 두 차례나 전쟁을 벌였다. 그러다가 소련의 붕괴와 함께 냉전체제가 종료되면서 두 나라는 통일의 필요성을 서로 느끼게 되었다. 둘 다 이슬람 국가라서 정체성도 같았고, 경제발전이 시급한 상황에서 시너지 효과도 낼 수 있는 통일을 적극 검토한 양국은 1990년 남북협상을 통해 통일을 이루게 되었다. 남북을 아우르는 국민투표를 통해 대통령으로 북예멘의 살레를 선출했다.

그러나 통일 후 권력분배 문제로 갈등이 나타나고 남예멘이 일방적으로 분리를 선언하자 1994년 5월 전면적인 내전이 벌어졌다. 그러나 이 내전은 2개월 만에 북예멘의 승리로 끝났고, 다시 통일국가가 성립되었다. 이후 살레는 2011년까지 장기독재를 이어갔다.

2011년 튀니지에서 시작된 아랍의 봄으로 예멘에서도 시민혁명이 일어났다. 살레가 버티면서 정부군과의 무력대결로 이어진 시민혁명에서 후티가 중심이 된 반군과 시민들의 힘으로 살레를 몰아냈다. 후티 반군은 시아파 무장단체로 그 전부터 살레 정부에 대한 반정부 투쟁을 해오고 있었다. 시민혁명의 결과로 2012년 수니파인 압드라보 하디가 대통령으로 선출되면서 정국이 안정을 찾는 듯했다. 그러나 2014년 시아파 후티 반군은 유가인상과 민생불만을 이유로 수도인 사나를 장악하고 하디 정부를 붕괴시키고 정권을 장악했다. 하디 대통령은 남예멘 지역으로 몸을 피한 후 후티에 맞설 것을 선언했고 예멘은 다시 내전에 돌입했다.

이때부터 현재까지 7년째 이어지고 있는 예멘 내전은 이라크와 시리아에서 나타났던 현상이 그대로 재현되고 있다. 내부적으로 수니-시아의 종파 분쟁이 일어나면서 주변국들이 각각의 종파를 지원하기 위해 개입했다. 사우디, 아랍에미레이트, 카타르 등 수니파 국가들과 미국이 하디 대통령을 지원하기 위해 개입했고, 이란은 시아파 후티 반군을 지원했다.

여기에 알카에다와 IS도 개입하여 내전은 복잡하게 전개되었고, 그 모든 고통은 예멘 민중들이 감당하고 있는 형국이다. 2021년 현재는 북예멘의 후티 정부, 남예멘의 하디 정부, 그리고 아예 남예멘의 분리독립을 주장하는 남부과도위원회의 3축으로 갈려 내전이 진행 중이다. 현재로서는 내전이 끝나고 하나의 국가로 정리되기보다는 다시 분할된 나라로 고착될 가능성이 큰 것으로 보인다.

7년째 이어지는 내전으로 예멘의 현재 상황은 심각하다. 유엔에 따르면 2014년부터 2020년까지 내전으로 인한 예멘의 직간접 사망자 수는 23만 명, 난민 수는 400만 명에 달하고 있다고 한다. 특히 아이들의 피해가 심각한데 최근 유니세프(UNICEF)는 예멘에서 10분당 어린이 1명이 영양실조 등으로 사망하고 있다고 밝혔다.

우리나라에서도 예멘 난민 문제는 뜨거운 논란거리가 되었다. 2018년 549명의 예멘 난민이 제주도로 입국하여 난민 신청을 하면서 여론은 찬반으로 나뉘었다. 난민 수용을 반대하는 논리로 등장한 주요한 근거는 범죄 문제, 국가의 재정 투여 문제, 이슬람에 대한 종교적 편견 등이었다. 전반적으로는 반대여론이 더 높았지만, UN 난민협약에 가입(1991년)되어 있고, 난민법이 제정(2012년)된 나라인 한국이 이들을 거부할 경우 국제적인 비판의 대상이 될 것이었다. 이에 정부는 갈팡질팡하며 명확한 입장을 내지 못하고 엉거주춤한 모습을 보이기도 했다.

각 정당 또한 이에 대해 명확한 입장을 제출하지 못하고 있었다. 자유한국당은 국민 불안을 우선 고려해야 한다며 은근하게 반대를 표명했고, 민주당은 정부 입장을 지켜보는 중이라고 답을 회피했고, 바른미래당 또한 즉답을 내놓지 않았다. 진보정당이라는 정의당의 입장 또한 모호했다. 난민 보호에 대해 적극적인 입장을 낸 정의당 제주도당의 입장에 대해 정의당은 공식 입장은 아니라고 피해갔다.

우여곡절 끝에 제주도 예멘 난민 문제는 2018년 12월 정부가 난민심사결과를 발표하면서 일단락되었다. 484명에 대해 최종적으로 난민 심사가 이뤄졌고 심사 결과 난민 인정자는 단 2명, 인도적 체류 허가자 412명으로 결정되었다. 한국 정부는 국제사회의 책임 있는 일원임을 인식하지 못하고 있다고 말할 수 있다. 이후에도 한국의 난민 인정률은 난민신청자 대비 0.4%에 그치고 있다.

더 나쁜 것은 이런 현상이 단순히 인종과 종교의 문제가 아니라 사회적 소수자와 약자에 대한 혐오와 적대로 이어지고 있다는 점이다. 그리고 이런 타자에 대한 혐오와 적대를 기반으로 극우 정치세력이 세계 곳곳에서 세력을 확장하고 있다. 사회적 불평등과 양극화, 경제 위기와 삶의 불안 등 사회의 구조적인 문제와 불만 요인들을 종교적, 인종적, 사회적 특정 집단의 문제로 치환시키고 이들을 희생양으로 삼아 공격하는 것이 극우

세력의 성장 전략이 되고 있다. 이슬람주의의 왜곡과 변질이 뿌려 놓은 혐오와 적대가 국지적인 현상에서 전 지구적인 현상으로 확장되었다는 점은 21세기의 가장 큰 비극 중 하나이다.

이슬람주의의 미래와 그 고민

지금까지의 글을 통해 중동의 일련의 분쟁과 특히 이슬람주의의 극단화가 미친 영향은 단순히 중동에 그치지 않고 전 세계에 영향을 주었음을 확인할 수 있었다. 이제 이슬람주의의 극단화, 흔히 근본주의라고 이야기하는 흐름이 향후 어떤 변화를 거칠 것이고 이후 어떻게 될 것인지를 전망해 보자.

　이슬람주의 본연의 정신에서 일탈한 근본주의적 흐름이 이후 어떻게 될 것인지의 문제는 모든 종교적 근본주의가 그렇듯 비근본주의, 즉 종교와 정치의 분리를 명확히 하는 세속주의의 성공과 정착, 안정화와 맞물려 있다. 소위 이슬람 근본주의의 문제는 중동지역만의 문제가 아니라 남아시아의 이슬람권, 중국의 신장위구르 지구, 러시아의 체첸분쟁 등에서도 발생할 수 있다. 결국 이슬람주의의 근본주의적 흐름의 확산을 막는 것은 종교적 문제가 아닌 비종교적 삶의 문제, 사회경제적 정치적 안정성을 어떻게 확보하느냐의 문제이다.

　시리아-이라크-아프가니스탄의 문제도 결국 정치적 경제적 안정성을 어떻게 확보할 것인가가 가장 근본적인 해결책이 될 것이다. 이런 안정을 위한 국내적 노력과 함께 국제사회의 협조와 지원도 필요하다. 그러나 미국이 지금까지 행한 것과 같은

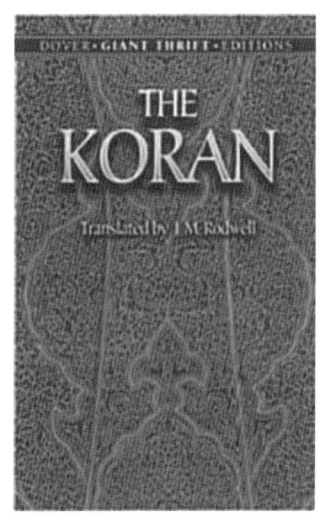 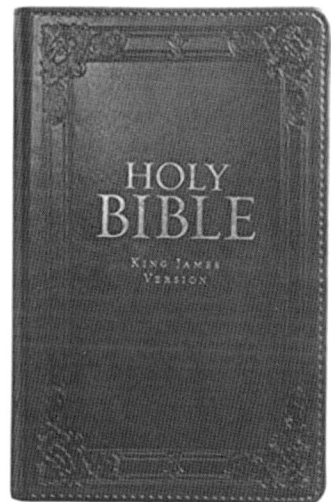

쿠란과 성서

일방주의, 패권주의, 제국주의적 행태는 협조와 지원보다는 근본주의적 경향을 다시 키울 불씨가 될 것이라는 점을 우려하지 않을 수 없다. 다자주의와 선린우호를 통한 국제사회의 협조와 지원이 절실한 때이다.

이슬람 사회 내부에서의 성찰도 필요할 것이다. 더 확장해서 접근한다면, 이슬람뿐 아니라 모든 종교인들이 각각의 종교가 가지는 근본주의적 성향에 대해 냉정하게 성찰해야 한다. 성서든 쿠란이든 그것이 갖는 문자적 의미와 역사적 해석 간의 소통을 게을리해서는 안 될 것이다.

기독교든 이슬람이든 역사적 조건이나 그것이 기록된 과정에 대한 이해 없는 성서와 꾸란 읽기가 어떻게 교조적이고 독선적이고 배타적인 신앙으로 귀결되는지를, 그것의 현재적 의미를 간과하면 얼마나 많은 종교적 혐오와 적대를 낳는지를 돌아봐야 한다. 각 종교의 내부적 성찰과 타 종교에 대한 존중이 폭넓게 이루어지는 흐름이 만들어지기를 기대한다.

시리아 내전이나 이라크에서의 IS의 패퇴가 곧 이슬람주의의 근본적 경향성의 후퇴 혹은 종언이라고 생각해서는 안 될 것이다. 그것은 이슬람주의가 극단화된 한 형태의 소멸일 뿐, 그것이 내세웠던 기본적인 원리 혹은 이를 실현하기 위한 행동의 소멸은 아니라는 것이다. 이 글에서 와하비즘, 무슬림형제단으로부터 시작한 이슬람주의 혹은 근본주의의 흐름을 살펴보았는데, 그 출발점은 서방 제국주의 국가들의 이슬람 세계에 대한 유린이었다는 걸 망각해서는 안 될 것이다.

이슬람주의는 정치적으로는 식민지화, 경제적인 착취 또 그로 인한 도덕적 피폐에 대한 각성으로부터 시작되었다. 중동지역 국가들이 제국주의 지배에서 기인한 폐해들을 극복하기 위해 줄기차게 시도했던 세속주의 근대화는 독재와 인권 침해, 경제적 불평등, 서방에 대한 경제적 종속으로 실패했다. 그것이 이슬람주의가 극단적 경향으로 변화되는 토양이 되었다.

따라서 종교나 인종 문제를 통한 접근이 아니라 민주주의와 인권의 문제, 경제적 권리의 관점에서 접근할 때 근본주의 문제를 해결할 수 있는 실마리를 찾을 수 있다. 또한 여전히 진행되고 있는 서방 세계의 제국주의적 간섭이라는 문제가 해결되지 않는다면, 혐오와 적대로 무장한 근본주의는 결코 사라지지 않을 것이다.

소말리아의 알 샤바브, 나이지리아의 보코하람 같은 이슬람 근본주의 무장단체의 끔찍한 테러와 학살은 널리 알려졌지만 세계 곳곳의 많은 나라에서도 크고 작은 무장단체가 IS 혹은 알카에다와 연계된 채 활동하고 있다. 외로운 늑대형의 테러 또한 계속 일어나고 있다.

아울러 이런 혐오와 적대에 맞서는 반작용, 즉 자위라는 명분으로 행해지는 또 다른 혐오와 적대에 대한 경계심도 놓지 말아야 할 것이다. 9.11 직후 테러방지와 국가 안보라는 명분을 내걸었던 미국의 애국법과 국토안보법[3]은 타인에 대한 적대와 인권침해를 오히려 확대시킨 바 있었다. 또 2021년 2월 프랑스에

---

3 애국법은 2001년 10월 26일에 통과되었는데 테러리스트로 예상되는 외국인을 공개적인 법정 재판도 없이 무기한 구금할 수 있게 허용한 법안이고 국토안보법은 2002년 11월 25일에 통과된 법으로 국토안보국을 창설하여 감시 정보를 중앙에 집중하여 테러의 위험을 더 효과적으로 대처하겠다는 것이었지만 개인의 사생활 감시와 인권침해를 아무런 제한이 없도록 한 법이었다. 이 외에 더 심각한 것으로 영장 없이 개인의 통신을 모두 도청할 수 있는 스텔라 윈드 프로그램도 있었다.

서는 무슬림 청년의 테러 공격에 대한 반작용으로 '공화국 가치 강화법'이라는 이름으로 이슬람에 대한 적대를 그대로 드러내는 법이 하원에서 통과되었다. 교육, 결혼, 이민, 복장 등에 대한 엄격한 통제와 차별을 사실상 입법화하는 것인데, 이렇게 혐오와 적대에 대한 대응이라는 이름으로 행해지는 조치들이 다시 서로를 가르고 또 다른 폭력을 낳는 원인이 될 수도 있다는 점도 간과할 수 없다.

하나 더 덧붙이고 싶은 점은, 종교와 인종 문제에 접근하는 서구 중심적 사고와 논리 혹은 계급적 편견이다. 서구 중심적 사고에 따르는 이들은 반유대주의를 매우 나쁜 인종적 차별행위로 규정한다. 그러나 반이슬람주의에 같은 잣대를 들이밀지는 않는다. 팔레스타인에 대한 이스라엘의 국가적 테러에 대해 비판하고 반대한다는 이유로 제레미 코빈 영국 노동당 전 대표가 반유대주의로 징계를 받고 영화감독 켄 로치가 영국 노동당에서 제명된 사실은, 인종 혹은 종교적 가치가 얼마나 서구 중심적으로 작동하는지를 잘 보여주는 사례이다.

서방 세계가 선보이는 그 숱한 반이슬람주의적 정책과 조치에 대해서 그것이 범죄라거나 부도덕하다는 비판은 나오지 않는다. 억지 논리를 동원하여 반이슬람 정책들이 인종적 종교적 차별이 아니라고 주장하면서, 심지어는 반이슬람주의가 인권을 수호하는 것이라고 주장하는 이들도 흔하게 볼 수 있다.

반유대주의와 반이슬람주의가 소비되는 방식을 보면서, 우리의 세상이 진정으로 종교와 인종을 넘어서는 보편적인 인권, 인간해방으로 가기 위해서는 사회 구조의 근본적 변화와 서방 중심의 세계질서에 대한 비판과 대안이 동시에 모색되어야 할 것이다.

　종교를 가지고 있든 아니든 우리는 인간으로의 존엄을 누리며 살아야 한다. 무슬림들은 제국주의 탐욕을 앞세운 서방 이교도들이 자신들의 땅을 점령하고 자신들의 삶을 짓밟았기 때문에 이교도의 모든 것을 악으로 규정하고 총을 들었다. 그들은 그것이 매우 정당하다고 주장했지만 그 과정에서 인간의 권리와 존엄성을 참혹하게 짓밟았다.

　그들의 행위에 분노하며 자신들의 과거에 대한 성찰은 없이 서방과 미국 또한 총을 들었고 그들 또한 기독교와 신의 이름을 내걸었다. 둘은 사실은 같은 존재이며 동전의 양면이다. 종교를 정치와 결부하는 것은 커다란 비극의 역사를 불러왔다. 고대 로마제국이 기독교를 국교로 삼았던 때부터, 무함마드가 아랍 세계를 정복하기 시작했을 때부터 이어져 왔던 일이다. 그런 일들이 바로 오늘 우리의 21세기에도 이어지고 있다.

나가는 글

마르크스는 말한다. "종교적인 소외, 종교적인 빈곤과 비참함은 현실 속 불행의 표현이자 현실 속 불행에 대한 항의이면서 동시에 현실의 빈곤과 비참함의 원인을 현실 속에서 찾지 못하도록 인간을 마취시키는 것이며 그래서 진정한 인간해방은 세속적인 문제를 신학적인 문제로 변경할 것이 아니라 신학적

인 문제를 세속적인 문제로 변경할 때 가능하다"라고.[4]

한나 아렌트는 말한다. "가장 잘 살고 문명화된 국가들의 시민들만이 누릴 수 있는 인권을 '양도할 수 없다'라고 간주하는 선의의 편견과 다른 한편으로 최소한의 권리조차 없어 지구의 쓰레기들이 되는 사람들이 처한 상황 사이의 모순이 현대 정치에서 가장 신랄한 아이러니이자 역설일 것"이라고.[5]

---

4 〈유대인 문제에 대하여〉〈헤겔 법철학 비판 서문〉 칼 마르크스
5 〈전체주의의 전제〉 한나 아렌트

부록

중동문제를 다룬 문학작품과 영화들

중동의 역사, 그리고 이슬람주의와 관련하여 몇 편의 문학작품과 영화를 소개한다. 이 책이 미처 담지 못한, 역사의 이면에 담긴 이런저런 모습들과 무엇보다도 그곳에서 살아가는 사람들의 삶과 눈물, 고통과 희망을 더 깊이 이해했으면 하는 바람에서다.

연을 쫓는 아이 할레드 호세이니
천 개의 찬란한 태양 할레드 호세이니
그리고 산이 울렸다 할레드 호세이니

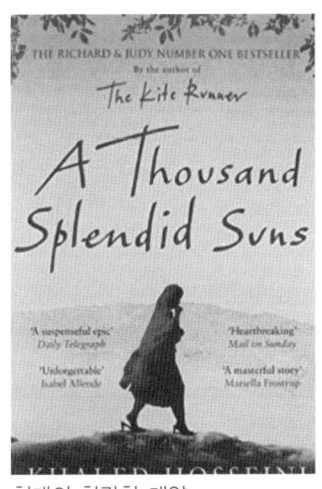
천개의 찬란한 태양

세 작품은 아프가니스탄 카불 출신의 의사로 미국에 거주하고 있는 할레드 호세이니가 쓴 소설들이다. **〈연을 쫓는 아이〉**는 주인집 아들과 하인 아들의 성장기를 다루면서, 그 속에서 아프가니스탄이 겪어야 했던 전쟁과 인종문제, 종교문제를 펼쳐 놓으며 갈등과 화해를 이야기한다.

〈천 개의 찬란한 태양〉은 탈레반 치하 아프가니스탄에서의 민중들의 곤궁한 삶, 특히 아프가니스탄 여성들의 고통스러운 일상과 그 속에서 희망을 잃지 않고 살아가는 사람들의 모습을 그린 이야기이다.

〈그리고 산이 울렸다〉는 1952년부터 시작하여 2013년까지 60년의 아프가니스탄의 역사를 짚어가며 한 가족의 세대를 이은 삶을 통해 역사의 격랑에 실려 가는 가족의 의미를 묻는 작품이다. 세 작품 모두 출간하자마자 50~100주 연속 뉴욕타임스 베스트셀러에 오를 정도로 작품성을 인정받았다. 이 소설들을 통해 아프가니스탄의 비극적인 현대사와 급진적인 이슬람주의가 어떻게 아프가니스탄 주민의 일상을 지배하는지를 들여다볼 수 있다.

귀환 히샴 마타르

리비아 출신 작가인 히샴 마타르가 쓴 소설이다. 중동의 가장 오래된 독재정권 중 하나였던 리비아의 카다피 정권에서 반정부 인사로 잡힌 후 실종된 아버지를 찾아가는 아들의 여정을 그리고 있다. 이 책은 카다피 치하의 독재정권 시절부터 아랍의 봄까지를 배경으로 하여, 그 과정에서 벌어진 카다피 정권의 1996년 아부살림 교도소 학살 사건 등 인권 탄압의 실상을 적나라하게 묘사하고 있다.

나의 페르시아어 수업 마리암 마지디
페르세폴리스 마르잔 사트라피

〈나의 페르시아어 수업〉은 이란 출신의 프랑스 작가 마리암 마지디가 쓴 소설이다. 호메이니의 이란 혁명 이후 이슬람주의식 사회통제의 실상과 여성들에 대한 억압을 생생하게 묘사하고 있기도 하지만, 무엇보다도 망명을 선택한 사람들 특히 이슬람과 서구 문명 사이에서 차별과 경계의 줄타기를 하며 살아가는 이주민의 삶을 그리고 있다.

페르세폴리스

그래픽 노블 〈페르세폴리스〉는 마르잔 사트라피의 자전적 이야기다. 전반부는 9살 어린 소녀의 눈으로 본 호메이니 혁명과 이어진 이란-이라크 전쟁 기간의 이란 사회의 변화를 이야기한다. 후반부는 주인공이 오스트리아에서 청소년기를 보내고 성인이 되어 돌아와 이슬람 신정정치 체제하의 이란 사회에서 겪는 일상을 그리는데, 특히 서구문화에 대한 전면적인 금지, 히잡 착용 의무화 등 여성으로 사는 것의 어려움을 그리고 있다. 지은이는 이란에 대한 애정을 표시하고 있으며 이슬람에 대한 편견을 바꾸겠다는 마음이었다고 하지만, 서방세계가 이슬람에 대한 비판적 시각에서 이 책을 이슬람을 이해하기 위한 필독서로 지정했던 것에서 볼 수 있듯이, 이 책은 결과적으로는 서방세계의 이슬람에 대한 편견을 오히려 심화시킨 것으로 평가된다.

유산 사하르 칼리파

인권운동가이자 소설가인 팔레스타인 출신의 사하르 칼리파가 쓴 소설이다. 이 책은 페미니즘과 탈식민주의를 주제로 일관되게 작품을 발표해 온 칼리파가 1997년에 발표한 작품이다. 1차 인티파다(저항) 이후 체결된 오슬로 협정으로 독립 국가의 꿈을 접고 자치를 택한 팔레스타인 내부의 갈등과 목표를 잃은 팔레스타인인들의 절망을 시대적 배경으로 하고 있다. 주인공은 팔레스타인인 아버지와 미국인 어머니 사이에 태어나 미국에서 살다가 아버지의 죽음으로 유산을 받기 위해 팔레스타인을 찾는데, 이 과정에서 팔레스타인 사회와 사람들의 모습 특히 여성의 삶이 집중적으로 조명된다. 이러한 서술을 통해 주인공은 팔레스타인 여성인 자신이 물려받아야 할 유산이 무엇인지를 자신에게 묻고 독자들에게도 묻는다.

우리 동네 아이들 나기브 마푸즈

우리 동네 아이들

〈게발라위의 아이들〉로 알려진 작품인데 국내에서는 **〈우리 동네 아이들〉**이라는 제목으로 번역되어 나왔다. 아랍어 작가로는 유일하게 1988년에 노벨문학상을 받은 이집트의 나기브 마푸즈의 소설이다. 1959년에 나온 소설이지만 이집트에서는 신성모독으로 출간이 금지되었다가 2006년에야 발간이 허용된 작품이다. 이 소설은 게발라위의 후손들의 수 세대에 걸친 이야기를 성경과 쿠란 등에서 모티브를 가지고 와 이야기를 풀어간다. 중동의 한복판에서 경쟁하고 있는 세 종교, 유대교, 기독교, 이슬람교의 세계관이 각각의 인물을 통해 투영되고 그들 각자의 삶을 통해 인간과 신의 관계를 묻는다.

영화도 몇 편 소개한다.

영화사에 손꼽히는 서사 영화 중 하나로 데이비드 린 감독이 연출한 **〈아라비아의 로렌스〉**는 오늘날의 중동문제를 잉태한 근본적인 원인이라 할 수 있는 제국주의의 민낯을 볼 수 있는 영화이다. 이 작품에는 1916년 1차 세계대전의 와중에 벌어지는 오스만튀르크, 영국 그리고 아랍인들의 독립투쟁이 엉키는 가운데 중동 지배를 위한 제국주의 국가들의 음모와 그 속에서 이리저리 휩쓸리는 아랍인들의 이야기가 펼쳐져 있다. 1963년 아카데미 작품상과 감독상을 받았다.

제로다크써티

여성 감독인 캐서린 비글로우가 메가폰을 잡은 빈 라덴 체포를 다룬 **〈제로다크써티〉**, 이라크 전쟁의 허무함 혹은 이라크 전쟁의 더러운 속살을 다룬 **〈하트 로커〉, 〈쓰리 킹즈〉** 등이 볼만하다. 그 외에 추천할만한 작품들로는 이란 혁명 이후의 미국대사관 인질 사태를 다룬 **〈아르고〉**, 소말리아에서 미국이 치욕을 당했던 이야기를 다룬 **〈블랙 호크다운〉**, 클린턴의 르윈스키 스캔들을 빗대서 비판한 **〈왝 더 도그〉**, 아프가니스탄에서 곤혹을 겪는 미군과 탈레반과 미군 사이에서 삶을 이어가는 아프가니스탄 주민의 고단한 삶을 다룬 **〈아웃포스트〉** 등도 있다.

세계적으로 유명하고 우리에게도 많이 알려진 아랍권의 영화감독으로는 압바스 키아로스타미, 모흐센 마흐말바프, 마지드 마지디, 바흐만 고바디 등이 있다. 이들은 모두 이란 출신이다. 중동의 여러 가지 문제들, 인종 문제, 종파 문제, 이슬람의 일상과 민중의 곤궁한 삶들을 영화의 가장 중요한 주제로 삼았다.

압바스 키아로스타미는 이란 사회의 일상을 그린 3부작 **〈내 친구의 집은 어디인가?〉〈그리고 삶은 계속된다〉〈올리브 나무 사이로〉**를 통해 세계 영화인들에게 깊은 영감을 불러일으키며 세계적인 감독으로 올라섰다. 이후 그는 1997년 희망이 상실된 사회에서 스스로 목숨을 끊고자 하는 한 사람의 일상을 쫓아가는 **〈체리 향기〉**로 칸 영화제 황금종려상을 받았다. 이외 쿠르드족의 고통스러운 삶을 그린 **〈바람이 우리를 데려다 주리라〉**는 이란 내 소수민족의 문제, 페미니즘의 문제를 정면에서 다루고 있다.

내 친구의 집은 어디인가

모흐센 마흐말바프가 연출한 **〈칸다하르〉**는 탈레반 치하 여성들의 고단한 삶이 잘 녹아있는 영화이다. 아프가니스탄의 황량한 땅과 아프가니스탄 여성의 고통이 교차되는 장면들(미장센)이 인상 깊다. 마흐말바프 감독의 딸인 사미라 마흐말바프가 연출한 **〈칠판〉**이라는 영화도 널리 알려진 작품이다. 칠판을 등에 지고 이란-이라크 국경지대를 떠돌며 가르칠 학생들을 찾아다니는 교사가 그 과정에서 만나게 되는 유랑하는 쿠르드족의 비애를 그린 영화이다. 마지드 마지디 감독의 영화 **〈천국의 아이**

들〉은 운동화 한 켤레를 가지고 교대로 등교해야 하는 남매의 이야기를 통해 석유 부국 이란의 이면을 드러낸 영화로, 남매의 그 티 없는 우애가 감동적인 작품이다.

쿠르드족 출신인 바흐만 고바디는 이란 내에서 쿠르드족의 문제를 소재로 계속 비판적인 영화를 만들어 온 감독이다. 그는 결국 이란에서 감독 생활을 지속할 수 없어서 터키에서 활동하게 된다. 주로 쿠르드족의 고통과 이란 혁명으로 인한 인간의 소외가 그의 작품의 주요한 주제이다. 대표작으로는 **〈취한 말들을 위한 시간〉**, **〈코뿔소의 계절〉**이 있다.

〈무자헤딘 땅의 전쟁〉과 〈사마에게〉는 꼭 보기를 권하는 다큐멘터리 영화다. 〈무자헤딘 땅의 전쟁〉은 2002년 서울에서 열린 제6회 인권영화제 개막작이다. 아프가니스탄 북부동맹의 관할지였던 판지시르에 세워진 병원의 일상을 그린 영화로, 매일 똑같이 이어지는 지옥 같은 전쟁의 참상을 그리고 있다. 〈사마에게〉는 시리아 내전 당시 최대의 싸움이었던 알레포 공방전에서 정부군에 포위된 상태에서 그 참혹한 삶을 살아낸 사람들의 이야기이다. 실제 그곳에 있었던 사람이 핸드폰과 구형 캠코더로 찍은 이 다큐멘터리는 천 마디의 말보다 진하게 시리아 내전의 비극을 보여준다. 또 하나의 다큐멘터리로는 최근에 나온 〈터닝 포인트, 9.11〉도 볼만하다. 9.11 테러의 경과와 테러 이후 네오콘의 행태, 미국사회의 변화, 그리고 필연일 수밖에 없었던 아프가니스탄에서의 실패 등을 비판적인 시각에서 돌아보게 하는 작품이다.

참고도서

1. 〈이슬람 전사의 탄생〉 정의길, 한겨레 출판
2. 〈문명의 충돌〉 새뮤얼 헌팅턴 저/이희재 역, 김영사
3. 〈아랍, 오스만 제국에서 아랍 혁명까지〉 유진로건/이은정 역, 까치
4. 〈중동은 왜 싸우는가?〉 박정욱, 지식프레임
5. 〈이슬람, 이슬람 문명 올바로 이해하기〉 이희수.이원삼 외, 청아출판사
6. 〈이슬람 학교〉 이희수, 청아출판사
7. 〈이희수의 이슬람〉 이희수, 청아출판사
8. 〈예루살렘 전기〉 사이먼 시백 몬티피오리/유달승 역, 시공사
9. 〈갈등의 핵, 유태인〉 김종빈, 효형출판
10. 〈인티파다〉 필 마셜/이정구 역, 책갈피
11. 〈숙명의 트라이앵글〉 노암 촘스키/유달승 역, 이후
12. 〈야만의 시대〉 김성진, 황소자리
13. 〈진리를 향한 이정표〉 사이드 쿠틉/서정민 역, 평사리
14. 〈공격 시나리오〉 밥 우드워드/김창영 역, 따뜻한 손
15. 〈근본주의의 충돌〉 타리크 알리/정철수 역, 미토
16. 〈석유는 어떻게 세계를 지배하는가〉 최지웅, 부키
17. 〈이슬람에서 여성으로 산다는 것〉 오은경, 시대의 창